用生长定义教育

——孟晓东与语文生长课堂

孟晓东 著

江苏凤凰教育出版社
Phoenix Education Publishing, Ltd

图书在版编目(CIP)数据

用生长定义教育——孟晓东与语文生长课堂 / 孟晓东著. — 南京:江苏凤凰教育出版社,2016.5(2020.9 重印)

ISBN 978-7-5499-5760-6

Ⅰ. ①用… Ⅱ. ①孟… Ⅲ. ①语文课—课堂教学—教学研究—中小学 Ⅳ. ①G633.302

中国版本图书馆 CIP 数据核字(2016)第 107214 号

书　　名	用生长定义教育——孟晓东与语文生长课堂
作　　者	孟晓东
责任编辑	朱凌燕　严秀蓉
装帧设计	李广玹
出版发行	凤凰出版传媒股份有限公司
	江苏凤凰教育出版社(南京市湖南路 1 号凤凰广场 A 楼　210009)
苏教网址	http://www.1088.com.cn
照　　排	南京书梦圆图文制作部
印　　刷	济南市莱芜凤城印务有限公司
厂　　址	山东省济南市莱芜区高庄街道办事处任家庄村
经　　销	江苏省新华发行集团有限公司
开　　本	787×1092 毫米　1/16
印　　张	18.75
字　　数	380 千字
版　　次	2016 年 6 月第 1 版
印　　次	2020 年 9 月第 2 次印刷
书　　号	ISBN 978-7-5499-5760-6
定　　价	46.00 元
网店地址	http://jsfhjy.taobao.com
新浪微博	http://e.weibo.com/jsfhjy
邮购电话	025-83658689
盗版举报	025—83658579

当教育面对生命

2400多年前，一个满脸愁苦的人问古希腊智者安提丰："活着到底有什么意义？"安提丰说："我至今也没有弄清楚，所以我要活下去。"

如今，面对纷繁复杂的教育现实，人们也在追寻教育的价值与意义。但很多人却忽略了这样一个基本的道理：我们需要在生活中体验生活，在生命中感受生命，在教育中理解教育。孟晓东，一个教育的实践者，他，从生长的角度解读教育。

认识晓东已经20多年了，那时他在华东师范大学研究生班在职学习，我给他上过课，从此，他一直尊称我为"老师"，直到今天。后来，他当了锡山教师进修学校的校长，又评上了语文特级教师，邀我去做过几次教师培训，相谈甚欢。时间不长，他又调任锡山区教育局任副局长，那时，正是新一轮基础教育课程改革刚启动的时候，锡山又是首批国家课改实验区，他成了实验区新课改的具体组织者和设计者，还参加了我主持的一个课题项目的研究组，自然，我们的互动又多了起来。

随着交流的深入，了解也逐渐多了起来。虽然晓东已经经历了教师、校长、副局长等角色的转变，但他始终保持一种教育的"定力"，他清晰地知道该做什么、不该做什么，应该坚持什么、反对什么。这种教育的"定力"来自他对教育的深刻理解。一个具有教育定力的人，会把促进所有人的发展，促进人的全面发展，促进人的个性发展，促进人的主动发展，促进人的终身发展作为自己的教育使命。

300多年前，卢梭提出教育就是人的天赋本能的一种自然生长的过程，教育要服从自然的永恒法则，适应儿童的天性发展。杜威对此作了进一步阐发，“教育即生长，生长本身就是目的”。翻阅晓东《用生长定义教育》的书稿，他对于“生长”的理解既有对教育史的解读，又有本土化的探索，更有前瞻性、辩证性的思考。思想深刻，表述灵动，文质兼美。

第一，对教育问题的追根溯源，这是实践者所必不可少的研究态度。

本书开卷，晓东就像一个探索者，背着简单的行囊，以纯朴的学者之心，循着教育历史的足迹，与教育大家对话，从卢梭到杜威再到陶行知，为生长教育找寻着精神与理论支撑。在这种深邃的追根溯源中，他厘清了关于“生长教育”的一脉相承的理论体系。

从晓东关于生长的诸多论述与表述中，我看到了他作为教育者的社会情怀：生长由于个体的独特性、自主性、不确定性而变得丰富，生长有自己独特的姿态和方式，这需要教育者用智慧去发现，用爱心去关注；生长是一个过程，是一个缓慢变化、不断发展的过程，这需要教育者用耐心去等待，用希望去照亮；个体的生长作为社会进步的组成部分，要让每个孩子得到均等的学习机会和发展机会，这需要教育者不仅怀着朴素的感情，更要深入的研究和实践。

生长，对于种子而言，就是孕育、发芽，破土而出，沐浴着阳光和雨露，奋力地向上、伸展……生长，就是一个否定之否定的过程。

如同那粒种子，孩子的生长又何尝不是如此？

对孩子来说，生长首先是一种权利。他们每个人都是独特的生命体，都有权利按照自己的方式与速度成长。教育要做的，是尊重。

对孩子来说，生长也是一种能力。每个生命体内部都蕴藏着一种不断向上的能量，他们有能力主动去汲取养分，成就崭新的自我。教育能做的，是信任，是期待，是为一切不确定性和可能性提供条件。

对孩子来说，生长更是作为生命的一种责任。不管是作为生物意义的个体还是作为社会意义的个体，生长也是“物竞天择”的必然选择。教育需要做的，是鼓励，是激发孩子成长的内在动力。

第二，通过对生长的本土化理解和探索，找到了生长理念与语文课堂教学的最佳结合点。

晓东对语文生长课堂有自己独到的理解，系统地总结、提炼了生长课堂的基本特征、基础理念和实践策略。他对语文生长课堂的定位非常准确，认为语文生长课堂是一种将“生长”作为课堂教学宗旨和核心思想的课堂，它不是一种特定的课堂教学模式，而是课堂教学的一种文化追求。

他找到了生长的理念和语文课堂教学的最佳结合点，就是学生生命成长。他对学生生命的关注，不仅仅着眼于教育客体，还顾及生命主体；不仅仅在于眼前，更是着眼于未来的幸福。他希望教育“为了‘每一个’——从孩子出发”“为了‘这一个’——促进孩子个性发展”“为了‘未来的一个’——为孩子终身幸福奠基”。语文课堂教学的“生长说”将我们从教育功利性的轨道上脱离开来，关注于如何促进儿童持续不断地和充分地生长。当孩子能够自由、自主、自然、自觉生长的时候，我们会发现，教育也变得有了生命。

晓东是一个真正的教育实践者。他将生长教育的种子播撒于语文课堂的土壤中。本书中，就课程、教师、学生、方法、教研以及评价等方面，他不仅形成了自己语文生长课堂的教学主张，并引用大量的语文课堂教学实例进行解读与印证。他认为，“生长”的语文课堂应该站在生命的高度，用动态生成的观点来建构，这是师生人生中一段重要的生命经历，也是师生生命的、有意义的构成。他从课堂的每一个环节出发，始终立足学生的现实性，“在学生的生命里种下一棵树”，期待并坚信这棵树终究会长大成材……

第三，聚焦语文课堂教学，但更具教育视域、前瞻意识，更具文化特质、生命意义。

在基础教育教学中，有个教学的悖论。目前，我们最尖锐的矛盾就是高考的制度和培养人的要求之间的矛盾。直到今天，我们还没有一个更好的制度能替代高考。虽然大家都觉得高考有很多的问题，但是我们还必须要用它；不仅要用它，而且还要把它用好。这就是个悖论，不好还没法放弃的悖论。

课堂教学没有办法回避这个问题，但我们可以有更多的选择。每一个教育工作者，必须思考“什么叫高质量的教育”“什么叫优质教育”，这样的问题引导着我们实践的方向。当我们能够把标准化和创造性，能够把回答问题和产生问题，能够把知识的掌握和方法的掌握，能够把统一的要求和个性化的要求，还有其他很多类似的问题，很好地、辩证地、有创造性地处理好，那一定就是高质量的教育。

晓东围绕语文课堂教学，在理性和实践的层面上，回答了这样一些矛盾的，让人感觉到纠结的，但是也非常富有创造性空间的问题，并在这些问题上创造出了自己的经验。

他认识到，新课程改革使课程由文化的工具成为文化的主体，旨在营造“合作、对话与探究”的课程文化。这种文化强调的是课程的开放性、民主性以及课程的创新。这种课程文化是服务于“促进学生的发展”这一学校文化核心的。育什么人，怎样育人，是学校一切工作的出发点和落脚点。

教育即生长，当下的生长，生长的过程更重要。每个人在学校度过的时光，是人生最可宝贵的青春年华，这十多年绝不仅仅是为了未来生活作准备，其本身就是一个重要的生命过程。学校不仅要传授知识、启迪智慧，培养适应社会需要的人才，还要为学生提供身心自由、幸福愉快的文化环境，使学校成为人生最留念、最值得回味的一个地方。

晓东的语言灵动而又富含智慧。寥寥数语就能将很复杂的理念诠释清楚，如提出语文教师要以三种身份三读教材：“我是读者”——以文学的视角品读；“我是儿童”——以学生的视角阅读；“我是教师”——以教学的视角解读。再如提到儿童在课程中央的课程观：从儿童的眼睛望去；以儿童的方式学习；陪伴儿童生长。这些简洁的表述，既有理念的启迪，又有蕴含方法的指导。

在《理想国》中，有个“洞穴中的囚徒”的隐喻：有一群囚犯在一个洞穴中，他们的手脚都被捆绑着，身体也无法转身，只能背对着洞口。他们面前有一堵白墙，身后燃烧着一堆火。在那面白墙上他们看到了自己和身后火堆及事物的影子。由于看不到任何其他东西，这群囚犯以为影子就是真实的东西。后来，一个囚犯挣脱了枷锁，并且摸索出了洞口，他第一次看到了真实的事物。他返回洞穴并试图向其他人解释，但是在那些囚犯眼中，他似乎比逃出去之前更加愚蠢。囚犯们向他宣称，除了墙上的影子之外，世界上没有其他东西了。

在柏拉图看来，知识并不是由他人从外面传授而来的，不是后天获得的，也不是从灵魂中自发产生的，而是灵魂固有的。因此，对于每个教师而言，重要的不是向学生解释与灌输，而是带学生离开“洞穴”，让他们自己去判断、去选择。

求知是每个人的本能，生长是教育的要义。人与生俱来是一个丰富的生命体，具有各方面的才能和禀赋。教育，有责任让这些禀赋茁壮成长。

真心地希望晓东和他的团队，以及这本《用生长定义教育》的新著，能够引领更多的人去探寻生长的意义和路径，朝着教育明亮的那方继续前行……

袁振国

于 2016 年春节

目录

第四章　语文生长课堂案例评述

第五章　孟晓东语文生长课堂工作室成长掠影

第一章　生长课堂的课程论基础

关于教育的定义，千百年来，中外教育家、思想家都有自己的理解与解释。孔子的“启发”艺术、苏格拉底的“产婆术”闪烁着源头上的智慧，柏拉图理想的教育是开放的、平等的，亚里士多德提出“教育是为了人的幸福”，夸美纽斯通过他的《大教学论》呼唤着“教育的平等”……

从卢梭开始，逐步明确了教育的儿童意义，他提出了“教育要适应儿童天性发展”的自然主义教育思想。斯宾塞吸取了卢梭等人教育思想的积极因素，把人看作自然的一部分，传达了工业化时代的教育诉求。赫尔巴特提出教育学是一门科学，他从人类的目的推演到教育的目的，教育的特性愈发明晰。及至 19 世纪，杜威从教育自身出发去寻找教育的目的，指出“教育即生长，生长本身就是目的”。他提出的“教育即生活”，是对卢梭儿童自由理念的生活化；他强调的“教育即生长”言简意赅地道出了教育的本义，就是“要使每个人的天性和与生俱来的能力得到健康生长”，其意义在于凸显儿童之于个人生活世界的主体性生长，实质上揭示了一种新的儿童发展观和教育观。至此，现代教育已然形成体系。作为杜威的学生，陶行知准确把握中国国情开展教育活动，把杜威理论进行了中国化的改造。1926 年，他在《我们的信条》中提出：“教育应当培植生活力，使学生向上长。”

“生长”本是一个生物学概念，指的是生命体在自然状态下，通过自我发育，逐步走向成熟的过程。中外教育家们所揭示的“教育即生长”的论说，既承载了他们对于传统教育的深刻反思，也掀开了现代教育的序幕；既开脱了教育长久以来的羁绊，又道明了未来教育的走向。我以为，“教育是一种生长”，不仅从教育学角度定义了教育的本质，探究了教育对生长的影响，而且从人类学角度关注了人生长的意义。

人的生物性是教育的基础，用“生长”来定义教育，当然不应该只是生物学意义上的、工具性的、单向度的人，也不应该是抽象的、普遍的人，而应该是具体的、现实的、活生生的、完整的人。生命是教育的原点，教育与生命共存。因此，面对有着丰富多彩的生命内涵的学生，教育只有回归到生长本身，才能展示出它的无穷魅力，也只有不停地在生长中对教育展开理解，才能真正理解教育，从而实现生命意义的回归。

第一节　教育即生长：卢梭的启蒙

一、卢梭自然教育的社会背景

18 世纪法国的启蒙思想家卢梭在近代史上占据着显著地位，他对教育理论的贡献是无与伦比的。从教育学史的角度看，卢梭扭转了由来已久的成人本位立场。他大力倡导儿童中心说，从而使得教育的中心逐渐向儿童转移。他的教育代表作《爱弥儿》是继柏拉图的《理想国》之后，西方最完整、系统的教育论著。可以说，卢梭是发动了教育界哥白尼式革命的伟大教育家。

当时欧洲的许多国家，教会垄断了教育，为了培养顺民，学校教育束缚学生自由，控制学生思想，摧残学生身心，通过种种约束、限制和惩罚来改变儿童的本性，来“根除儿童的恶源”。文艺复兴后，人文主义思想家提出了许多合乎时代潮流的教育真知灼见，但是显得零散。夸美纽斯提出了系统的教育理论，但未能克服人文主义教育理论的缺陷，忽略了“学生如何学”的研究。在这种情况下，卢梭的《爱弥儿》问世了，他以犀利的笔锋、猛烈的炮火，彻底破坏了封建教育的根基，又以饱满的激情、无畏的气概，提出了一套完整的教育理论体系——自然教育论。

事实上，卢梭的教育学说与柏拉图的《理想国》有着内在的对应关系，他构想的自然诗学是对孟德斯鸠思想的推进与反驳。可以说，卢梭的教育学说是教育思想史上自然主义的源头，他集亚里士多德、昆体良、夸美纽斯、洛克等儿童观研究之大成，是现代儿童观的第一部宣言。美国人甚至将柏拉图、卢梭、杜威并称为人类有史以来的三大教育思想家。

二、卢梭自然教育的生长观

卢梭的自然教育内涵应该包括：教育要发展人的个别天性，教育要脱离社会影响而呈现一种自然状态，教育要顺从于大自然的法则。由此可见，卢梭教育思想集中表现在对人的自然本性的充分肯定和培养自然人性、理想人格方面，他主张以自然为教育的理想准则，接近自然，取法自然，返回自然，归顺自然。

卢梭自然教育的生长观主要体现在以下几个方面：

其一，找到了教育新的出发点，就是儿童。的确，满足社会的需要是教育的基本要求，然而，满足儿童的身心发展需要则是教育的出发点。教育，即是把儿童培养成一定社会所需要的人的活动。卢梭之前，许多教育家只注意到教育满足社会的需要，往往忽视了教育必须尊重儿童的身心发展规律，从而实施着“铸造式”教育。卢梭提出，把成人看作成人，把孩子看作孩子。就是要看到儿童是发展变化中的人，儿童的发展变化有其阶段性，教学必须按照儿童的身心发展顺序进行。人生每个阶段的成长，都是完整生命长河中宝贵的、不可或缺的生长，不能以牺牲人的当下发展而去追求所谓的未来的美好生活。教师要根据儿童的理解水平选择学习内容，坚决反对硬把成人的需要当作标准来选择教材。儿童学习的速度要恰当，不能急于求成，不能贪多求快。

其二，提出了教育的目的是培养“自然人”。这是生长的指向。卢梭认为，这种人必须是脱离传统文化而率性发展的人、身心协调发展的人，“能够完全为他自己而生活”。这显然是以人的完善为出发点，倡导人的和谐发展。后世教育目的以及价值取向的源头概出自卢梭。

其三，丰富了教育的内容和方法，使“人的生长”成为序列。卢梭根据人的自然发展进程，根据不同年龄时期人的心理发展特点，将教育划分为四个阶段，安排了各自的教育重点：0～2岁(婴儿期)的教育应以身体的养护和锻炼为主，通过合理的饮食、衣着、睡眠和游戏养成健康的体魄，为儿童树立一生幸福的基础；2～12岁(幼儿期)，儿童由于没有观念便不能真正地判断和记忆，他们的知识全属于感觉领域，并未进入理解的范围，因此感觉教育是主要内容；12～15岁(青年期)是人生中最宝贵的时期，这一时期的感觉能力和感觉经验都已获得一定的基础，因此是发展理性的最佳时期，是人“工作、教学和探索研究的时期”；15岁至成人，应该以道德教育和宗教教育为主，并辅以人文学科的学习。

在教育方法上，卢梭主张在现实中追求真正的和有用的知识，他要求教师放弃琐碎的讲解，提倡师生在共同活动中进行教与学。“在任何情况下，你都要从做来教学，而且只有在做的方面没有问题时，才进行文字教学。”为了确保师生在共同活动中有效教学，卢梭提倡尊重儿童天性自由发展的教学方法。

卢梭试图通过自然人的道德教育，恢复天赋的正义和道德的良心，从而使人以纯真的感情进入社会状态，然后通过公共道德使人能在社会状态保有并维持道德，实现理想的道德共同体。由此可见，卢梭不仅是封建教育的掘墓人，而且是资产阶级教育的奠基人。

其四，开创性地提出了“消极教育”，更新了教育的价值取向。卢梭认为，在儿童适于学习之前，除了保护他的生长之外，不要强加给任何东西，只有当他自己要求学习时，教育者才教给他相应的东西。他说：“好教育必为消极教育，我谓此语永不嫌其多。”

纵观教育史的发展，卢梭的自然教育生长论也有着它的不足之处，如带有浪漫的、唯心主义的色彩，夹杂着片面、偏激和不切实际的看法，但这都源于他所处的时代背景、理论基础，他的理论适应了当时社会的需求，指引了当时教育发展的方向，具有划时代的意义。

三、为儿童生长启蒙

卢梭的自然教育生长论是对人的内在本性的发现，他第一次把教育的对象即儿童提到了教育的中心地位，将儿童身心发展的年龄特征、个性特点、性别差异这些人的“内在自然”的发展的表现来作为确定教育内容、原则和方法的出发点和依据。它打破了封建教育的陈规陋习，使得儿童由被动转为主动，成为学习的真正主人。所以，卢梭被公认为“是儿童教育的改造者，是广大儿童的福音，是儿童解放的象征，是为儿童争夺人权的旗手”。

卢梭重视发展学生的智力，培养学生自己获得知识、适应生活、改造生活的能力。这种主张有效转变了封建教育重知识、轻智能的迷雾，把智育的重心转到现实生活中，转到智能发展和科学知识的学习上。卢梭主张发挥学生的主动性、积极性，激发学生的兴趣，开辟了生动活泼的新教育局面。

卢梭的自然教育生长论不仅对当时的封建专制主义教育制度进行了猛烈的抨击，具有强烈的启蒙意义，而且对于现代的教育实践也有着深刻的启示：要遵循学生的自然天性，实施自由的教育——顺其天性；要关注学生的个体特征和发展水平，因材施教——扬其个性；要培养学生各方面的能力，主张学生全面发展——启其智性；要注重弘扬学生的主体性，尊重学生——激其能动性。

卢梭的自然教育生长论提出后，迅速传遍世界各地，它如同一把利剑摧毁了封建教育堡垒的根基，对教育理论和教育实践的发展影响巨大。瑞士教育家裴斯泰洛齐、德国教育家第斯多惠等人的理论中都留有卢梭自然教育生长论的痕迹。受卢梭影响最大的是美国教育家杜威，杜威提出的"教育即生活""教育即生长""教育即经验的改造""儿童中心""做中学"等思想都可以从卢梭那里找到渊源，是在此基础上的新发展。

第二节 生长是教育的本义：杜威的论断

一、杜威教育生长论的理论基础

杜威是美国著名的哲学家、教育家，实用主义教育思想创立者。他的教育思想对世界，当然也对中国影响深远。杜威的教育生长论部分地继承了卢梭自然教育生长观，它们同样都强调儿童的发展应当遵循其自然的、内在的成长规律。但是，杜威发展了卢梭的理论，更加丰富了"生长"的内涵。杜威强调的"生长"，不单单是顺乎自然，更注重体现生长的动态性，以及与环境的互动。在杜威看来，生长是一个持续不断的社会化过程，他更强调儿童的社会化，更努力使儿童的个性化与社会化相协调。

杜威强调教育的"社会方面"，是其教育理论的一个根本出发点；同时，杜威又从经验论哲学观点和机能主义、本能论心理学观点出发，突出了教育的"儿童方面"。在杜威看来，经验与自然是同一的、相互关联的。他把经验到的事物和经验着的过程密切联系起来，与经验着的方式方法一起构成了"经验"的组成部分。杜威理解的经验是动态的、发展的，与自然、历史、生活、文化意义相同。

杜威建构了自己的机能心理学思想，着重阐释了机能心理学在教育工作中的运用，即：儿童是一个有机体，能够与其所处的环境相互作用；儿童直接参与社会的各种活动，是他们适应社会环境的基本手段。同时，杜威的本能心理学认为，儿童是具有原始本能的，他们的能力、兴趣、需要和习惯都建立在此基础上。儿童身上蕴藏的本能有：语言与社交，研究与探索，制作，艺术。杜威认为，儿童的心理就是这些本能活动的产物，教育者的任务就是发现本能生长的规律，提供材料与环境，促进本能的不断生长。

杜威力图把教育的"社会方面"和"儿童方面"综合起来讨论，从而提出了"教育即生长""教育即生活""教育即经验的改造""学校即社会"等主张，要求把社会的需要、儿童的发展以及教育的过程都作为教育的目的，强调课程、教材、教法都必须同社会生活直接联系起来，并充分顾及儿童的特点和兴趣，鼓励儿童在活动中进行发现式的学习。杜威认为，教师的职责就是把儿童的兴趣和活动引导到合乎社会要求的轨道上来，使他们适应社会的需要。因此，儿童的整个学习过程就是道德教育的过程，儿童应在活动中潜移默化地受到社会教育。

二、杜威教育生长论的内涵与路径

（一）杜威教育生长论的内涵

杜威教育生长论的内涵是：教育即生长。这也是整个实用主义教育思想的逻辑起点。“教育即生长”的核心是“本能的生长”，它包括儿童本能、习惯、身体、智慧、道德、情绪等的全面生长。在杜威看来，本能与兴趣相通，兴趣是生长中能力的信号和象征，它是最初出现的能力。要细心观察儿童的兴趣，这是他们生长的心理能量。儿童的积极生长依赖于兴趣与本能，这种本能是冲动的、活泼的、自然的、生活的，是教育天然的基础。

现代教育就是要承认个体的本能，训练个体的本能。教育活动要让儿童的天然本能做主，教者则在旁边利用他、指点他、引导他，使他朝一个方向长，向他能够到的地方长。这种生长是儿童内部发出的，不是外部注入的，生长就是生命，有生命就会生长。教育要以儿童的兴趣与本能为素材与起点，保持持续不断的生长过程，并在生命的每个阶段增加其生长的能力。总之，学校教育要努力组织并保证各种生长力量，使得儿童乐于学习，创造并保持持续生长的愿望。教育的过程是不断改组、创新与改造的过程，教育与生长的目的就在过程本身。

同时，杜威认识到儿童的本能是有局限的，敏锐地认识到了社会生活的意义，并强调两者的结合。他指出，教育是促进儿童本能向社会生活需要的方向生长的过程，教育也是以适应社会的需要作为目的的。

可见，杜威的教育生长论超越了卢梭的自然教育生长论，清晰地指出了生长的内涵：生长是生活的特征，是朝着后来结果的行动的累积运动，是永不停歇的作用，与年龄无关。因为生活就是生长，所以教育是不问年龄大小、提供保证生长和充分生活条件的事业。在杜威看来，生长的首要前提是不成熟状态，它是一种积极的势力和能力，是一种向前的力量；生长具有依赖性和可塑性——依赖性指相互依赖的力量；可塑性是以从前经验的结果为基础而改变自己行为的力量，即形成习惯——儿童生长力的形成，既离不开别人的帮助，也离不开自己的努力。

在杜威的教育生长论中，教育的目的是培养生长的人和良好的社会公民。杜威认为，站在个人的角度上来看，教育的目的就是促进儿童的生长，培养生长的人。杜威说："生活就是发展；不断发展，不断生长，就是生活。用教育的术语来说就是：教育的过程在它自身以外没有目的，它就是它自己的目的；教育的过程是一个不断改组、不断改造、不断转化的过程；学校教育的目的在于通过组织保证生长的各种力量，以保证教育得以继续进行……"综上所述，杜威所认识到的教育的个人性目的，是教育过程的内在目的，其实质就是促进儿童不断地生长，培养生长的人。在杜威看来，教育的目的是内在的、发展的、生成的、现时的、民主的，教育的目的和手段是统一的，教育的个人性目的与社会性目的是统一的。

杜威同时又认为，教育的社会性目的是培养良好的社会公民，这多见于他晚期的教育思想。他认为，教育的目的地是社会，这是教育历程的终点。教育的使命就是使受教育者受到教育后能参与社会生活，是对受教育者的本能动作加以指导。引导儿童本能的发展，就要用有益的知识、活用的知识来训练他，使其养成有益于社会的品行。杜威还深刻地认识到：教育的社会性目的就是道德目的，"其本意就是要养成一种人品，能对社会有用"，即使学生获得知识、培养情感、发展能力。在杜威的视野中，教育的最高目的就是打通了知识与行为的道德教育。

（二）杜威教育生长论的路径

1. 儿童在生活中生长。

杜威认为，儿童的生长在教育与生活的关联中实现。生活中含着生长，生长是生活的特征，教育就是不断生长。儿童的生活和成人的生活一样重要，对于任何年龄段的人来说，生活的主要任务就是使生活过得有助于丰富生活自身。他提出的"教育即生活"对于儿童的生长非常重要。

杜威说："如果教育即是生活，那么一切生活一开始就具有科学的一面，艺术和文化的一面，以及相互交往的一面。只要儿童在整体的学校生活中学习，就可以实现生长的各个方面。让儿童直接去接触自然、实物和素材，它们的手工操作的实际过程，以及关于它们的社会需要和用途的知识，这一切，都在不断地培养观察力、创造力、建设性的想象力、逻辑思维以及通过直接接触实际而获得的那种现实感。”在杜威的认识中，学校教育的最好产物是使人们乐于从生活本身学习，乐于把生活条件创造成一种境界，使人们在生活的过程中学习。

教育与生活的关联主要体现在两个方面：一是学校教育要与儿童当下的生活相结合。杜威主张，学校应该成为儿童能真正生活、获得他喜爱的生活经验、发现经验本身意义的地方。在学校中，儿童的生活是压倒一切的目标。这里强调的“生活”是儿童现在的生活，生气勃勃的生活，就像他在家里、邻里间、运动场上所经历的生活那样。教育就是生活的过程，而不是为将要生活作准备。二是教育与社会生活相结合。儿童的社会生活是其一切训练或生长的集中或相互联系的基础。在这样的学校里，儿童从事各种不同的主动作业，有效发展社会能力和洞察力，摆脱了功利，开辟了人类精神的各种可能。社会环境对儿童的作用，体现在它“能通过个体的种种活动，塑造个人行为的智力和情感的倾向”。总之，一切教育都要通过个人参与才能实现——发展他的能力，熏染他的意识，形成他的习惯，锻炼他的思想，激发他的情感，促进他的全面生长。

2. 儿童在经验改造中生长。

杜威说：“教育是在经验中，由于经验和为着经验的一种发展过程。”在他看来，经验是一切有价值的训练的源泉，是教育的灵魂和支柱；离开了经验就没有生长，也就谈不上教育。教育就是通过传递过程使经验的意义得到更新的过程。杜威认为，实现“教育即经验的改造或生长”，需要做到如下四点：

一是从经验中学习。这也意味着“它就是在我们对事物有所作为和我们所享的快乐或所受痛苦这一结果之间，建立前前后后的联结。在这种情况下，行动就变成了尝试，变成一次寻找世界真相的实验；而承受的结果就变成了教训——发现事物之间的联结”。杜威强调，只有在经验中，任何理论才具有活力。

二是经验的连续与交互。每种经验既从过去的经验中采纳了某些东西，同时又以某种方式改变未来经验的性质。因此，“经验作为一个活动的过程是占据时间的，它的后一段时间完成它的前一段时间；它把经验所包含的、但一直未被察觉的联系显露出来。因此，后面的结果揭露前面的结果的意义，而经验的整体就养成对具有这种意义的事物的爱好或倾向。所有这种继续不断的经验或活动是有教育作用的，一切教育存在于这种经验之中”。教育就是经验的继续不断的改造或生长。“生长，或发展着的生长，不仅指身体的生长，而且指智力和道德的生长。”看经验的教育作用，也要特别顾及生长的方向，有的经验是不符合教育需要的，对以后的经验生长有阻碍作用，甚至会导向错误的方向，失去教育的意义。如果教育只着眼于未来的目的，而不考虑儿童当下的需要，那也就失去了持续生长的动力。杜威这样说：“教育始终有一个当前的目的，只要一个活动具有教育作用，它就达到了这个目的，即直接转变经验的性质……在经验的任何一个阶段，真正学到的东西，都能构成这个经验的价值。”

三是经验的交互作用。儿童的生长基于有机体和环境的相互作用，它要求教育不仅要顾及客观规律，还要顾及人的主观条件，如个体的需要、愿望、目的和能力，提升参与教育过程的主体性。杜威认为，连续性和交互性是经验的经和纬，只有连续了，先前情境中的某些东西才能传递到以后的情境中；只有相继出现的经验彼此结合了，才能存在充分完整的人格。这是经验的性质和意义。

四是经验与教材的关联。现代教育的主要特点之一就在于重视儿童现有的经验在教材中的作用，学校教学要先拿儿童现有的经验做基础，然后授以抽象的知识。以儿童固有的经验为依据，然后设定学校中有系统、有组织的种种科目，就是现代教育。在这样的教育体系中，教师的重大责任就是将儿童现有的经验与前人已经组织好的经验联合在一起。只有把儿童的经验与所授的科目联合起来作为基础，才能使儿童理解教材。教师的任务，就是改造经验。

3. 儿童在活动中生长。

杜威倡导“从做中学”，这是从“教育即生活”“儿童中心主义”的思想中引申出来的方法论，其基本含义是让儿童在活动中求知和生长。对于儿童来说，它的首要任务是自我保存，即自我保存为一个生长和发展中的人。儿童的活动不是漫无目的的，而应该是发觉、利用自己熟悉的世界，学习、使用自己能力的限度。“自然生长的方法所注重的是要真切和广泛地亲自熟悉少数典型的情境，以求掌握处理经验中各种问题的方法，而不是积累知识。”杜威深层次、多方面地阐释了“从做中学”的意义，具体表现在如下四个方面：

一是从现代心理学的角度关注人的本能在学习中的作用。人的固有本能是他学习的工具，一切本能都是通过身体表现出来的。自然的学习方法不应该抑制儿童身体的活动，教育要了解人的身心结构，不至于束缚儿童天性的发展。

二是强调“从做中学”是儿童内在的需要，而不是外在的逼迫。它解放了儿童的全部力量，使得儿童把固有的首创精神和活动热情投入到学习生活中去，并因此而喜欢学校，纵情地享受童年的欢乐，忘记了他们正在“学习”。也就是说，学习是作为经验的副产品无意识地完成的，进而认识到经验本身是有价值的。

三是使儿童的活动成为学校科目的中心。在杜威看来，生活、活动是儿童进行有价值的训练和获得知识的源泉。进步的教育是以儿童的活动、天性、本能为唯一元素，使学科去顺应其天性。因此，“学校科目相互联系的真正中心不是科学，不是文学，不是历史，不是地理，而是儿童本身的社会活动”。

四是通过“从做中学”促进儿童全面生长。儿童的真正生活和生长全靠活动，通过不同形式的主动活动，使得学校有可能与生活联系，并成为儿童生长的地方。在那里，儿童通过直接生活进行学习，儿童的整个精神获得新生。在那里，儿童的学习不仅是身体的，而且是心理的、智力的，他们获得的是全面的生长。

那么，如何保证儿童在活动中的学习和生长呢？教师要为儿童提供各种活动，激活儿童本能的冲动。学校要为儿童安排各种活动。这其中，杜威特别推崇游戏。因为游戏是儿童最喜欢的、本真的活动，他们能从中获得乐趣，学会与其他儿童一起正确地游戏和生活。当然，各种活动都要符合儿童的兴趣和需要，使他们情愿去做，用合理的动作表现心里的想法。教师则重在指导儿童的活动，满足儿童的欲望，使他们主动地、自行地解决一切问题。此外，学校要为儿童提供自由活动的机会，要使儿童在力所能及的和别人所允许的范围内，去发现什么事能做、什么事不能做，从而在一次次的活动中，日益积累经验、控制经验，获得全面而又自由的生长。

三、开启现代教育的先河

杜威继承并超越了以卢梭为代表的近代西方自然教育思想的积极成果，系统建构了教育生长论，全面阐释了儿童生长的意义，开启了现代教育的先河，他的理论贡献主要有：

一是克服了西方近代自然教育思想的局限性，尤其是对“自然”的诠释。他用“本能”代替“自然”，清晰地界定了“本能”的内涵，既关注了社会的参与，又注意了社会的影响。他看到了社会发展规律对教育的制约，强调教育不仅要遵循人的身心发展规律，还要与社会发展有机结合。从这个意义上来说，杜威在西方近代自然教育思想向现代教育思想的过渡与转折中，起到了承上启下的作用。没有杜威,就没有现代教育思想的发展。

二是基于美国民主社会发展的需要寻找教育目的,关注儿童的内在目的,关注现时与动态的目的,强调目的与手段的互融与转换,强调个人与社会的统一。这些都有利于促进儿童的全面生长。同时,还关注了 19 世纪末 20 世纪初美国民主社会对人才的要求(如掌握科学的探究方法和能力,具有解决问题的能力,具有良好的民主素质和职业素质等)……因此,在教育的变革中,杜威在“有意识地进步”,其理论体系中对于儿童的自然生长路径尤其清晰:儿童在生活中生长,儿童在经验改造中生长,儿童在活动中生长。

诚然,在杜威的这些论述中,也有一些时代的局限与不足,比如,生活未必都是生长,生活和生长也不是等同的概念;“从做中学”未必适用于高层次教学;相对重教法而轻教材,等等。但不可否认的是,以杜威为代表的“进步教育派”以儿童为中心、以活动为中心,改变了以赫尔巴特为代表的“传统教育派”以教师为中心、以书本为中心的理论,具有划时代的意义。此后,教育生长论在世界各国蓬勃地发展,并进而产生了许多新的教育理论。

皮亚杰的建构主义核心思想是按儿童发展的阶段来确定课程内容和次序,按螺旋上升的建构过程来编排具体学科的内容,根据每个学生的实际水平和兴趣需要,使教学个别化。布鲁纳从认知心理学出发,在吸取德国“格式塔”心理学的理论和皮亚杰发展心理学的学说,修正、继承杜威教育思想的基础上,提出了“发现学习”的主张,形成了独特的教学设计模式。维果茨基的“最近发展区”理论强调教学在儿童发展中的主导性、决定性作用,揭示了教学的本质特征不在于“训练”“强化”业已形成的内部心理机能,而在于激发、形成目前还不存在的心理技能。巴班斯基的最优化理论指出,用辩证的系统观点评价现有教学任务各种可能的解决办法,乃是过程最优化的方法论基础。加德纳的多元智力理论契合了重视差异与多元的后现代精神,强调了当前教育中较为忽视的一些重要层面:如,通过强调人的感官开发与直觉学习而使人的发展找到正确的立足点,通过强调身体动觉智能而开启人的自主性……这些理论都是建立在杜威的理论基础之上的。

杜威对近代中国教育的影响尤为重大。他曾亲自到中国访问讲学,再加上他在哥伦比亚大学任教时的学生胡适、陶行知、陈鹤琴等人的宣传,使得实用主义教育思想在 20 世纪前半期的中国成为一种传播极广的教育思想。

当然，杜威在中国的影响并非简单的文化移植，而是融入了中国教育家的学术自觉与反思。尤其是陶行知，根据中国国情，实践并发展了杜威的教育生长论，创造出具有中国特色的“生活教育”理论。

第三节　使学生向上长：陶行知的行动

一、陶行知教育思想的发展背景

20 世纪前半叶的中国，军阀混战，民不聊生，四万万同胞中的百分之八十五生活在贫困无知的农村，七千多万儿童失学。学校数量极少，且面向富人，大众百姓几乎没有进入学校学习的机会。私塾教育内容陈旧，且只注重内容的传授而轻视学生的学习实践与自然生长，根本无法承担改造社会的时代重任。

陶行知早期信仰王阳明的“知行合一”学说，取名“知行”；后又认识到“行是知之始，知是行之成”，遂又改名为“陶行知”，并终身在教育实践中探索求知。1915 年，陶行知进入哥伦比亚大学学习，师从杜威、孟禄等人，全面接受了西方最新的教育思想，尤其是受到了杜威思想的影响。1917 年秋，陶行知学成回国，致力于实践杜威的教育思想，先后任教于南京师范专科学校、东南大学，担任教授、教务主任等职。在几年的教育实践中，尤其是与同乡、同门、同岁的胡适之等发起“新教育”运动后，他发现杜威对学校教育变革的思想在中国缺少政治、经济基础。

在陶行知的思想体系中，存在着儒家文化的仁爱观、知行学说，墨家文化的人民性以及宗教文化的牺牲与服务精神等，这些和杜威的教育理念契合、融通。于是，与胡适之提倡通过文史“考证”走“上层路线”不同，陶行知自觉结合国情民性，提倡走出校门到社会上去，在真正的人民大众的生活中受教育，在生活的实际斗争中受教育，以达到解放民族、解放大众的目的。1923 年，陶行知与晏阳初等人发起成立中华平民教育促进会，后赴各地创办平民识字读书处和平民学校。在创办晓庄师范、育才学校，开展民主运动等教育救国的实际行动中，他对中外唯心主义教育思想不断进行反思，扎根于中国的国情而形成了“生活教育”理论。

陶行知的教育理论与实践着眼于中国社会，着重面向人民群众，他所开展的教育行动都以当代中国的社会实践为皈依。他的“生活教育”思想建立在“实践第一”的辩证唯物主义基础上，与反帝反封建的新民主主义革命紧密联系。随着时代的发展和革命形势的变化，他的“生活教育”思想不断发展着：乡村教育运动，普及教育运动，国难教育运动，战时教育运动，全面教育运动，民主教育运动……他也因此被尊称为“当今圣人”，被毛泽东誉为“伟大的人民教育家”。

二、陶行知“生活教育”理论的主要观点

陶行知在引进以杜威为代表的欧美教育革新运动的理论和经验方面，大致经历了三个阶段：五四时期的传应阶段、大革命时期的鉴别选择阶段、1927 年后的独创阶段。应该说，在现代教育基本问题的认识上，陶行知与杜威是一致的。但是他在学习并实践杜威理论的基础上，基于当时中国的国情，审时度势地做出选择，提出并确立了“生活教育”理论。从这个角度上看，陶行知是用扬弃的方法在某些方面超越杜威的。正如现代美国的国学研究奠基人、哈佛大学教授费正清在《陶行知与杜威》一文中的评价：“杜威博士最有创造力的学生是陶行知”，“陶行知是杜威的学生，但他正视中国的问题，则超越了杜威”。

陶行知提出的“生活教育”理论，其教育哲学认识论是“行是知之始，知是行之成”，这一认识既突破了杜威的“五步法”，也突破了王阳明的“知行合一”说。

（一）生活即教育

陶行知的“生活即教育”与杜威的“教育即生活”，虽然两者在教育基点、教育指导原则、儿童发展观、教育行动研究思想等方面有着一定的理论联系，但在教育本质观、教育领域观、教育方法观等方面存在着本质的区别。

杜威的“教育即生活”，是“把现实的社会生活简化起来，缩小到一个雏形的状态”；而陶行知的“生活即教育”，是“给生活以教育，用生活来教育，为生活向前向上的需要而教育。从生活与教育的关系上说，是生活决定教育；从效用上说，教育要通过生活才能发出力量而成为真正的教育”。在《我们的信条》中，陶行知强调：“我们深信生活是教育的中心。我们深信健康是生活的出发点，也就是教育的出发点。我们深信教育应当培植生活力，使学生向上长。”

陶行知的“生活即教育”观点使教育从根本上与活生生的社会生活融为一体，他把广大的中国乡村现实生活看作是教育的内容，把广大的人民看作是教育的对象，它解决的是劳苦大众在乡村生活实践中接受教育的问题。因此，“生活即教育”，使得教育的性质发生了变化，这是为了开发劳动人民的聪明才智、

让他们在广阔的生活天地努力生长的大众教育。

（二）社会即学校

陶行知的“社会即学校”，不是杜威的“社会化”，它是用革命的“大众教育”，来改造为传统教育所盘踞的、“小众”的学校教育，它真正把学校纳入社会之中，社会需要什么生活，学校就提供什么教育，使学校与社会并且使二者融为一体。

最为重要的是，“社会即学校”的主张是建立在人民大众的立场上，与社会进步、民族解放事业密切联系的。陶行知毕生所提倡并从事的识字班、晓庄师范、工学团、育才学校、社会大学，都是他的“社会即学校”理念的实践化，也是他和劳苦大众打成一片，在劳动人民的生活中办教育的具体体现。陶行知决定走熔学校社会化与社会教育化于一炉的道路，以提高中华民族的整体水平，使得广大劳动人民呈现生生不息的生长态势，从而实现其社会改造的伟大理想。

所以从本质上说，杜威还只是社会适应论者，是社会改良论者；而陶行知却是教育改造论者，也是社会改造论者。就教育与社会的关系而论，杜威的理论尚处于“学校社会化”阶段，而陶行知的理论却进入了“社会教育化”的更高一级阶段。正因为从社会发展规律这一高度去把握现代教育走势，所以在当时普及教育尚处极低水平的情况下，陶行知敢于大胆提出教育社会化的主张，并且超前提倡现代终身教育。

（三）教学做合一

“从做中学”是杜威教育理论的一个重要方面，陶行知则把“教”引入其中，富有创造性地提出了“教学做合一”的思想，这是为实现“生活即教育”“社会即学校”的方法论。陶行知指出：社会实践是什么，教学做合一就是什么。这与杜威主张的让儿童从事模仿现实的游戏、手工活动的“做中学”相比，既是一种继承，更是一种创新。

在教与学的关系上，陶行知强调先生要负指导的责任，学生要负学习的责任，在先生的指导下，学生自动学习，“事要怎么做就怎么学，怎么学就怎么教，教的法子要根据学的法子，学的法子要根据做的法子”。陶行知所说的“做”并不是杜威所说的“做”，而是手脑并用的“做”，具有“行动”“思想”“新价值之产生”三个特征。“教学做合一”将“教”“学”“做”三者融为一体，使教师的主导作用和学生的主体作用在“做”的过程中得以实现，组成一个系统的、可行的有机整体。这实质上突破了教师为本位的传统教学法，达成了“行动是老子，思想是儿子，创造是孙子”的理想教育境界，也更加赋予教育以现代意义。陶行知推崇的创造教育，以及由此衍生而来的，诸如“六大解放”、因材施教、以学定教等原则与方法，更是开启了中国当代创新教育的先河。

从杜威的“教育即生活”“学校即社会”“做中学”，到陶行知的“生活即教育”“社会即学校”“教学做合一”，是一种再造，它扩大了生活的场景和教育的视界。陶行知的生活教育是一种在社会、在生活中进行的教育，社会有多大，生活有多广，教育就有多少，这与杜威重视学校教育系统内的生活教育有着本质的不同。陶行知在实践杜威教育思想的过程中，冲出了杜威教育思想的藩篱，并做了根本性的修正，确立了具有中国特色的人民大众的教育思想体系。

三、陶行知基于儿童生长的教育行动

在陶行知生活教育的理论体系与实践行动中，集中体现着他的儿童生长观，这其中，“爱”是基石，“童”是立场，“真”是旨归，“做”是精髓。

（一）爱满天下的情怀

有人说，陶行知是一颗中国心、一副百姓相。他爱满天下，爱儿童，爱家人，爱朋友，爱同志，爱同胞，爱中国，爱世界，爱人类，爱生命，爱自然，爱宇宙；他的生活教育思想的形成，就是他爱国家、爱民族的具体体现。

陶行知爱国，试图教育救国，改造国情。他很自然想到了师范教育，他打算培养大批和他理想一样、思路一样的教师，来和他一起承担改造社会的重任。1926 年底，陶行知发表了著名的《中国师范教育建设论》，他的内心已然装满了数亿在黑暗中挣扎的苦难同胞，只恨不得能在一夜之间让文明的曙光照遍中国大地。

陶行知爱学生，不为高官厚禄所吸引。爱国将领冯玉祥邀请他到河南考察，并想聘他任河南教育厅长。陶行知理解将军的赤诚，感激将军的信任，所以去河南走了一趟，但他的心终归是属于晓庄师生的。他和晓庄师生约定，到时一定回来。约定的时间到了，白天，晓庄师生不见校长回来，不免有些焦急；到了晚上，看见校长举着火把一路走回来了。这时，他们才明白，校长的千里归程走得实在艰辛，在军阀混战的时期，校长仍按期回来了。见到校长的那一刻，师生们成了乱世中最幸福的人。

陶行知爱民族，立志拯救劳苦大众。他办晓庄师范，没有得到当时国民政府的认同，得罪了最高统治者。面临着晓庄师范被封杀和他本人被通缉的局面，陶行知意志坚定地写了一篇《护校宣言》：晓庄的门可以封，但他的嘴，他的笔，他的爱人类和中华民族的心不可封。虽然，三岁的晓庄师范还是被封了，但晓庄的火种已被点燃。后来，陶行知流亡到了上海郊区，他又在那里办起了“工学团”，发明了“小先生制”，带领他遇到的无产阶级群众和流浪儿童，通过“做工”“学习”“团结”，在自救的基础上，为苦难的国家承担民族新生的责任。即使被迫流亡国外，陶行知亦不忘拯救苦难的祖国。他走遍北美、四处演讲，不遗余力地揭露日军的侵略罪行和野蛮行径，为祖国争取国际进步力量的理解与支援。当“通缉令”解除，他立刻回国，途中特意去瞻仰了关押苏格拉底的石牢，更加坚定了自己的战斗信念：无论有多少艰难险阻，哪怕牺牲生命，也要坚持到底。

（二）儿童中心的立场

教育，是为了儿童的生长。这不仅是一种教育观的改变，而且是传统教育与现代教育的分水岭，是教育的丰碑。作为世界现代教育奠基人杜威的学生，陶行知是“儿童中心说”的积极倡导者和践行者，是中国现代教育的先驱。他的生活教育理论所涵盖的儿童立场、儿童权益、儿童保护、儿童尊严等儿童教育观至今仍熠熠生辉。

他竭尽全力保护儿童。当他看到祖国被日寇、政客和奸商蹂躏得遍体鳞伤，无数难童在死亡线上挣扎，尤其是当他看到宋美龄、邓颖超等发起“保育运动”时，一些贵妇人竟然只是觉得可以从“保育”起来的孩子中挑选一些“好看”的“养子养女”，以填补他们的无聊与空虚，陶行知可谓伤透了心。举家流落到重庆的他决定创办育才学校。他翻山越岭，设法渡过水流湍急的嘉陵江，来回奔波为育才学校师生“化缘”，他以武训作为榜样：“一世到老，四处奔波，为了苦孩，甘为骆驼，于人有益，牛马也做。”

“儿童立场”不仅体现在他的观念中，也体现在他所设置的课程目标中。他办晓庄师范，办育才学校，就是为了儿童。他要培养能够改造生活和社会的人。创办晓庄师范，陶行知说他的学校不招收“少爷小姐”，也不欢迎“文凭迷和书呆子”；他要求学生有“健康的体魄，农夫的身手，科学的头脑，艺术的兴趣，改造社会的精神”。创办育才学校，他要求学生做到合格加特长，筑起人格长城。他重视学生的德育，“道德是做人的根本。根本一坏，纵然是你有一些学问和本领，也无甚用处”。他立志并穷尽毕生培养“有知识、有实力、有责任心的国民”。

（三）教人求真的旨归

陶行知践行“捧着一颗心来，不带半根草去”，提出“千教万教教人求真，千学万学学做真人”，倡导“真教育”，学真知、求真理、做真人。

他设置的课程内容“教人求真”。陶行知说，“书不可尽信”，教科书“只可作参考，否则硬依了它，还是没有的好”，因为“编书的人，有的做过教员，有的竟没有做过教员。就拿自己的眼光来做标准，不知道各地方的情形怎么样”。他对教学内容的取舍要求是“要从社会和个性两方面讲”，“总要从社会全体着想，有否其他有用的东西，未列在课程里？或是有用不着的东西，还列在课程里呢？照这样取舍才行”。

他聘请的师资堪称一流。创办育才学校时，他的努力感动了当时聚集重庆的文化名人和艺术家，他为育才的孩子请来了最优秀的教师：音乐组主任是贺绿汀，文学组主任是艾青，戴爱莲教舞蹈，历史组有翦伯赞。这些最优秀的老师虔诚地投入到育才的教育事业中去，培养出了批批人才。新中国成立后成为中央音乐学院教授的育才学子杜鸣心回忆说，一年之后，育才学子就能到重庆开音乐会，向社会各界汇报他们的教育成果……

他倡导的教学方法以生为本。尤其值得称道的是“小先生制”。面对普及教育中师资奇缺、经费匮乏、谋生与教育难以兼顾、女子教育困难等现状，陶行知提出了“即知即传”的“小先生制”，把儿童看作是中国实现普及教育的重要力量。“小先生制”指人人都要将自己认识的字和学到的文化随时随地教给别人。尤其重要的是，“小先生”的责任不仅是教人识字学文化，而在“教自己的学生做小先生”，由此将文化知识不断绵延推广。

（四）教学做合一的方法

陶行知生活教育理论的落脚点是“做”，“做”指的是实践活动。他认为，教学的本质是学习，是实践，学而后能教人，即“教学做合一”。教学就是通过“在做上教，在做上学”，使学生会做。做是学的中心，也是教的中心。

陶行知主张“行动”是中国教育的开始，“创造”是中国教育的完成。“教学做合一”，其实就是培养创新意识和实践能力的基本教学原则和方法，是生活教育理论的精髓。

陶行知提倡，将“教授法”变为“教学法”，把“教学合一”发展为“教学做合一”。他指出，“从前的先生，只管照自己的意思去教学生；凡是学生的才能兴味，一概不顾，专门勉强拿学生来凑他的教法，配他的教材”，“把那活泼的孩子做个书架子，字纸篓”。他强调，“好的先生不是教书，不是教学生，乃是教学生学”，“对于一个问题，不是要先生拿现成的解决方法来传授学生，乃是要把这个解决方法如何找来的手续程序，安排停当，指导他”。他还强调，“要创造，非你在用脑的时候，同时用手去实验；用手的时候，同时用脑去想不可”，“学生有了兴味，就肯用全副精神去做事体”。这些观点后来演绎成了“教育与生产劳动相结合”的教育方针以及“实践出真知”的哲学观。

就是这样，陶行知以他爱满天下的情怀，以儿童生长为本的教育观念，践行着“教学做合一”，他的生活教育理论启迪着后世，成为“万世师表”。

第四节　陶行知思想与新课程改革

一、新课程改革的时代背景

新课程改革是发端于本世纪初的一场教育改革。在《基础教育课程改革纲要解读》中有这样一段话：2001 年 6 月 8 日《基础教育课程改革纲要（试行）》的颁布，标志着我国基础教育将进入一个崭新的时代——课程改革的时代。因为，我们拥有一个学习型的课程改革共同体，一种共同的课程愿景——建立具有中国特色的现代化的基础教育课程体系。我们需要建构一种对话、合作与探究的课程文化，努力把一种开放的、民主的、科学的课程奉献给新世纪的儿童。于是，新中国成立以来第八次基础教育课程改革在“为了中华民族的复兴”“为了每一个孩子的发展”的宏伟理念下于新千年肇始拉开了序幕。

这轮以构建符合素质教育所要求的“新的基础教育课程体系”为根本目的的课程改革，成为新世纪中国基础教育领域备受关注的重大事件。新课程的决策者们在国际视野下进行规划和设计，超越了把教材改编作为课程改革标志的局限性，超越了单纯以时间作为划分依据的阶段性，把课程改革作为一种持续不断的系统工程，注重时间上的全程性与空间上的无限性，并通过这种新课程，营造一种合作、对话与探究的课程文化。

这一轮课程改革汲取了人类教育发展的最新成果：汲取了杜威以儿童为中心、以经验的重组为教学本质、以活动和练习为基本教学组织方式等实用主义教学观，汲取了以皮亚杰为代表的强调学习者的主动性，认为学习是学习者基于原有的知识经验生成意义、建构理解的过程的建构主义理论，汲取了加德纳的多元智能理论，以及布鲁纳的结构主义教学理论、维果茨基的“最近发展区”理论、巴班斯基的教学最优化理论和布卢姆的目标分类理论等。同时，也解析了凯洛夫教育思想与指令型课程范式对中国现代教育的“创伤记忆”和“严重隐患”。当然，新课程改革在汲取中国传统文化方面似乎还有欠缺或空间，这正是下文要进一步叙述的观点。

这一轮课程改革从“儿童发展”的核心理念出发。“为了每一位学生的发展”是新课程改革提出的最重要理念，是“以人为本”教育思想的最好诠释，与孔子的“有教无类”的思想高度吻合，与布鲁姆“教育者的基本态度是选择适合儿童的教育，不是选择适合教育的儿童”的观点同出一辙，与卢梭“（教育）往往不加区别，使具有不同爱好的儿童从事同样的练习，我们的教育毁灭了特殊的爱好，留下死板的千篇一律的东西”的批评相互印证。提出这样的理念，正是深刻审视时代特征与中国国情的战略选择，正是为了与世界课程改革趋势相同步，以弥补前几次课改与世界严重脱节的损失；正是要克服思维障碍和制度障碍，扭转对“精英教育”的片面追求，摆脱传统教育模式的羁绊，真正确立“教育为了儿童生长”的基础教育课程理念。

这一轮课程改革是一项深刻的、系统的伟大工程。它分为两个阶段实施：2000～2005 年，完成新课程体系的设计、实验和调整；2005～2010 年，逐步在全国范围内全面推行新课程体系，并于 2011 年颁布经过十年试行后修订的新的国家课程标准。从这个意义上说，新课程改革没有阶段，也没有终点。新课程改革把课程结构作为这一系统工程建设的突破口，以九年一贯整体设置义务教育阶段课程，构建分科课程与综合课程相结合的课程体系，努力体现课程的综合性、均衡性和选择性；改革和重建分科课程，加强教育内容的综合性，软化学科边缘，加强与现实生活、学生经验的联系，增进各学科之间在知识技能和方法上的联系，扩大自学、实践的时间与空间；加强课程与社会、科技、学生发展的联系，从小学至高中设置综合实践活动为必修课，发展学生解决实际问题的能力和创新精神。

二、陶行知思想对新课程改革的启示

把“陶行知教育思想”与“新课程改革”这两个相距半个多世纪的事件放在

一起，意在寻找两者之间的逻辑关系，探求陶行知教育思想的现代意义及其对于新课程改革的重要启示。

客观地讲，后发型现代化国家的教育改革，无不是从向现代化先行国学习开始的。杜威是西方现代教育开端时期的“主帅”，陶行知也正是在我国现代教育发端之时，通过引进西方现代教育的先进思想和探索中国现代教育的发展路径，奠定了他作为中国现代教育当之无愧的、先驱者的历史地位。

开端于本世纪初的新一轮课程改革，其理论基础来自现代西方理论，但正如陶行知教育思想来源于杜威教育思想又超越了杜威教育思想一样，新课程改革要“重在用西方的真理来改造中国的国情”，而不是“充当西方教育理论的试验田”。仔细解读新课程标准，会发现其中有很多西方现代教育思想的印记，但用继承、借鉴、发展的哲学观来思考当前的新课程改革，就能克服“本土化的缺失”和“情绪化倾向”，找到一条适合国情的新课程改革之路。而既汲取现代西方教育的精髓，又扎根中国土壤的“中西合璧”的，至今仍熠熠生辉的教育思想，当首推陶行知教育思想。

陶行知教育思想对新课程改革的引领和启示，主要体现在以下三个方面：

（一）新课程改革理念与陶行知教育思想“相承”

新课程改革的核心理念是“为了每一个学生的发展”。其要义有三：(1) 课程要着眼于学生的发展，这是课程价值取向定位问题。在如何处理经济发展、社会发展与人的发展的关系上，新课程定位在人的发展上，具体指向以能力和个性为核心的发展。(2) 面向每一位学生。基础教育是国民的奠基工程，既要瞄准知识经济的需要培养高素质尖端人才，又要为农业经济、工业经济培养人才和合格的建设者。在新课程实施中，必须面向全体学生，开发其潜能，培养其特长，使全体学生成长为不同层次、不同规格的有用人才。(3) 关注学生全面、和谐地发展。学生是一个完整的人，而不只是作为产品的人；学生的发展不是某一方面的发展，而是全面、和谐地发展。新课程提出了知识与技能、过程与方法和情感、态度、价值观三个维度的教学目标，达到了知识习得、思维训练、人格健全的协同，实现了在促进人的发展目标上的融合。在这一点上，陶行知先生是有远见卓识的，他一生致力于创造一个“为民办学”的教育环境，以“爱满天下”为宗旨，以“生活教育”为路径，以“大众教育”为目的，以人的发展为本，尊重人的价值，呼唤人的主体意识和主体精神，把保护学生的想象力、激励学生的好奇心、培养学生的敏感性、增强学生的求知欲作为人性化教育的行为观念。而陶行知的“六个解放”更是人性化教育的重要内容，为现代化人本教育树立了典范。

新课程改革的核心目标是“培养学生的创新意识和实践能力”，这也正是陶行知先生毕生所推崇和实践的。陶行知先生主张“行动”是中国教育的开始，“创造”是中国教育的完成，他提出的“教学做合一”，其实就是培养创新意识和实践能力的基本教学原则和方法。“教学做合一”中的“做”是一种以行动为基础、思想为指导、创造为目的的实践活动，“教学做合一”强调教学必须以实际生活为中心，要在“必有事焉”上下手，以创造作为“做”的最高境界，这是生活教育理论的精髓，与今天的新课程改革理念一脉相承。

（二）新课程改革策略与陶行知教育思想“相存”

新课程改革策略主要包括以下几个方面：

1. 改革教学内容的策略。

改革教学内容就是要突破以学科为中心的课程体系，遵循学生的认知发展规律，精心选择和组织学习内容；就要紧密联系社会生活实际，选择具体的教学内容；就要深入分析和挖掘教材内容的多重价值，使课程的学习和社会实践结合起来，体现课程学习的价值；就要善于根据学生实际合理调整教材体系，使不同地区、不同能力的学生有较大的选择空间，突出学生学习内容的自主性和教材内容时代性。这些基本的策略都涵盖在陶行知“生活即教育”“社会即学校”的命题中。陶先生对“生活教育”下的定义是：“生活教育是给生活以教育，用生活来教育，为生活向前向上的需要而教育。”他认为“教育的根本变化是生活之变化”，有什么生活，便应受什么教育，务必使大众受到适合其需要的教育。陶行知的生活教育理论，始终把教育教学同人类的社会生活紧密地结合起来，为教学内容的变革提供了很好的注解。

2. 转变教学方式和学生学习方式的策略。

“教学做合一”是陶行知生活教育理论的重要组成部分，也是陶先生课程方法观的生动写照。在《教学做合一》一文中，他提出三项主张：“一、先生的责任在教学生学；二、先生教的法子必须根据学生学的法子；三、先生许一面教一面学。”并鲜明地指出：“中国教育的一个普通的误解，便是以为，用嘴讲便是教，用耳听便是学，用手干便是做；中国教育的第二个普通的误解，便是一提到教育就联想到笔杆和书本，以为教学便是读书、写字，除了读书、写字之外便不是教育。”陶行知用“读死书、死读书、读书死”概括了传统教学方式的弊端，他认为“教学的本质是学习，是实践，学而后能教人”，教学过程是“师生合作、相互促进、共同提高”的过程。他强调教学要尊重人的差异，“人生天地间，各自有禀赋”…… 他坚定地说：“教学做合一是生活法，也是教育法。”所有这些，无不都是新课程倡导并要践行的基本的教学策略。

3. 开发课程资源、注重社会实践的策略。

陶行知曾一针见血地指出，“中国教育弄到山穷水尽，没得路走”的原因是“中国的教育太重书本，和社会生活没有联系”。陶行知认为，“课程为社会需要与个人能力调剂之工具”，“我们的实际生活，就是我们的全部课程；我们的课程，就是我们的实际生活”。这是陶行知先生在长期的教育实践中，对于课程资源的全新思考。这种以社会生活为源头活水的改革中课程资源观不仅是陶行知生活教育理论在课程领域里的灵活运用，也是新课程改革中课程资源观重要的理论基石，它阐明了课程源于生活、从属生活和服务生活的道理。

陶行知倡导的“教学做合一”的关键在于“做”，“在做中教乃是真教，在做中学乃是真学”。这个“做”，不是盲行盲动的“做”，也不是胡思乱想的“做”，而是有意义的“做”，在劳力上劳心，手到心到才是有意义的“做”。陶行知的“手脑相长”歌，就生动形象地道出了“做”的真谛。陶行知生活教育的重要目标就是要通过“做”培养人的创造力，可以说创造是其生活教育的出发点和归宿。他说：“倘使不照书本上所说而能独出心裁地指导小朋友在做上追求真知，那就格外的好了。”他提出的“六大解放”及针对某些偏见提出的“处处是创造之地、人人是创造之人”的科学论断，是今天开展新课程实验和创造教学的重要依据和行动指南。

4. 变革教学评价的策略。

关于教学评价，陶行知再三强调：“学生不应当专读书”，而“主要的责任是学习人生之道”，“分数不代表一个人的真本领”。他对当时以会考科目取舍学校课程的做法进行了措辞更为激烈的批判。他说：“会考所要的必须教，会考所不要的不必教，甚至于必不教，于是唱歌不教了，图画不教了，体操不教了，家事不教了，农艺不教了，工艺不教了，科学的实验不教了，所谓课内课外的活动都不教了，所要教的只是书，只是考的书，只是《会考指南》。”他进一步指出：“有些传统学校，名为认真，实际是再坏无比。他们把无所谓的功课排得满满的，把时间挤得滴水不漏，使得学生对于民族前途和别的大问题一点也不能想，并且周考、月考、学期考、毕业考、会考弄得大家忙个不了，再也没有一点空闲去传达文化、唤起民众……中国教育的歧途，在于抱着分数，忘记了人生；抱着标语口号，忘记了人生；抱着金钱，忘记了人生。”陶先生明白地表示：“我个人反对过分的考试制度的存在。”他大声疾呼：“停止那毁灭生活力之文字会考，发动那培养生活力之创造的考成”……所有这些今天看来仍振聋发聩的话语，对于新课程所倡导的过程性评价、发展性评价，突出评价促进发展的功能，发挥评价使每一个学生具有自信心和持续发展的能力等方面，多么具有现实针对性和长远的历史意义。

（三）新课程改革关键与陶行知教育思想“相吻”

新课程改革的关键是：教师队伍的整体素质。教师实施素质教育的能力和水平直接影响到基础教育改革的成功与否，不管是新课程理念的落实、内容的调整与整合、资源的开发与利用，还是教学方式的改变、评价手段的革新，都拷问着广大教师的课程执行力与创新力。说到底，教师队伍整体素质是新课程改革的关键问题。

陶行知先生以他的远见卓识，从多方面论述了教师的修养和素质。他一生奉行“爱满天下”的教育情怀，“教师必须热爱学生，这是在教师素质中起决定作用的一种品质”；他强调“以天下为己任”改造社会的意识和决心，“在教师的手里操着幼年人的命运，也便操着民族和人类的命运”，“你的冷眼下有瓦特，你的教鞭下有牛顿，你的讽刺中有爱迪生”；他指明了教育的真正目的，“千教万教教人求真，千学万学教做真人”；他找到了“探究、合作、创新”的教育法——“教学做合一”；他提出了鲜明的教师观和终身教育观，“做学生的指导者、合作者、欣赏者”，“活到老，学到老”……他还认为，处在教育由传统走向现代的时代，教师必须精通业务、探觅新知，具有“科学的头脑”和“敢探未发明的新理”“敢入未开化的边疆”的气概，引导学生追求真理做真人，用教育的力量改造社会、建造国家。

陶行知先生不仅是这样说的，更重要的是他以自己一生的身体力行为广大教师树立了不愧是“万世师表”的光辉典范，也真正实现了他那“捧着一颗心来，不带半根草去”的自律格言。

陶行知借鉴杜威的实用主义教育思想，吸纳西方现代教育的最新成果，并扎根于民族的土壤，形成了自己独特的哲学观、人生观、教育观，散发着强烈的时代精神。处在教育改革不断深化与开放的今天，再次诠释陶行知教育思想的现代价值，领悟陶行知教育思想的时代意义，必将会引领新课程改革的“未来之路”。

三、新课程改革的未来之路

百年以来，外国教育思潮深刻影响并不断改变着中国教育理论和实践的价值取向，直接导致课程范式的实质性蜕变。中外教育交流的拓宽和加深，有助于中国教育在曲折的变革中走向新生，走向与世界进步教育潮流的融合。我们期待着中国教育能在本土化与世界化的交融中获得更好的生长态势，使长期受到指令型课程范式束缚的教学创造力获得充分的释放，进而为“每一个孩子的幸福生长”赢得更广阔的精神空间，为未来奠基。

（一）确定一个课改立场

如果说新课程改革十五年来在学界还有争执、质疑的声音，主要在于课程改革无法逾越的最大国情和改革发展的文化立场。尽管新课程的设计者们当初也提出了“国际视野，本土行动”的原则，但在实际的话语表达和资源应用中还弥漫着大量的“欧风美雨”。确定课改的立场，就应该在借鉴、吸纳舶来理论的同时，对这些理论的历史背景进行反思性厘清与前提性追问，并坚持将课程改革深深扎根于中华民族文化传统的血脉之中，在积极吸收外来文化养分和肥料的前提下，对自身的文化传统进行有效的自我诊断和细致解析，在把握自身传统优点的同时，弥补和改善自身传统的不足和薄弱。切忌“种了别人的田、荒了自己的地”。萨德勒早就提醒过我们：“不能随意地漫步在世界教育之林，像小孩逛花园一样，从一堆灌木丛中摘一朵花，再从另一堆中采一些叶子，然后指望将这些采集的东西移植到家里的土壤中便会拥有一颗具有生命的植物。”只有这样，新一轮课程改革才能在中西方文化比较中，汲取人类教育一切的先进经验，并妥善利用传统、补充传统，在传统的地基上构筑课程改革的大厦。目前，朱永新教授的新教育实验与叶澜教授的新基础教育实验等，也正是建构中国教育自身的实践和理论的典型行动。

（二）营造一种课程文化

新课程改革使课程由文化的工具成为文化的主体，旨在营造合作、对话与探究的课程文化。“合作文化”,强调的是课程的开放性,即不仅要视专家、教师、学生及其家长、社会人士都是合作的共同体,而且主要体现在师生之间合作意义的建构,从而创生一种共建共享的课程文化。“对话文化”,强调的是课程的民主性。课程本身就是一种对话,主要体现在把课程标准作为文本,要求专家、教师、学生及其他相关人士不断地解读,并与之“对话”。“探究文化”,强调的是课程的科学性,旨在不同层面的课程创新。在国家层面,尝试课程管理体制的创新,制定国家课程标准与课程计划;在地方与学校层面,既要严肃实施国家课程,又要因地制宜创新地方课程和校本课程;在课堂或实施层面,要求教师依据课程标准,创造性地进行教学,反对经验主义和本本主义,确保课程对学生、学校、地方的适应性。

（三）创生一种管理制度

任何一种制度都是一定价值观念的物化,不同的管理制度体现着不同的教育价值观和学生观。首先,新课程改革应有组织制度的保障,新课程改革的领导力量缘自行政、专业和思想的各个方面。课程改革是一项全面而系统的工作,首先需要各个部门和机构的强大合力,统筹规划,制定策略,调整思路,同步推进。其次,要加强制度的建设,建立常态管理机制,抵制非常态的“作秀”和“头痛医头脚痛医脚”的功利、短期行为。必须重新审视管理制度对实施和推进课程改革的作用与功能,提炼和提升现有的好的制度,舍去和摒弃阻碍新课程推进的制度,创新校本培训制度,改革教师人事制度;再次,为教师课程管理“赋权”。这种“赋权”,主要体现在:在政治上与教师分享决策权,在社会上提升教师地位和影响力,在心理上增强教师的自我效能感。让校长和教师在课程改革中有来自社会和教育内部的理解和支持,赋予他们课程设计者而非执行者的必要权力。改变行政主控模式为以人为本的“扁平化”管理模式,倡导合作与分享。为教师课程管理“赋权”的内在价值是实现了教育权力的真正回归,继而必将转化为学生主动“生长”的能力。最后,要重建考试评价制度,改变“以考评教”“以考评学”的非理性、非科学的做法。评价改革的目的不是为了“选择适合教育的儿童”,而是为了“创造适合儿童的教育”。要正确厘清评价和考试的关系,改变“考试=评价”、把复杂的评价简单化的错误做法。当然,改革现行的考试制度并不是意味着取消考试,而只能改进选拔性考试,以促进学生全面、健康地成长。

（四）聚焦教室里的变革

随着2011版课程标准的颁布，原有的中小学教材将改版、更新，这意味着新课程改革将依照新的框架优化重组，调整步伐和节奏，开始未来的征程。

新课程改革在传承中创新，在争议中坚定，在求索中积淀，在反思中执著前行，成效与收获是巨大的。正如原教育部基础教育二司巡视员、基础教育课程教材发展中心主任朱慕菊所说："十年课改使中国的基础教育发生了本质而深刻的变化。基础教育的进步正与时代发展同步，正在呼应建设教育强国和人力资源强国的历史任务。十年课改道路曲折，挑战严峻，但改革的进程催生了一大批研究成果，它们又极大地推动着改革进程。"

纵观新课程改革十五年的历程，不管是"国家意志的体现"，还是"如何使理念转变为信念"，或者"顶层设计如何为教育实践所检验"，一切矛盾和问题总要反应在日常的、具体的课堂中，总要落在平常的、广大的教师所实施的课堂上。因为课程是课堂的引领和规约，课堂是课程的意义，是抽象的课程土壤开出的一朵具体的花。所以，集中一点讲，课堂教学将决定着学生的发展，教室里的变革将决定中国的未来。

课程改革是一个长期的、渐进的过程，任何一蹴而就、一成不变的想法都是肤浅和幼稚的。在新课程改革未来的路上，肯定还会有更多的矛盾和问题出现和衍生，但任何事物的发展总是矛盾运动的结果。今天，做一个新课程改革的行动者，力所能及地改变不理想的教育现实，总比做一个"批判者"和"评论家"重要得多。我们坚信，随着课程理论的逐步深化、课程行动的逐渐坚实，"教室里必定会产生深刻的变革"，这一轮基础教育课程改革"为了中华民族的复兴""为了每一个孩子的发展"的宏伟理想必将会实现。

第五节　后现代课程理论的启示

一、后现代课程理论的产生与发展

后现代主义课程理论的产生是以后现代主义哲学、文化思潮的产生和发展为基础的。"后现代"一词最早起源于19世纪后期的欧洲，用来指称那些比较现代和前卫的绘画作品，此后广泛应用于艺术和建筑领域。20世纪60年代以后，伴随西方国家在经济、科技、文化诸方面的新变化而逐渐形成“主义”。“后现代主义”是基于对人类理性的抗争以及对形而上学思维方式的不满，源于对高度发达的科技理性的反抗和过分严密的社会理性的怨恨而产生的一种新的社会文化思潮。它并非是一个具有统一理论基础的思想流派，只是基于对现代性进行反思与超越的所有思潮的一种统称。这种思潮后又渗透到教育领域，对课程理论产生巨大影响。后现代主义课程理论对现代主义课程的解构，突出表现在以下方面：

后现代主义批判“工具理性主义”。在现代教育体制中，崇尚科学教育已成主流，工具理性主义几乎渗透到教育的各个领域，教育的育人功能逐渐被削弱、被异化。后现代主义认为，这种异化一方面是因为权威主义、功利主义的盛行，而更为主要的是因为科技理性的作用。这种被后现代主义所排斥的科技理性，一方面表现为工具理性主义，另一方面表现为教育过程中的技术主义。而正是这两种表现，在一定程度上养成了人们对科学的盲从心理，窒息了学生的怀疑精神。

后现代主义反对本质主义。本质主义认为不论是本体论还是认识论都存在着本质与现象的区别，认为本质是事物内在的、固有的属性，现象则是本质外在的、偶然的表现，哲学的任务就是指导人们“透过现象看本质”。后现代主义批判这种本质的简单还原、本质和现象的二元对立、基于分析思维和逻辑建构的方法论，批判以追求终极真理为目标的认识过程论，猛烈地并从多侧面、多层次攻击了现代教学论作为前提性认识基石的知识观。

后现代主义解构现代主体性。张扬主体性，这是现代教育的一个特征。而后现代主义则反对人类中心主义，对主体性采取解构策略。后现代主义者认为，现代教育的目的是培养“完人”，他们从不同的角度对这种“完人”教育提出质疑，并重新考虑了人的主体性。在他们看来，世界的本质是以无序为主导的，只有在差异中承认差异，才是与世界和人类的天性相符的。因此，后现代主义强调人与人之间的内在本质关系，主张用交往形式替代中心主体形式，就教育目标来说，即“符合学生自己的特质和他生活中的特殊性的人”。

后现代主义者否定绝对真理的合法性。他们否定科学知识的绝对权威性和客观真理性，他们认为在教育领域内无法否认真理的客观存在，但是真理的类型是多样的，大致有必然性真理、概率真理、语用真理和非充分决定论真理。

既然真理是多样的，那就应该认识到，研究教育问题所揭示的规律，即使可以称为真理，也只是某种程度上的、概率的或可能的准确性而已。他们通过揭示真理的条件性，指出教育活动的差异性，使教育研究从现代性下解放出来，从一元转为多元。

后现代主义者毫不留情地向传统方法论原则的同一性和普遍性宣战。他们要求在教育研究中容纳一切规则、方案和标准，向僵化凝固、缺乏想象力的理性主义教育研究方法告别，促进教育研究生气勃勃地自由发展，希望在教育研究中使用崭新的话语。他们认为，以往教育家的权威话语无时无刻不在影响着其后教育研究者的研究方向、研究方法和研究成果，他们的所谓创新和进步，极有可能就是无意识地重复那些为人们所接受且已根深蒂固的话语。为了解决这一危机，教育研究者必须不断进行极端激进的话语创新，以消解权威话语的影响，同时应对微观层面上一向不为研究者所关注的教育细节表现出极大的热情，呼吁倾听处于边缘地带的声音，以有利于开创新的研究领域。

二、后现代课程理论对儿童生长的启示

现代主义教育对于“课程”的隐喻，用得最多的是“跑道说”。作为后现代课程理论的主要代表人物之一，多尔不是从内容或材料（跑道）的角度，而是从学生的发展、对话、探究、转化的角度出发来界定课程。后现代课程是一种发展的过程，而不是特定的知识体系的载体，因而课程的内容不是固定不变的，是一个动态发展的过程，它既包含了学习的内容又包含了体验的过程，内容体现在过程之中，成为过程的一部分。课程不再被视为固定的跑道，而成为个人转变的通道，课程强调跑步的过程和许多人共同跑步所形成的模式。后现代课程理论之于儿童生长的启示如下：

（一）在课程编制中突出了师生共同参与

由“现代课程理论之父”拉尔夫·泰勒创立的“泰勒模式”是一种建立在科技理性之上的经典课程编制模式，又被称为“目标模式”。该模式围绕目标、内容、组织和评价四个基本问题而构建，使课程编制从无序走向有序，因而被广泛应用，甚至一直被作为课程理论的“圣经”。后现代主义认为，以“泰勒模式”为代表的现代主义的课程以西方逻辑中心主义、理性主义传统为导向，主张以科学知识为中心进行课程编制，是一种唯科学主义的、封闭的课程体系，呈现出直线性、统一性、可预测性、确定性和整体性等特点，导致学生难以用开放的眼光

看待具有无限多样性的现实世界，教育的育人功能在无形中退化。后现代主义强调课程编制不仅仅是教育专家的专利，也不是行政部门的特权，而是由实施课程的主体——教师和学生共同建构，共同参与的活动。

随着后现代主义思潮的兴起，西方课程开发的理论研究和实践探索蔚为壮观，在课程编制的理论模式上先后产生了过程模式、实践模式和批判模式。在过程模式下，编制课程不是为生产出一套“计划”“处方”，然后予以实施和评价，而是一种研究的过程，其中贯穿着整个过程所涉及的变量、要素及其相互关系的评价和修正；它试图走出“理性的框架”，还师生一个更为自由的教学环境，有利于张扬教师和学生的个性。此外，批判模式因为崇尚差异、主张多元的思维亦暗含着后现代主义的精髓，它承认世界的多元性，同时也强调了人的批判性和创造性，矛头直指“泰勒模式”课程。

（二）在课程内容中提出了全新的知识观

关于课程内容和知识学习，后现代哲学家利奥塔在其名著《后现代状态——关于知识的报告》中，通过论述计算机对当代知识形态及其性质的强大影响，分析了现代主义认识论所面临的危机以及危机产生的原因。他用语用学方法分析了叙述知识和科学知识的本质，认为任何知识都不可避免地带有主观色彩并受权力关系机制的制约，纯粹的“客观知识”是不存在的。既然如此，现代主义教育关于“什么知识最有价值”的问题就失去了存在的意义，知识与知识之间的等级划分也变得毫无意义。

后现代主义对现代主义教育提出的“知识观”进行了解构和批判，并提出了他们的课程学习的知识观，主要包括：其一，从确定的知识观到批判性的知识观。后现代主义放弃了对知识确定性的追求，主张学生应该自己批判性地思考课程内容、教学过程以及他们所处的社会现实，要求教师和学生对现有的知识和社会现实提出疑义、问题，进行批判性思维。其二，从普遍的知识观到情境性的知识观。后现代知识观认为，要用知识的情境性代替普遍性。情境性的知识观提醒我们从对事物本质的追求中走出来，关注其复杂多样的现象。其三，从一元化的知识观到多元化的知识观。后现代主义放弃了对同一性的追求，强调对事物的多元化理解，提倡以宽容的心态对待“他人”，正如利奥塔的名言：知识不应该只关心真理问题，还应该关心正义、幸福和美。其四，从静态、稳定的知识观到动态、生成的知识观。后现代主义认为，知识的本质是生成性，后现代知识不再是权威的工具。其五，从客观、公众的知识观到个体性的知识观。后现代主义认为，知识不仅是客观的、公众的，而且也是个人的，它既离不开个体的交往实践活动，也离不开个体的个性人格特征，并提出了“默会知识”或“缄默知识”的概念。其六，从单一、分离的知识观到网络性的知识观。后现代社会的主要标志是知识的信息化、网络化和全球化。在知识网络化时代，知识不再是统一、同质、线性的，而是多元、异质、差异性的。

（三）在课程目标中指明了儿童的生长方向

就课程目标而言，后现代主义者认为，课程不再是只为完成预先的计划，课程目标既不是精确的，也不是预先设定的，而是一般性的、生成性的、创造性的、转变性的，通过课程主体即师生互动互补而不断调适、逐渐清晰以致最后形成。这就有助于突破精确预制、完全垄断的指令型课程目标模式。“后现代主义强调每一个实践者都是课程创造者和开发者，而不仅仅是实施者。”既然课程主体以“创造者”和“开发者”的角色介入，课程目标必然具有丰富性，从而使得课程的深度、课程的意义层次、课程的多种可能性和解释性成为可能。

在后现代课程理论看来，由于现代主义对理性、集体、制度和秩序的强调，教育目标是把个人塑造成现代性工程的零部件，其结果必然是忽视人的个性，导致人的异化、人与人之间关系的疏远和个人生活意义的缺失。后现代主义者在反思理性主义文化的基础上，反对确立任何理性原则，主张对学校教育目标采取较为宽泛的态度，可以归结为：“我们生活在一个多元的文化间际性中，统一模式的解构，对多元性的认可。”这种理念下的儿童生长方向，是具有批判能力、认可多元文化的社会公民。

（四）在课程学习中强调了倾听与对话

后现代课程理论认为，课程与教学是交叉与融合的关系，课程与教学没有明显界线。课程目标在一般意义上总是模糊的、不确定的，它需要在教学的过程中去寻求；教学一方面进行着课程实践，另一方面也在解读和建构着什么是课程。

就课程的组织而言，课程的组织形式不再囿于学科界限，而向跨学科和综合化发展；课程实施不以权威的观念进行控制，而是承认和尊重价值观的多元化；课堂教学不是教师的“主宰”，而是教师保持倾听和对话的姿态，正如多尔所言，“没有人拥有真理但每个人都有权利要求被理解”。

张华教授对此也有自己的经典论述:“告别独自、专制教学,走向对话、民主教学,对21世纪的中国和世界具有特别重要的意义。对话教学不是一种具体的教学模式、方法或技术,而是一种融教学价值观、知识观与方法论于一体的教学哲学。”创造“倾听—对话”式课堂,就是打破一言堂,教师在于听,学生在于说,让课堂充满探究性,在悟道和乐学中获得知识。

(五)在课程实践中定位了教师是“平等中的首席”

就师生关系而言,后现代课程理论认为,在教育过程中,教师是“平等中的首席”。教师与学生之间不存在领导与被领导、命令与服从的关系。当然,后现代主义课程观也同时强调教师的作用,只是这种作用得以重新构建教师的作用“从外在于学生情境转化为与这一情境共存,权威也转入情境之中”。教师的权威不是“外部强加的”,而是“内在养成的”,即通过自己的人格、教学风格树立起来的。教师不再是他人价值的强加者,而是尊重学生探究性、质疑性和批判性的领导,链接两者心灵世界的主要方式就是平等对话。

“通过对话,学生的老师和老师的学生之类的概念不复存在,一个新的名词,即作为老师的学生或作为学生的老师产生了。在对话过程中,老师的身份持续变化,时而作为一个老师,时而成为一个与学生一样聆听教诲的求知者。学生也是如此,他们共同对求知的过程负责。”

(六)在课程评价中注重了人本与个性

基于课程实施的多变性和曲折性,后现代课程理论强调课程评价标准的动态性、模糊性和开放性,以消除传统评价标准的超精确与超稳定。此外,后现代课程摒弃以标准的智力测验和学生学科成绩考核为重点的评价观,改变了现代课程以对学科知识(科学真理的代表)学习的好坏作为学习评价的唯一标准。树立多元灵活的评价机制,重视了对学生的理解能力、应用能力和创造能力的考量,使评价成为促进每一个学生充分、自由、个性发展的有效手段。

建构后现代课程理论评价观,要点有三:其一,在理念上关注人性。在评价功能上,不只检查学生知识、技能的掌握情况,更应关注学生掌握知识、技能的过程和方法,以及与之相伴随的情感与价值观的形成。在评价主体上,注重发挥学生本人在评价中的主体性作用。在评价内容上,强调对评价对象的各方面活动和发展状况实行综合评价和差异评价。在评价结果上,关注认同,即如何使评价对象最大限度地接受评价结果,并且在反思中变“结果”为“新起点”,在更高的水平上获得发展。其二，在方法上注重质性。质性评价的主要目的是对评价对象的个人经验和意义建构作“解释性的理解”，从他们的角度理解他们的行为及其意义解释。其中的典范有档案袋评价、苏格拉底式研讨法等。其三，在实施中提倡创新。要真诚地随机评价，促进学生多方面潜能的发挥和良好心理品质的形成与提升。要艺术地批改作业，灵活地处理考试，弹性地应对分数。

可以说，后现代课程理论，愈来愈明显地对中国课程改革产生直接的影响，并与中国专家、教师立足本土的理论与实践产生内在、自然的交汇。比如，郭思乐的生本教育，叶澜的新基础教育实验，朱永新的新教育实验，裴娣娜的主体教育实验等，都是以尊重学生、强化特色、创新教学、凸显人文为共同主题。

三、辩证地看待后现代课程理论

客观地讲，“后现代主义”不仅是一个时间概念，更是一个文化思潮，或者说是一个文明发展程度的概念。它孕育于西方现代文化的母胎中，是秉有西方传统文化基因又在后工业化语境中变异而产生的“文化幽灵”，它的出现，促使人们对现代化进程中的种种危机有了更清醒的认识，它的批判精神对现代化发展有积极的约束意义。后现代课程作为对现代教育的解构甚至颠覆，其批判与否定声中有很多是值得我们深思和借鉴的。

后现代课程理论对理性主义的批判解放了我们的思想。后现代课程理论家们敏锐地把握了科技的发展及高科技对生命的全面占领的特点，引导我们重新认识知识、思考知识的价值；他们强调发展和维护个性的多样性和差异性的教育方式，反对教条，反对教育预设的终极目标，引导我们更加注重学生之间的差异性、学生的个性化发展；他们强调一种微化与活化的教育，关注焦虑、绝望、行为异常等边缘性道德，引导我们更注重精神层面而绝非物质层次……所有这些，都对当今课程改革提供了积极而丰富的启示。

当然，由于后现代主义一反传统文化的一元性、整体性、中心性、纵深性、必然性、明晰性、稳定性、超越性，强调无中心意识和多元价值取向，以先锋、前卫自居，很容易浸淫人们的思维，导致戏说、恶搞、调侃、错位、媚俗等文化思潮。特别是后现代主义对真理、进步等价值的否定，将导致相对主义、怀疑主义、虚无主义和消解主义，容易引起新一波的精神危机和道德失范。

同样，后现代课程观中反对传统课程中的基础主义和本质主义倾向，主张为课程提供多种可供选择的解释，倡导中心的消解、基础的坍陷、理性的陨落、视角的多元化、解释的游戏化、学习的虚拟化，消弭现实、意义与表象的差异等，把“假想现实”所构成的“超现实”的世界作为“现实”的学习，这些过分玄空、过分理想的东西与我国的国情及当前的教育实践不相适应。

很多学者都认为，后现代主义哲学思潮的一个显著特征是反理性主义，但“对于以直觉思维见长、习惯于权力崇拜的中国人而言，理性的思维方式不是多余，而是不足”。在我国，更需要的是真正的理性建设，而不是非理性的过分喧嚣，特别是在处于转型期的当代中国，在人文精神失范、科技还不发达、法制力薄弱、物欲极度膨胀的社会条件下，我们更需要科学理性和社会理性的建设，更加需要培植理性精神，而不是邯郸学步似的像西方后现代主义那样拒绝理性。

钟启泉教授还认为，纵然后现代主义课程理论排斥“技术理性主义”，而现代课程与教育的内涵远不是“技术理性主义”所能概括的。设计课程必须进入特定教育“场域”，产生“身临其境”的感觉，才可能做出全面客观的描述与评价。

最后需要指出的是，后现代主义者同样没有反思自己的课程理论，也就是说，其中宣扬的价值原则有没有可能成为新的知识权力？如果说“技术理性主义”的现代课程论没有考虑学生的文化主体性，那么，将重心放在“文化解放”上的后现代课程理论同样没有考虑处境不同的学生是否都应该把自己在现代社会生活中的希望寄托在“文化解放”上。

应该说，后现代主义思潮在中国的存在是一个无法回避的事实。它之所以得以输入，自有其客观原因和潜在价值。对于后现代主义课程理论，我们既不能不顾国情与实情任意剪裁，也不能随意用它来对中国的现实做简单的比赋，更不能情绪化地拒斥它。我们只有用辩证的哲学观来对待，用反省的方法论加以接受，也只有用“理论联系实际”“洋为中用”的思想武器，才能使其对我国的课程改革产生积极的影响。

第二章　语文生长课堂概述

“语文的教育是人的教育”，这是由语文学科的性质决定的。语文课程的工具性决定了它是学好其他所有学科的基本工具，语文课程的人文特性决定了它拥有丰富的思想、文化和精神的内容。一个合格的语文教师，必须目中有“人”。既教学生读有字之书（教材与书本），又教学生读无字之书（社会与人生）；既教学生学作文，又教学生学做人。所以，语文生长课堂应该站在生命的高度，用动态生成的观点来建构，这是师生人生中一段重要的生命经历，也是师生生命的、有意义的构成。

语文生长课堂，是一种将“生长”作为课堂教学宗旨和核心思想的课堂。它不是一种特定的课堂教学模式，而是课堂教学的一种文化追求。它基于学生生长的现实和需要，即课堂从学生的现实基础和发展需要出发；将生长作为课堂教学追求的核心目标，即用生长统整三维教学目标，让知识与技能、过程与方法和情感态度与价值观目标融入学生主动的学习过程之中。课堂教学是师生共同创造丰富的精神生活的历程。丰富的课堂精神生活是学生生命得以生长的肥沃土壤。学生的学习方式与生命表达方式相整合，使学习过程真正成为学生生命表达和意义实现的过程，课堂焕发本应具有的生命活力与生长张力。

语文生长课堂是生命在场的课堂，主张教学要顺天致性，尊重学生主体，基于学生经验，顺应学生认知规律，发展学生潜能，实现言语和生命的同生共长。

首先，学生是自己的主人，学生生长必须通过自我建构完成。学生有自己的生长时间和节奏，其“内部自然”恰似一颗内蕴智慧、情感等自然天赋的、具有无穷成长潜能的种子，有其内在独特的“生长性时间”。语文教学的过程就是学生按照自身的生命节奏和张力生长的过程，语文教学要遵循学生生命成长的节奏和身心发展的规律，顺其天性而育之。

其次，语文学科在学生生长中有其独当之任，体现出独特的意义和价值。要以学科本质的力量引发学生丰富知识经验、发展个性能力、激荡生命潜质，获得带得走的生长印记。教师要正视学生“现有水平”和“可能发展水平”之间的差距，充分理解学习心理和学科逻辑序列，科学把握学生学科经验和学科能力的生长原点，以适宜的学科教学实践活动为实施路径，去唤醒、激励和引导学生的积极变化。

再次，语文学习是经历、经验连续性生长的过程。教学方法应建筑在对学生有意义的、直接的、具体的经验之上，要关注学生当下的课堂生活，设计、组织生动的多样化、体验式活动，让学生通过探究、体验、发现、操作、表达等经历，创造丰富的课堂精神生活，促进学生潜能的发展。

语文生长课堂，教师与学生彼此“精神敞亮”“相互悦纳”，注重性情的培养，着重思维的训练，看重语言的生长。教学既追求训练的密度，也追求发展的自由度；既磨炼学生思维，也充满人文涵咏；既着力于生长的“原点”，更着眼于发展的“远点”。

第一节　语文生长课堂的基本特征

从人的生物性层面来看，生长，就是生命体在自然状态下，通过自我发育，逐步走向成熟的过程。

首先，生长具有生命的个体性。它既是人个体生命的基本特征，也是人个体生命的本能反应。由于先天的遗传和后天形成的不同个性，造就了生命的不同个体，其生长模式、成熟序列的差异性决定了生命具有个体独特性及在后天发展中的体质差异、认识结构、文化背景等。

其次，生长具有生成性。生成的内涵是生长和建构，是一个动态行进的过程。人是未完成的存在，也是非特定化的存在，人与动物在生命意义上的本质不同主要是人的“未完成性”和“非特定化”。“未完成性”意味着人总处在未完成之中，人的生命处于不停息的变化之中。“非特定化”意味着人具有无限发展的可能性，意味着生命本身不是一个结论，而是一个历程，生命一直在产生意义。这些意义使生命成为一种有意义的、非确定的过程，使人的发展永远具有创造性和超越性，使人永远处在生成之中。

再次，生长具有自主性。虽然人的生命成长离不开外界环境和条件，然而生命本身具有自主性，外界因素可以影响它，但无法取代它。人天生具有认识外部世界、求知于外部世界的本性，表现为自主的态度和自主的行为，会自动地去完成一些生命活动。对世界充满好奇遐想，乐于追根究底，敢于尝试探索，并在追问、探寻和创造的过程中展现自己的生命力量，获得生命的意义。

用生长来观照语文课堂，语文教学就应该是教师和学生交互作用而生成的一项具有建构生命意义的活动。这种活动应该具有生命的意识和生命的体验，有生命与生命的交往和互动，有生命的不断完善和超越。这样的课堂变化，从特征上讲，主要反映在：

一、教学使命，从"知识课堂"走向"生命课堂"

"知识课堂"中知识中心或是知识至上的做法，使学生的学习以死记硬背、机械训练为主。课堂教学在强化学生掌握某些知识的同时，失去了对学生发展的全面关注，甚至以牺牲学生的身心健康、情感发展、正常交往去获取知识。

"生命课堂"注重三维目标，不仅仅为知识而教学，更是为了人的发展而教学。其生命涵义体现在：知识只是手段，生命发展才是目的，始终把学生当作发展中的人来看待，当作未成年人来看待。学习成为学生的生命活动，学生的主体性得到尊重，学生在课堂生活中有自己思维和活动的时空，在学习知识、掌握技能的过程中，将自己的体验、经历和生活结合起来，获得进步与发展。

语文教学既要重视知识学习的逻辑和效率，又要注重生命体验的过程和质量。语文生长课堂改变教学过分强调认知性目标，过分强调知识本位，弱化"过程与方法"，虚化"情感态度与价值观"的情形，从根本上追求语文课堂对人的生命存在及其发展的整体关怀，使课堂教学成为在获得知识与基本技能的过程同时也成为学会学习和形成价值观的过程，成为充满生命活力、不断生成的过程。每一节课都是不可重复的生命成长的过程，学生在课堂上获得个性化、多元化的发展，课堂教学成为对成长中的人的整个生命的成全。

二、教学观念，从"传道、授业、解惑"走向"教学相长"

传统的"传道、授业、解惑"角色规范一直在支配着教师的行为：教师是知识的传授者，教师所传授的知识主要是课程和教材中规定好了的知识；课堂是知识的交易所，教师在课堂中享有"话语霸权"，学生是接受知识的"容器"，主体地位被弱视和无视。事实上，理想的师生关系与教学境界应是"教学相长"。把教学的本质定位为交往，是对教学过程的正本清源。交往的基本属性是互动性和互惠性，"教学相长"旨在实现师生互动，相互沟通，相互影响，相互补充，教师的引导和学生的自主和谐共生，从而达到共识、共享、共进。

语文生长课堂中，师生应有的生命、生存、生活的本然角色得以复归，教师不仅传授语文知识，还要承担起研究学生、了解学生、关心学生、理解学生、帮助学生、引导学生、启发学生等新的角色。同时，教学过程强调学生对知识的精神认同、主动吸收和自主再造，教学活动成为一种师生共同交往的过程，成为师生在特定情境和为特殊目的而进行的知识、态度、价值观等的共享经验的活动。其间，师生一起去经历、感受、体验、探索、反思、创新、提高，获得生命所需的知识技能和生命涵养。只有在真正有效的交往和互动中，学生获取的语文知识才是内化了的，增长的能力才是货真价实的，养成的情感才是真真切切的。教学不仅是个体的认知建构过程，而且是师生共同探求新知、共同创造、共同成长的完整的“生活过程”。课堂成为一个生机勃勃的文化心理共同体，师生诚意相处，积极交流，身心舒展自由，充实而有成就感，生命得以不断进步、成长、丰满，课堂生活充满了创造的色彩与生长的多种可能性。

三、教学目标，从“培养笔杆子”走向“为人打底子”

现实的语文课堂，大多没有逃脱应试的羁绊，过多强调对文本内容的理解，忽视对文本表达方式的关注。“内容分析＋大量操练”之风不息，目光局促于功利的分数，教师成天讲题，学生埋头做题，导致语文教学高耗低效，学生或高分低能，或失去学习语文的兴趣，语文教学发展人的根本目标旁落。

语文课程改革的最大价值在于它关注人的价值，强调以人为本，跳出学科的角度，立足于学生的全面发展和终身发展。《义务教育语文课程标准(2011年版)》指出：“语文课程致力于培养学生的语言文字运用能力，提升学生的综合素养，为学好其他课程打下基础；为学生形成正确的世界观、人生观、价值观，形成良好个性和健全人格打下基础；为学生的全面发展和终身发展打下基础。”这连续的三个“打下基础”，强调了语文课程的“打底子”目标：第一，语文课程是学好其他课程的基础，语文是基础的基础；第二，语文课程是学习做人的基础，学语文同时也是在学做人；第三，语文课程是学生持续发展的基础，语文学好了，学生才能健康、持续地发展。

语文生长课堂改变精英主义的人才观，从语文对人的基础意义出发，强调为人打好终身学习的底子与精神发展的底子。基本目标从过去单纯实现一维目标，转到全面实现知识与技能、过程与方法、情感态度与价值观的三维目标。

全面提高学生的语文综合素养，重视语文知识、语文能力、语言积累，重视学习方法、学习习惯、思维品质，重视学习态度、品德修养、审美情趣。同时，重视培育学生对真、善、美的追求，对彼岸理想世界的向往与想象，对人类、自然、宇宙的关怀，对世界万物的好奇心，并由此焕发出从内而外的激情、生命的活力、坚强的意志力、永不停歇的探索、永远不满足于现状的批判与创造的欲求。教学始终把为生命奠基放在首位，为学生打下扎实的语言功底和明亮的人生底色。

四、教学形式，从“插秧式教学”走向“牧羊式教学”

传统的插秧式教学主动者是“插秧人”，“秧苗”没有自主权，不能选择自己的生长土地和生长方式。教学活动是单向的授受，教支配学、控制学，学服从教，学的独立性、主动性丧失了。这样的教学不仅不能满足学生发展的需要，反而会阻碍学生的发展。

语文生长课堂倡导牧羊式教学，这是相对于插秧式教学——整齐划一的教学而言的一种教学模式，它强调大众主义价值取向。其模式有三个逻辑必要条件：一是指明学生所要达到的目标和所学的内容，即把羊带到哪儿“吃草”。二是要求教师有对象的意识，也就是说，教师必须确立学生的主体地位，“吃什么草，怎么吃”是羊的事，牧羊者只需点拨诱导。三是要求教师有“二全”的概念——学生的发展是“全人”的发展，教师不能过高地估计自己学科的价值，而且也不能仅把学科价值定位在本学科上，而应定位在对一个完整的人的发展上；也不是个体的发展，而是“全体”的发展。这种教学活动强调学生自主学习、自觉学习、自由学习，教师则是学生学习活动的组织者和合作者。教学成为学生对知识和经验的探究活动，知识和经验是由教师带领学生积极主动地探索得来的，而不仅仅是由教师权威地讲述与讲授。

五、教学方法，从“预设提问”走向“对话生成”

传统的教学比较注重教学的预设和对教学活动的控制，教学过程严格按照预先设定的程序进行，教师常常会通过提问、回答等比较刻板的形式让学生接受预定的、线性的教学设计，无视教学过程中学生、学习环境、学习资源出现的新问题、新情况。课堂教学机械、沉闷和程式化，缺乏生机和活力，师生的生命力在课堂中得不到充分发挥。

预设是教学的内在要求，生成是教学的必然结果，“没有精心的预设就没有精彩的生成”。生成应该是有机的、开放的。生成是对接受的一种批判和超越，是对预设的补充和修正。生成虽是“无法预约的美丽”，但“生成却青睐有准备的大脑”。对话是优秀教学的本质性标识，现代教学是师、生、文本三者之间对话的过程，互动对话是课堂生成的生态条件。要改变传统教学中“我问你答”“我发你收”的单向传递，科学地营造“对话场”，追求对话主体间视界的融合、精神的相遇、理性的碰撞和情感的交流。

生成以预设为基础，是对预设的丰富、拓展或调节、重建。语文生长课堂考虑预设的简约性和开放性，主张对教材作深度的研究和多层次的开发，注重学习空间的留有余地和学习活动的生动灵活。教师对教学过程有总体的把握，同时发挥自己的创造性，在教学情境中灵活处理动态生成的资源，使教学真正成为教师、学生、文本平等对话的过程，将共同的话题上升为学习活动的核心，师生真实地表现、真诚地交流，课堂成为一种生活状态。教师具有全景的视野和气度，不用预设的内容僵硬地规定、限制学生，而是充分发挥教学机智，敏锐地捕捉课堂教学中生成和变化着的各种有价值的信息，并将之作为教学资源，引导学生自由主动地生成和发展。预设的流程可以在生成中即时变奏，预设的主题可以在生成中适时替换，预设的目标可以在生成中随机升降。教师适时引导，恰当介入，不仅是“信息交流”“共同探讨”，更促使师生在交往中沟通，在对话中理解，创造出一些新观点、新思想、新行为，教学成为一个发展的、增殖的、生长的过程。

第二节　语文生长课堂的基础理念

语文生长课堂所面对的问题与传统的课堂是一样的，即：把学生引向何处（目标问题）？怎么引的（方法和过程问题）？引到了该去的地方了吗（效果问题）？不一样的是教师在设计课堂时的观点和主张。语文生长课堂产生于教学目标的任务驱动，发展于学生在完成学习任务时所产生的疑惑，结束于学生对更高更远的学习目标所产生的欲望。具体来说，语文生长课堂有如下一些基础理念：

一、让学生与课程知识“相遇”

“课程知识”是相对于“客观知识”而提出的，强调的不是知识本身，而是学生与知识“相遇”的可能情境。客观知识是自在化的、相对静止的，是冷冰冰的“知识块”，是“死”的“知识筐”。它只是被当作一种资料或死的资源，“教学的目标就是堆积知识，在单位教学时间内获得最多的知识”。而课程知识则是经过改造了的、灵动的、热切的、表现出趋向性的，具有与人对话的姿态。课程不是知识的载体或学习内容的“运输线”，而是人与知识“相遇”的场域。人与知识的“相遇”并非二者的“面对面”，而是精神的对话。它不是被给定的，而是由人建构的。好的课程努力创造尽可能大的空间，它总能吸引人，并在人与知识的每一次“相遇”中创造出更多的“期遇”。如果说知识的获得是一个教化的过程，即知识与人“相遇”，并最终实现知识与个体精神的创造性转化的过程；那么，课程就是人们事先设计的知识与人“相遇”的可能情境，其实质是一种“知识环境”，只有这样的知识，才能较好地参与人的精神生活，与人建立起意义关系，使知识增殖，让课堂生长。这时，教师和学生是课程的有机构成部分，教学过程成为课程持续生成与转化、课程意义不断建构与提升的过程。课程是在教师和学生的教育对话中诞生的。语文生长课堂深情关照师生的存在状态，遵循学生语文学习的实践逻辑，尊重师生的课程主体地位，让师生真正成为课程的体验者和创造者，获得最大可能的进步与成长。教材为师生课堂生活提供了“案例”，提供了师生相互理解的“载体”。课堂上，学生、教师、作者（以教材、文本的方式出现）都亲临现场，仿佛是亲密的伙伴，围绕主题进行平等融洽的对话，彼此敞开，相互接纳，都被深深卷入，沉浸在语言的魅力与精神的感动之中。师生在相互理解与自我理解的同时，不断地自我生成与建构，朝向高阶素养发展，更好地实现自己生命意义的生活过程。

二、让人文性与工具性“相融”

“工具性与人文性的统一是语文课程的基本特点，工具性是语文的根本属性，人文性是语文的重要属性。”在这里，之所以不用“统一说”，而用“相融”的概念，是因为，工具性和人文性不是简单的“二元相加”，更不是“二元对立”。语文教育是母语教育，语文是唯一以言语形式为教学内容的特殊学科；同时，语文又是一种文化，是和人的生命、心灵、生活密不可分的文化。语文的工具性、人文性是一个硬币的两面：语言文字为表，思想内容为里；工具性是人文性的载体，人文性又是工具性的灵魂；工具性和人文性是你中有我、我中有你的水乳交融关系。学生在接触课文时，接受的不仅是文章的形式——语言文字，同时也接受它的内容——思想感情。让人文性与工具性“相融”，就需要用人文主义和科学主义融合的共同的思想武器来改革语文教育，把人文性寓于语言文字的训练之中。这种训练，不仅要着力于培养学生语文运用能力的实用功能，也要着眼于语文课程对于学生思想感情熏陶感染的文化功能，让学生在语言成长的同时，人文素养也同步生长。

当前语文课堂教学一个倾向性的问题是“得意而忘言”，一味注重内容理解、人文感悟，忽视语言的理解与运用，甚至以“得意”为唯一目标，忽略语言的学习，特别是忽视体会词句的表达效果，忽视揣摩作者是怎样用语言表达思想内容的，忽视了解文章写法，忽视从读学写。这种失衡的做法，不仅不能有效地提高人文素养，而且使语文的工具性也失落了。工具性与人文性是不可分离、互相依存的。语文生长课堂让人文性和工具性相融。首先，语文作为一门以培养学生语言文字运用能力为主要目标的综合性、实践性课程，理所当然地应该聚焦语文知识和语文技能展开教学，情感、态度与价值观等应该是渗透在语文知识、语文技能的学习过程之中的。“语文教材无非是个例子，凭这个例子要使学生能够举一反三，练成阅读和作文的熟练技能。”语文课的专任是阅读和写作的训练。课文是承载语文课程内容的例子。语文课要教的是熟练语文的技能。语文知识、语文技能等课程本质内容是语文课的“脊梁”。其次，技能的掌握不能通过口耳相授，而必须通过亲身经验，只有在个体参与和实践的过程中才能真正获得。学生的语文能力、语文素养不是教师讲出来的，也不是学生听到的，而是学生在不断地参与语言实践中发展起来的。因此，语文教学“不应以教师的分析来代替学生的阅读思考”，“应该让学生多读多写，日积月累，在大量的语文实践中体会、把握运用语文的规律”。语文教学的主要方式应该是学生的“语文学习活动”，而不是教师解读、分析课文。重视语言文字实践，多读，多动笔，多练习，在实践中积累语言、领悟言语规律、掌握言语策略、提高言语能力是学生学习语文的基本路径。再次，“义务教育阶段的语文课程，应使学生初步学会运用祖国语言文字进行交流沟通”，“语言文字的运用”是体现语文课程工具性本质的概念。语文课“学什么”？就是要“学运用”。守住了“运用”，就最大限度地避免了语文课程滑向“非语文化”“泛语文化”的可能。通过“运用”，可以深化和积累语言经验，将静态的语言知识转化为动态的言语智慧；通过“运用”，可以得到情感熏陶，享受审美乐趣。

三、让教师成为学生生长的促进者

教师之于学生的意义和作用毋庸置疑。但沉静下来省思，传统的课堂中，教师对学生的"促进"存有局限：往往从教师"教"的角度出发，忽视学生主体的学习需要和学习方式；往往是教师把控、讲授，学生被动、接受；往往囿于学生学习静态的知识系统，不能放眼于对学生整体的生命成长的促进。语文生长课堂认为，教师和学生都是"生长需要者"，无论是教师还是学生，每个生命体都有"生长需要"，每个人都是"自我发展者"。这样定义也带来教育主体的变化——教育不是别人的要求，而是生命本身的需要，是一种生命自觉，是自我教育。语文生长课堂离不开师生间平等的伦理关系，它反对"文化资本"的霸权和隐性的"话语霸权"以及对学生成长的粗暴干预，改变课堂教学中教师"主宰""控制"的意识，改变学生"服从""依从"的地位，做到"目中有人"、谋求共赢，站在学生的立场，"以儿童之心度儿童之腹"，与学生建立一种新型的合作关系；同时，它也重视教师的作用，但教师作用的权威不是"外部强加的"，而是"内在养成的"，即是通过自己的人格、教学风格树立起来的。语文生长课堂提出让教师真正成为学生生长的促进者，强调的是教师的促进作用建立在"学生是自己成长的主体"基础之上，着眼的是教师对学生整体生命的意义，追求的是"教师是平等中的首席"从理念到行为的真正落实。

首先，教师和学生只是先知者和后知者的不同，精神、人格是独立和平等的。语文生长课堂中，教师要突破自己的传统角色定位，摒弃隐藏在骨子里的师道尊严的等级观念，养成善解人意的基本素质，和学生建立"我——你"的关系，与学生"一道生活"，并不断反思、改进与学生生活的方式，将感情调适与智慧发展等完美结合。师生双方实现真正的平等，彼此作为真实的、完整的人真诚地交往，共享知识，共享人生。"为师不忘童年梦，常与学生心比心"，教师要做走向儿童世界的使者，同时逐步吸引和影响学生走向教师。其次，教师和学生彼此敞开心扉，相互接纳。课堂中师生的关系是直接的、相互的，彼此作为真实的、完整的人相遇、交流，各自的情感和理性、思想和行动、知识和经验都展现在对方面前，双方在对话中获得沟通和理解。再次，教师和学生激励支持，帮助引导。教师的力量真正作用到学生的整体生命发展之中。教师不能牵着学生走，也不能被学生牵着走，教师需要有一种从容不迫的心态、一种谦逊容纳的胸怀、一种以变应变的策略，不断挖掘、发觉、积累、生长自己的教学智慧。教师本身的作用没有被抛弃，而是得以重建，成为内在于教学情境的引领者，表现为教学设计的立场转变，由重教师的教转向研究学生的学，研判学情，预设活动；表现为理解和遵循学生的学习规律和方式，教学现场是“充满智慧”的，弥漫着“未加思考”的机智行动；表现为充分发挥“平行教育影响力”，以成熟度较高的学习者身份，让教育、知识、学习真正与学生的精神发展相关联，促进学生的“最近发展区”向现实发展和转化，带给学生语文素养的提升、视野的扩大和人生经验的成长，从而变得“更智慧、更高尚、更有价值”。

四、让学生成为生长中的主体

卢梭认为，教育要使人类与生俱来的能力得以生长，这种生长是一种顺其“天赋”的自然生长。教育不应把“长成怎样一个具体形态”作为追求和结果，而应强调“顺应着生长发育的规律不断生成”的过程。在这样的过程中，生长不是赋予的、外加的，而是主体自觉的、应然的。儿童是天生的学习者，布鲁纳说过，“知识的获得是一个主动的过程，学习者不是信息的被动的接受者，而应该是知识获得过程的主动参与者”。学生是能动的主体，他们的学习是在原有认知结构的基础上吸收、同化新知识，充实、完善原有的认知结构或者改组原有的认知结构，组成新旧知识统一的、新的认知结构的过程。“教师的工作不是拯救孩子的灵魂，而是提供机会让他们拯救自己的灵魂”，我们需要的只是控制自己“化而欲作”的浮躁，最大限度地尊重学生、激励学生，给他们时间，允许他们失败，满足他们学习的需要，必要时给予方法的点化，推动他们学习的内部动力，帮助他们“实现意义的获得及自我主体的建构”，使学生自然的学习生活得以延伸。当然，让学生成为生长中的主体并不是毫无规约，只是这种规约对于生长着的儿童来说，不是本质层次的需要，可以减弱到最低限度。正如列夫·托尔斯泰所说，“教育的唯一规范是自由”，“规约”是为了他们更好地集聚生命的能量，顺利地生长，而生长，则是本质层次的。

学习知识不是由外到内的转移和传递，而是学生运用已有经验积极主动建构对自己富有意义的心理表征过程；学习结果不是学生接受了知识，而是学生个体经验得到了改组。因此，这个过程必须由学生自己完成，任何人都不能替代。语文是一种个体化、生命化的素养形态，是内在于人的一种以言语为核心的知能修养结构，语文素养的生长更强调学生的主体作用，更强调学习的主动性和情境性，以有利于知识的内化、能力的迁移、素养的生成。语文生长课堂着力让学生成为生长中的主体，根植于学生的先经验，积极利用教学资源创造新的学习情境，引导学生主体性的发挥，帮助学生建构言语经验。教师对教学要素的选择处理、解释表述、程序安排以及教学进程的时速，与学生主体原有认知结构、现有理解接受能力以及思维能力的快慢相适应，以合乎学生主体认知规律和心理意愿的方式展开，使知识学习成为学生幸福成长的方式。学生由被动的抽象知识理解者向主动的真实情境实践者转变，根据自己的先前经验和认知结构，投入新的学习情境，主动探索，主动发现，联系、解释、推断、证实，适应新情境，解决新问题，完成意义的建构。

第三节　语文生长课堂的实践策略

正如郭橐驼种树最大的秘诀是顺应树木的生长天性，使之符合规律地生长，语文生长课堂也应尊重学生身心发展的规律和学生语言素养发展的规律，以语文课程本身的魅力滋养学生，带给学生积极的变化，实现学生生命的成长。在教学中，教师要反复追问：学生作为儿童和语文学习主体的生长需求有哪些？语文素养的生长特性是怎样的？教师可以为学生的生长做些什么？

一、培育自然的生长环境

在良好的自然生态环境中，树木才能生长得生机勃勃、优雅自在，长成百年的大树。课堂是学生生命成长的重要场所。课堂生活质量影响学生一生的发展。语文生长课堂要着力培育符合儿童本性的、适合言语活动的环境，让学生、教师、文本之间的平等对话过程能够充分地、创造性地展开。

（一）营造舒适的心理氛围

教学是一种沟通与合作的活动。成功的教学依赖于一种相互理解、信任的师生关系，依赖于一种和谐安全的课堂气氛。语文课堂生活是围绕文本话题的师生经验的共享、师生思想的碰撞、师生情感的交汇、师生精神的对话，这些活动离不开语言表达，离不开相互言说和彼此倾听。心理学家罗杰斯曾指出，一个人的创造力只有在其感觉到“心理安全”和“心理自由”的条件下才能获得最大限度的表现和发展。如同雷夫的“第 56 号教室”一样，语文课堂应该是一个让学生觉得舒适的“家”。这里允许出错，允许改正，允许保留不同的意见，甚至允许自由争论、辩论；这里不存在害怕，不存在戒备，不存在威胁，取而代之的是相互信任、彼此支持。学生只有感受到心理安全与精神舒展，才能充分地表达自己的观点，表述自己的思想，表露自己的情感，才能进行一种积极的、融洽的、持久的沟通与合作。

形成这样一种舒适的心理氛围的关键在于师生之间建立真诚的教学关系。师生双方实现真正的平等，彼此作为真实的、完整的人真诚地交往。首先，教师要做走向儿童世界的使者，成为学生的学习伙伴，从心灵深处平视学生，摒弃严肃、古板、急躁与斥责，以微笑、亲和、耐心、鼓励取而代之，学会观察，学会分析，学会移情，和学生展开富有成效的创造性活动。其次，教师要逐步吸引和影响学生敞开自己，走向教师，走向同学，进而勤学奋进。教师身体力行，使平等意识真正深入学生心灵，使学生懂得，虽然同学之间在智力、才能、成绩、家庭、性格等方面存在客观差别，但每个同学的尊严和权利是平等的，应彼此尊重、互相关心、诚意相处、友好合作。第三，语文是情感性很强的课程，“缀文者情动而辞发，观文者披文以入情”，师生并非冷静的局外人、理性的分析者，应带着自己的前经验，成为“文本中的一员”，成为同情共振的故事亲历者。师生对话交流的内容应该是富有个性色彩的，发自师生内心真诚的信息，带有师生的情感因素，带有师生的生命温度。对教师来说，课堂话语并非仅仅为了传递知识，而是从内心深处流淌出来的切肤之感；对学生而言，说的也并非老师想要的答案，而是自己思考的产物，是内心真实的想法。

（二）提供充裕的生长时空

对课堂的过度设计和掌控，往往是一种习惯性的力量。在刚性的教学目标、静态的学习内容、机械的学习程式之下，我们习惯于捆绑学生，牵着学生走，我们习惯于“塞”而不善于“导”，总以为将时间还给学生会白白让时间浪费掉，所以学生投入学习和活动的关键环节——动手和动脑、思考和感悟的过程，常常是蜻蜓点水、浅尝辄止。没有时空的保证，学生的任何活动都只能沦为形式，成为空谈。很多语文课，环节多，内容满，虽然环环紧扣，不失精致，但总让人感觉课堂依然被教师控制和主宰，负载了太多的目标与任务，问题太多，节奏太快，没有潜心阅读的时间，没有自由思考的空间，没有咀嚼回味的机会。身处这样的课堂，学生会产生紧迫感，进入不了舒展自如的状态。思想的翅膀无法张开，何以实现语言、思维、精神的“拔节”生长呢？

语文生长课堂是属于学生的，学生自主阅读、独立思考的时间和空间绝不能少，因为培养思维品质和学习能力要远比知识本身重要得多。留有充裕的时间和空间才有生长的可能。教师不妨放慢脚步，还语文课堂以自然松弛、疏疏朗朗、浓淡相间的状态，少一些提问，少几个环节，留一些空白，留几分空间，让学生自己直面文本，静思默想，去有滋有味地阅读、充满灵性地感悟，自由大胆地想象、聚沙成塔地积累、充满激情地创造。学生拥有了属于自己的时空，才能投入地思考、真诚地表达，才会生长出自己的思想，语言才会新鲜水灵、纯朴有趣、丰富多彩。有等待才有生长的可能。等待是教师对学生生长差异的尊重和理解。当学生遭遇障碍时，有时只要我们再等待一下，学生也许就能够打开思维的大门，实现突破性地生长。

那么，我们该怎么样有效地真正落实学生的学习时间和空间呢？尊重学生学习的自然进程，而不是飞快地从一个问题换到另一个问题，一个活动接着另一个活动，把课堂每一秒钟和每一寸空间都填满。只有学习的脚步慢下来、稳下来，学生才能耐心和镇静地接近经验，才会有深刻的认知。唯有这样的学习，才能帮助学生摆脱与周围世界、与学习内容、与自我的疏离感，才会有投身生命过程的成长感觉。首先，要研究学生的学习需求，研究学生的学习状态，研究学生的学习进程，在充分了解学情的基础上设计弹性化的学案，合理配置师生活动，可以是对现成教材内容的“沿用”，也可以是对教材内容的“重构”；既包括对课程内容的“执行”，也包括对课程内容的“创生”。适度开放，能使课堂教学系统常常处于非稳定的存在状态，从而更好地维持活性和灵性，发挥存有的潜力。其次，敢于放手，将课堂的时空让给学生，尽可能做到学生能说的教师不说，学生能提的问题教师不提，学生能解答的问题让学生自己解答。把“学”的权力还给学生，把“想”的时间交给学生，把“做”的过程留给学生，把“说”的机会让给学生，把“问 ”的空间留给学生。教学不可能讲解学生想了解的所有内容，因此要让学生自主地探索，要留给学生探索的空间，引导学生根据实际情况及时调节自己的学习行为，在反复验证的过程中学习知识、快乐成长。同时，教师也要参与进去，根据课前的设计方案和目标，适时调控学习的方向和重点。

（三）凸显感性的交往话语

教学的本质是倾听和对话，语言是不可缺少的媒介。儿童的话语方式具有生动活泼、感性呈现等特质。语文课堂中，教师要拥有儿童的心地、品质，懂得尊重学生的文化，理解学生的需要，耐心聆听学生的声音，用学生最容易接受的话语方式，用学生最喜欢的话语方式，用儿童属性的话语方式，与学生展开交流、交往，走向视界融合。要改变告诉、说教、灌输的话语方式，要着力体现平等性、情感性、启发性、激励性，努力实现四个转变：由指令式的话语向商讨式话语转变，由评判式话语向建议式话语转变，由灌输式话语向引导式话语转变，由单一式话语向开放式话语转变，从而引导学生自悟、自得、自我建构。

语文生长课堂的交往话语特别倡导以下两点：(1) 形成“相互倾听”的关系。美国知名教育家、心理学家爱莉诺·达克沃斯教授将皮亚杰在研究儿童认知时所使用的“临床访谈法”发展成为了“拓展性临床访谈(extended clinical interviewing)”。这种方法的本质是“去倾听学习者，并让我们的学习者告诉我们他们的思想”。在这种理念下，不再把教学理解为教师讲解、学生倾听的过程，恰恰相反，“教学是学生讲解、教师倾听”的过程。达克沃斯教授非常重视教师对学生的“倾听”，同时也强调教学中师生、学生相互之间的“倾听”，认为这种“倾听”有助于彼此更好地相互理解，取长补短。形成“用心相互倾听”的关系，善于体味对方的感情，理解对方的意思，彼此敞开，相互悦纳。这样的教学关系提供了让学生生成精彩的机会。(2) 重视“异向交往”的对话。根据日本哲学家、诗人垪原资明的研究，交往分为四种类型：只有一方讲话的被称为“单向交往”，相互交谈的被称为“双向交往”，被拒绝、被阻挡的是“反向交往”，思路各异的谓之“异向交往”。现实中，很多教师在认同并提倡师本、生本、师生、生生的多边对话交往的同时却往往忽视了交往的多重性。结果，多边对话交往仍然只是多人的单向交往，重复着同样的观点和声音，依然单薄、肤浅、平静且乏味。所以，在对话交往中实现“异向交往”的确非常重要。教师要细致、耐心地倾听学生，要善于使用连接性的询问，巧妙引发学生的思考，挑起学生的思维碰撞和观点争鸣，让教学中的交往丰富而深刻地展开。

二、把握自发的生长原点

语文生长课堂，期望学生在每一堂课上都能进步“一点点”，期望每一堂课都能促进学生“长进、发展与成长”。这种生长，是由语文学科本质的力量造就的，是学生自发的生成，而非其他。每一节课都是学生语文素养生长序列中的重要一环，每一节课都要给予学生新的“学科经历”和“学科经验”。同样的文本，学生的体会是不可能达到成年人的深度的。因为自己理解得深，不考虑学生的阅读心理与阅读能力，教学内容既高深又生涩，脱离学生学习的“最近发展区”，学生将失去学习兴趣。反之，如果教学内容过于浅显，仅是学生个体阅读的重复，学习就失去应有的意义。“以学定教”是语文生长课堂的基本原则，这意味着教学要从尊重教材文本逻辑转向尊重学生经验与认知发展逻辑。教师要把握学生生长的原点，在教学设计时要能够回答：“在教学之前，学习者能够做什么(起点)？在教学之后，他应该能做到什么(终点)？学习者在教学之后到底应该有什么不同(潜能变化)？”这样去触摸到学生生长的脉搏，去明朗学生生长的方向，组织起有生长意义和价值的学习。值得注意的是，这种对生长原点的把握，不仅是要获得关于学生作为儿童群体的一般属性，所有学生的大体程度和状态，理解他们的认知规律，理解他们的学习方式，还要去关注课堂上每一个活生生的个体，理解他们的已有经验，理解他们的心理感受，理解他们的思想情感，理解他们的前期理解，使课堂生活真正从学生的生长原点出发。

(一) 生长原点的内涵意蕴

为更加专业、准确地发掘教材的核心教学价值，以学科本质的力量促使学生生长，语文生长课堂提出了“生长原点”这一概念，直接指向“培养学科素养”，以符合学生阶段性需求、体现学科核心价值的本体性教学内容为介，引领学生展开一段有意义的学习历程，最大化地使“言语主体”获得“言语经验”，建构“言语能力”，整体提升学生的学科知识、能力和情感态度，获取“带得走的生长印记”。

生长原点之“原”，具有“原初”“本原”之意。美国心理学家奥苏伯尔认为，所有的教育心理学原理可还原为一句话，“学生已知了什么，从这里出发进行教学”。课堂教学中，教师关注学生学习的原生状态，正视学生“现有水平”和“可能发展水平”之间的差距，充分理解学习心理和学科逻辑序列，以“最近发展区”为定向，所确定的学生原有记忆的信息组块与新的信息组块之间的联结点即为“生长原点”。

回到语文教学的角度，简而言之，“生长原点”可以解释为“课堂教学中学生学科经验和学科能力生长的关键节点”。语文教学的核心目标是学生言语生命的发展，在语文学习情境中，学生抓住这些关键节点和文本展开对话与思辨，进行想象与联比，最终将语言材料的潜在意义转化为实际意义。生长原点虽直接指向学科素养，但它不是一个个被割裂的知识生发点或技能训练点，而是促发学生知识、能力、情感等整体素养的全盘提升、全面生长的关键节点，具有较强的综合性，既符合学生“当下的生命高度”，又指向学生“可能的发展远点”。指向同一能力素养的多个不同发展阶段的生长点，形成阶梯式递进的、由易到难、由浅入深的生长性序列，即“生长链”。

从生长原点出发，学生获得言语智慧的生长和语文能力的提升，从“少”走向“多”，从“低”走向“高”，从“懵懂”走向“敞亮”，从“困惑”走向“顿悟”，从“浅近”走向“深刻”。共性与个性得以相融，局部和整体得以比照，近处和远方遥相呼应。

生长原点以一种隐喻的手法呈现出美好的教育意象，学生的学习由此有了事实起点和价值皈依，衍生出向上生长的枝蔓，“生”得有根基，“长”得很积极。

（二）生长原点的确定构想

生长原点的确定，须彰显课程意识，指向学科特质，坚守学生立场，不仅要关注同年龄段学生共有的“类同”，更要关注学生各自不同的“个例”，即学生独有的生活经验、个性思考和表达方式，围绕“三位合一”进行整体的构想。这里的“三位”，一指课程标准，课程标准制订了各年段课程内容，隐含着各项课程能力的生长序列，反映了对学生的总体期望，是每一堂课的学习目标累积而成的；二指教材，教材承载着课程内容，往往看起来是散点式的，但事实上却紧紧与课程标准相吻合，课程能力的生长序列依然暗含其中；三指儿童经验，课程标准以及教材中的课程内容是“应然”，但儿童经验则是“实然”。我们不仅要向前一学段“俯首”，在此课程内容生长点上，关注学生已经获得了哪些经验；还要向后一学段“仰望”，学生还需达到怎样的程度，以此来确定自己所在学段之任，确定本课教学的事实起点。与课程标准对话，与教材对话，与学生经验对话，这“三位”唯有“合一”，才能做到“应然”与“实然”相结合，在课程的坐标系中找准每一次学习活动的“生长原点”。为此，语文教师要以三种身份，三读教材。

1. “我是读者”——以文学的视角品读。

语文教师首先是个读者，以文学的视角品读文本。文学阅读是一个由符号到意象再到意蕴逐层深入的过程。教师要入文本境界，深入感受，理解思想内容；要走进作者心灵，缘文探情，获取人生哲理的感悟和精神意义的启迪；要沉潜文本之中，虚心涵咏，如切如磋，如琢如磨，剖析语言风格；要联想拓展，鉴赏评判，得到艺术享受，由此最大限度地逼近作者的本义，读出自己的新意。品读不可拘泥于文本，读读作者的其他作品，读读相关题材、体裁的作品（若是节选的文章，则读读原著），阅读的背景越是宽厚，生长越是得心应手、从容自如。

2. “我是儿童”——以学生的视角阅读。

语文教师要始终保持一颗纯朴的童心，不受习惯与成见之囿。教学前要“蹲下去看”，以儿童的姿态去阅读，用儿童的眼睛看教材，用儿童的方式来思考，尽量地考虑学生的前理解，寻找、预测学生阅读的原初体验。学生知道了什么？学生的学习困惑在哪里？学生的学习兴趣点是什么？学生的情感生长点在哪里？哪里是学生似乎不会产生疑问却需要好好品味的地方？学生喜欢用怎样的方式学习？……这种充分的“儿童本位”的考量，这种紧贴儿童生长地面的追问，为寻找到既与学生心智水平相吻合，又能吸引学生主动探究的教学问题奠定了基础。

3. “我是教师”——以教学的视角解读。

一个语文教师需要拥有“双重视角”：一方面，要以儿童般天真的、陌生的、非理性的眼光来阅读文本；另一方面，还得要“站起来引”，以“长大儿童”的身份，以成熟的、深刻的、理性的眼光来解读文本，不忘记自己已经“长大”，肩负着“平等中的引领”的责任。首先，语文教师该用“尖锐的敏感”和“谨严的思考”去做语文教师该做的事。教师面对的不是普通的、一般意义上的文本而是教材，是促进学生语文素养发展的范例。教师要慎思学生应该理解到何种程度，找准情感生长点、技能训练点、言意融合点，斟酌如何设计使学生深深卷入的问题，以此为凭借促进学生的语言习得与精神的发展。其次，教学立意要高远，要“见树木”更要“见森林”，跳出拘泥于理解内容“教课文”的窠臼，以“教阅读”的课程视野，从整体上去审视，真正把握课文范例的教学价值，找到教学问题的着力点，引领学生进入言语的内部、意蕴的内核。第三，在以主问题架构教学流程的过程中，教师要充分预想学生可能产生的肤浅与片面，可能遇到的障碍与瓶颈。当学生精神不振时，怎样使他们振作？当学生困惑无绪时，怎样给以启迪？……或启发点拨，或追问评价，或精彩深刻地讲授，促进学生加深或反思自己对文本的感悟，帮助学生超越自己。

以苏教版小学语文五年级《伊索寓言》（《狐狸和葡萄》《狼来了》《蝉和狐狸》）为例。以读者的视角品读，就能厘清《伊索寓言》的特点，如故事短小，结构简单，形象鲜明、生动，寓意自然、深刻等；以儿童的视角阅读，就会发现这三个故事一读就懂，而且大部分学生已听过读过——这就是学生生长的原点，亦是教学的起点；以教学的视角解读，就能确定教学的走向，教学不能停留在内容的领悟上，可把重点放在引导学生复述故事，发现伊索寓言的特点，拓展阅读《伊索寓言》的其他故事上。

三、遵循自主的生长方式

语文生长课堂强调教师应该了解和认识儿童生而具有的学习能力和学习方式，采纳与儿童自然的学习方式相切合的教学方式，有效促进儿童的学习与成长。教学必须沿着儿童生长的路径展开，其基本要义包括两个方面：一是尊重儿童已有的经验，二是遵循儿童的生长方式。因此，教师要从更多地关注自己“教什么”“如何教”，回归研究儿童的学习和发展，追问儿童“喜欢怎样的学习”、儿童“如何学习”。对儿童而言，学习是顺应同化、主体建构、经验改造的过程。其一，儿童是天生的学习者。蒙台梭利就认为儿童天生具有一位“内在老师”或者“内部向导”，它使儿童天生具有一种“吸收”文化的能力，实际上就是指儿童不断地与外部环境相互作用的生长潜能。其二，儿童是自发的探索者。苏霍姆林斯基说过，“儿童自出生起就在日常生活中通过自发进行着学习，由此获得经验并发展自己”，“在人的心灵深处，总有一种根深蒂固的需要，就是希望自己是一个发现者、研究者、探索者。而在儿童的精神世界中这种需要特别强烈”。他还指出，儿童的学习与游戏密不可分，没有游戏，就不可能有完满的身体发展、智力发展、想象力发展、美感发展。其三，儿童是主动的建构者。建构主义认为，儿童的认知发展是通过意义建构的途径形成的，儿童是意义的主动建构者，情景、协作、会话和意义建构是发生学习活动的四大要素。由此可见，遵循学生的年龄特征，以感性形象的实践活动、积极的情感体验和深层次的认知参与为核心的学习方式，才能促进学生全面素养（包括高层次思维在内）的生长。语文生长课堂应该找到典型的体现学科本质的内容进行教学，必须以学生为方向，从学生实际出发，适应学生的基本经验和生活实际，适应学生的智力发展水平，帮助学生自己去发现、去提升。要立足儿童本位，遵循儿童身心发展的规律和语文学习的规律，展开自主性、探究性、合作性、综合性的学习活动，让学生在语文实践中获得充分的、自主的、和谐的生长。

（一）以开放、自由、富有探索性的问题为生长支点

探索性学习是语文生长课堂的主导性学习方式，是儿童的一种积极主动的

学习过程——是儿童做的，而不是儿童被做的，包含探索、发现、尝试、创新等学习行为。它要求教师摒弃过度解读课文，引导学生经过积极主动的参与、探索、思考和实践，获得新的学科体验，领悟言语规律，掌握言语策略，提高言语能力，增长言语智慧。探索性学习发生在情境之中——这里的情境要具有真实性、参与性、实践性三个特征——由四个重要环节构成，即核心问题提出、自主探索、交流反思和梳理巩固。课堂上，教师从“知识的传播者”转变为“学习情境的策划者”，策划语文生长课堂学习情境的关键是一个“以教学核心知识，完成教学任务或学生的高参与度上引发思考、讨论、理解、探究的重要问题”，在新旧知识经验的交织与冲突间形成新的认知不平衡点，形成一个向未知开放的、吸引力强大的学习场域，从心理上激发学习者强烈的学习欲求和深度的参与意向，从行动上引发其一波波思考、讨论、理解、探索，体现出自主规划、自由想象、自我探寻的高端学习态势，使学生从“合法的边缘性参与”到“深深卷入”学习之中。

作为活动情境核心的“问题”，必须体现开放、自由、富有探索性的特征。“核心问题”是探索性学习的重要载体，是激活学生思维、引领深度学习的重要手段，是驱动教学进程的重要引擎。设计核心问题时，要围绕生长原点，从新旧知识的差异、生活经验等处着力，找到课程与学生生活、学习与学生生命成长的“沟通点”“共鸣点”，激活学生的心智系统，推动学生的思维向更深处行进，引发探究、发现过程的展开，通过调查研究、分析研讨、合作交流、解决问题等探究性活动帮助学生获得知识、掌握方法、发展能力。从语文学科的角度来讲，核心问题应该从文本文字中生发，使学生始终保持着阅读的新鲜感，思维始终处于兴奋的状态，吸引他们好奇地回到具体的语言文字之间，不断有新的发现，不断有精彩的表达，对文本的理解从粗浅单薄走向深刻丰满。这样的问题应该具有以下一些特点：

1. 问题的呈现具有诱惑力，能唤起学生的阅读期待。

富有探索性的问题应该是有趣的、有意思的，即使表象质朴，也是耐人寻味的，“看似寻常最奇崛”，细细琢磨，内里有浓浓的语文味和思考的张力，能够唤起学生的惊异感和想象力，能够唤起学生的阅读敏感和期待视野。它关注学生的学习需要，指向学生的学习兴趣，基于学生的学习基础，对于学生而言，感觉似曾相识又有几分新奇陌生，既触动了学生的已知和经验，又隐含着这样一种思考的意向：文本中藏有学生“还不知道”又“可以知道”的有价值的内容，激起学生试图突破自己“前理解”的意愿和动力，引发学生与文本之间真正的、全面的、丰富的接触、反应、交流与融合。比如，《成长的快乐》读书交流会(《亲近母语》第7册第十单元)上，教师这样设问：“老师读这三个故事的时候，故事中的人物让我觉得似曾相识，好像就是你、就是他，我想起了我的很多淘气而又可爱的学生的故事，你想起了谁的什么故事呢?”从书中去找自己生活的影子，这大大出乎学生的意料，很特别，很有意思，极具思维的冲击力，不知不觉地就让学生“卷”了进来，有了再次细读的兴致与崭新的阅读体悟。于是，课堂也就有了流动与生长的气息，学习真正成了学生的自我发现之旅。

2. 问题的切入具有穿透力，能牵一发而动全身。

富有探索性的问题应立足文本，又体现出居高临下俯瞰文本的视野，触及文本的核心地带，紧扣文眼，围绕文本中最具语文教学价值的东西，如关键字词、重点语段，人物形象、理趣哲思，技能训练点、情感生发点等，抓住可以“撬动”课堂的“支点”。比如，教学《孔子游春》(苏教版小学语文六年级下册)时，首先出示1988年75位世界诺贝尔奖获得者聚首巴黎发表的宣言中的一句话：“人类要继续生存下去，必须要从2500年前的孔子那里去寻找智慧。”然后设问：“孔子深受世人的赞誉，他到底有怎样的智慧？让我们跟随孔子去泗水河边游玩，去寻找智慧。”学生静静地读书批注，在拥有丰富文本背景的情况下来理解孔子“论水”“言志”重点语段的内涵，理解孔子的善施教化。“孔子究竟有怎样的智慧”成为学生学习整篇文章的支撑点。可见，“一着好棋，满盘皆活”，寻求答案的过程，也成为学生品味文字内涵、感悟细节魅力、感受人物性格的触类旁通、融会贯通的过程。

3. 问题的答案具有丰富性，能产生多种不同的思想。

富有探索性的问题应是动态开放的而不是封闭逼仄的，蕴含着多重的分析视野、多样的解决路径和异彩纷呈的答案。学生总能根据各自的经验背景、思考方式和价值取向，对问题形成个体的理解。所以，问题的答案不是唯一的，即使意思相同的答案也可以有不同的表达方式。问题的丰富性才能带给学生心灵的自由飞翔，才能唤起学生创造的冲动，才能激发学生分享的内在需要，才有真正的学习发生。比如，教学《去打开大自然绿色的课本》(苏教版小学语文五年级上册)，引导学生理解“课本”的含义时，可以设问：“你觉得大自然是一本什么书?”学生凭借自己的经验走了进去，于是有了各种不同的、鲜活的、贴切的阅读收获和个性化的表达。这一问题如点点火光，点亮了学生的思维，将文本的意义贴切地、无痕地传递给了学生。

4. 问题的效果具有推进性，能将学生的思考引向深处。

限于学生的思维特点和生活经验，学生个体对文本的理解往往粗浅、笼统，停留在对语言的直觉感受之上。如果仅在学生已经达到的认识平面上“飘移”，没有语言发展、思想力量、情感震撼、深刻体认，这样的阅读活动毫无意义。富有探索性的问题应具有内在生长的力量，指向更有厚度与深度的体验，它犹如打开了一扇窗，激活学生的先前经验，吸引学生深度参与，在教师合理机智的追问之下，突破先见的狭隘，让学生看到文本深处更加美丽的风景，迈向了一个他们从未到达、从未领略过的视域。比如，教学《我和祖父的园子》(苏教版小学语文五年级下册)，祖父的“笑”耐人寻味，“笑”的含义在文中是一处空白，教学中可以设问：祖父大笑起来，笑得够了，还在笑，笑声中，他仿佛在说什么呢？引导学生想象，唤起学生的生活体验，使祖父的爱鲜活、具体起来，使学生真正体会到“因为有祖父的爱，才有我的自由”。

（二）以体验性言语活动为生长场域

生长理论源自美国教育家杜威，他认为“教学应从学生的经验和能力出发，采用与儿童、青年在校外所从事的活动类似的活动形式”，“活动的实质是思维与体验——解决问题并追求意义”。一切都在体验之中。正是体验，让教学成为生活，充满情趣，充满乐趣。体验是一个物我不分的过程，美好的体验是把自己和环境融为一体。儿童真正的成长与发展来自学习体验。心理学研究表明，使用传统“我讲你听”的教学方式，学生在课堂中仅吸收 10～13%的内容，并且随着时间的推移而逐渐遗忘。“阅读的信息，我们能记得 10%；听到的信息，我们能记得 20%；但我们经历的事，我们能记得 80%。”还有学者对随机挑选的 32 名一到六年级小学生进行了深度访谈，发现在学生的回答中体验式学习、“做中学”、讨论式学习这三种学习方式出现频率最高。用教育现象学的方式倾听儿童内心的声音，印证了儿童喜欢“在真实情境中探索”，“在亲身经历中学习”。语文生长课堂主张“在活动中学习，在经历中学习，在体验中学习”，由此获得学科经验的建构、积累与提升。

语文生长课堂的体验活动以一个特定形象为介质，通过创设贴近儿童、贴近生活的“情境或事件”，吸引儿童以积极的情感亲历其中，主动参与、亲身实践，独立思考、合作探究，从经历、感受到认同、内化，逐渐实现精神、思维的多向成长。这样的体验活动，强调过程中的共享与应用，形成团队学习；不流于热闹的形式和表面的肢体运动，“活而不乱，动而有效，拓展知识，发展能力”；重要的是思维的参与，要吸引学生的“5－H”（heart、head、hand 和 health、happy）充分投入，将身体、思维、言语等活动结合起来，由感性到理性，由表象到本质，不断地发生新的“深刻认知”。

教师要善于从学生的“第一手”经验出发，将静态的学习材料转化为动态的学习活动，强调学生经验与活动情境的联结与作用，引导学生在活动中学习，经历“具体体验—反思观察—抽象概括—主动迁移”的学习过程，生长新的经验。在这个过程中，抽象与具象、外显与内隐、动态与静态等有机融合，即将抽象的学科知识建立在形象思维之上，将静态的知识结论建立在动态的思考之上，以感性的活动方式促进理性智慧的生成。这里，静态的学习材料是这样转化为动态的学习活动的：呈现学习材料，根据学习材料的特征进行判断，找到活动的指向；对学习资源进行相对理性的分解、重组、整合等再创造，转化为具体的体验活动；小活动聚合成学习大情境，“勾起学生的某种生活回忆，引发学生的某种生活体验，促使学生主动发现与自己关联的真实问题”；在活动场域中吸引学生积极参与对学习材料的思维加工，积累感性经验并使之渐渐向理性认识生长，达到对认知过程的主动经历和对意义的深刻体验。

语文是实践性很强的课程，应该更多地让学生直接接触语文材料，在大量的语文实践活动中掌握运用语文的规律。言语能力是在言语实践的过程中得以生长的。语文生长性课堂通过创设生态的学习情境，让学生“身临其境”地体验学习；以“出乎其外”的言语活动为基本载体，以“入乎其内”的深刻体验为教学目标，实现学生的有意义学习、个性化学习、创造性学习，让体验性言语活动成为言语生命生长的链条。

儿童是用感性的方式来知觉、体验外部世界，与外部世界建立联系的。积极的体验性言语活动应该本着儿童文化的精神，按照儿童游戏的规则建构而成。富有内涵与冲击力的情境是体验性言语活动不可或缺的辅助行为。教学中，教师要以语言描述、画面呈现、问题导引等方式创设生动活泼、具体感性的情境，以典型的场景激起学生热烈的情绪，使学生“会被吸引”，“这对他们而言是真实的”，日益深入地“投入现象”，即与所要学习的内容直接接触，不知不觉置身其中，心理转换，物我两忘，冥思、体认、联想、移情、拓展、表达。尤为重要的是，情境不应只是课堂瞬间的即兴而为，而应是契合文本的立体之境，是催生学生思维、情感、语言的动力场域，随着文本语言情思的跌宕起伏与课堂对话的层层深入而不断延展、推进，逐步走向丰满、厚重、完整。这样的言语活动贯通着儿童的个人经验、当下的生活、周围的世界，儿童的生长就建立在此时此刻的体验当中。比如，教学苏教版小学语文四年级下册《古诗两首》(《池上》《小儿垂钓》)，在引导学生抓住关键字词想象画面、感悟小儿形象时，可设计“路人问，小儿遥招手”的体验活动，将理解诗歌的过程与生活情境、游戏情境融为一体，既引发学生的感性活动，又引导学生的深刻思维，师生都融入文本，心灵一起跳动，产生言说的激情，彼此问答、探讨，自然而然地想象，富有创意地表达。

（三）以智慧的点化为生长动力

儿童是一个正在生长过程中的人，还没有成熟，还没有确定，还没有完成，有巨大的潜能，也有很多不完善。儿童正处于语言生长的最佳时期，他们的语言理解与表达充满童趣、充满想象，但也存在缺点和错误。正如成尚荣先生所言：教师对儿童的引领任何时候都不能有丝毫的松懈。儿童是一块璞玉，如果放任他们自发性地发展，那么，“从粗糙的东西发展出来的东西，只会是粗糙的东西”。尊重儿童的生长规律，遵循儿童的生长方式，绝不是对儿童的迁就和放任。教师要细致耐心地倾听学生，不愤不启、不悱不发，实施智慧的点化，使学生思维的触角不断伸向文本语言的深层，伸向人物心灵和情感深处，为学生生长助力。

教师存在的全部价值，在于知道在什么时候引导、往哪里引导和怎样去引导。教师的智慧点化可通过如下途径展开：直接判断引领——当学生出现错误、表达不准确时，应直接明确地指出，杜绝模棱两可；推进思维深度——当学生思维偏离学习内容、思维受阻或纠缠于细枝末节时，应点拨、启迪，将学生的学习活动从一个水平引导到另一个更高的水平；拓宽表达维度——当学生思维狭窄、言语单一时，应理清学习内容支架，从不同侧面、不同角度补充学习材料，帮助学生打开视野，进入后续学习；延展学习效应——将“此时此地”获得的语文学科经验和语文学科能力运用到相类似的或者紧密联系的“彼时彼地”中，以此稳固学科经验和能力，推动其进入螺旋上升的过程，也因此建立持续发展学力的效应。

语文生长课堂的关注点是教学过程而非多少学生掌握了正确答案,关注的是学生未来的发展而不仅仅是为了当前需要完成的学习任务。教师应观察记录每个学生的多个侧面和多种活动方式,不扼制学生的看法,不搁置学生的问题,而是顺着学生的思维探究下去,在此基础上修正、调整教学策略,并通过准确地判断、选择性强化、延时反应,决定怎样支持每个学生的多种学习方式和多个发展方向,提高自我效能感,真正促进学生的多元化发展。语文生长课堂会呈现许多令人意想不到的变化,在充满不确定性的教学过程中,需要教师采用多样化的教学方法和手段,引导学生为了预定的学习目标开展有意义的生长活动。在这样的生长课堂里,学生体验到的是探究、研讨、思索的快乐,不管学生对于问题的回答是否正确、是否完整,这都是学生的亲身经历,而非死记硬背的机械记忆。

教学中,教师要注重学生个体的独特体验和即时感受,给学生预留自我分析和反省思考的时间和机会,充分表达他们对问题的认识和理解。同时,要强调活动中的协作和共享,捕捉学生"异向交往"的话语,善于引发学生之间的讨论甚至辩论,从而让学生在一次活动中获得更多的想法,不断改造和重组言语经验,完成对文本的再创造、与作者的再对话,以及对自我的再塑造。另一方面,教师要倾听学生的表白,真心赞赏学生的大胆创见,真挚地肯定谬误中蕴含的奇特想象、荒诞中包裹的合理因素。比如,学生说"小河里的水很活泼",多么富有童趣;阅读《小抄写员》,学生认为"叙利奥没有与父亲沟通,才导致彼此之间误解,父亲应该让儿子分担一些生活的负担",那是对父子之爱赋予现代意识的解读。同时,面对学生的肤浅与片面,教师不仅要作为一个交换意见的参加者,还要成为一个顾问,进行语言与思想的引领,促进学生由肤浅走向深刻,由片面走向全面,旧我不断失落,新我不断再生。当学生的理解肤浅时,要引导学生向深处生长。比如,教学苏教版小学语文二年级上册《识字 1》,让学生说说词语的意思,学生认为,"金秋"就是秋天。显然学生没有体会到词语的意境。教师追问:"为什么人们常把秋天说成金秋呢?"学生就有了新的发现:秋天是金色的,田野里,稻子金灿灿;果园里,水果黄澄澄;道路旁,树叶也黄了。金色是丰收的颜色,带着成熟的气息。当学生的理解偏差时,需要扶正其生长。比如,学完童话故事《蜗牛的奖杯》,交流"你想对蜗牛说什么"这一话题时,一个学生说:"蜗牛,你整天背着重重的奖杯,真可怜呀!"这样的话语固然反映出儿童天真善良的心地，但离教学内容的价值取向“别让奖杯成为前进的包袱”还有距离，这就需要教师引导学生深化理解。

四、指向自由的生长远点

语文生长课堂是可持续发展的生态课堂，既要着力于学生生长的原点，更要着眼于学生发展的远点，生长，是从原点到远点的生命历程。每一节课都是师生一段新的共同的生命旅程，都要到达一个新的生命驿站；每一个当前目标，都是通往远点的一个新生的节点；一个个节点相连，才能无限接近理想中的发展远点。就学科素养来说，既建立起前后学科知识与学科技能之间的联结，使前后之间既有联系照应又有补充拓展，既课课落实又持续推进，既实现经验对接又有不断重组、改造、发展、丰富经验的可能。

语文生长课堂，既致力于追求学生当下的生长状态——课堂的深处充盈着蓬蓬勃勃的生命律动，学生的语言、思维、精神在活泼泼地自由生长；又“指向远方”——课堂为未来的语文学习和生活积蓄生长的力量，使学生萌发生长的向往，拥有良好的生长态势和持续生长的能力，实现安静而生动的生长场景与理性而深刻的生长内蕴的和谐统一。

（一）安静而生动的生长场景

“静能生慧”，“静能开悟”，“静能正道”，语文生长课堂，应该是安静读书的空间。静心、静气，对于获取知识、生长智慧何其重要！安静不是刻板、机械，蕴含蓬勃、灵动。课堂上，每个学生都应该充满朝气，富有生气，彰显活力；每个学生都应该心境开阔，性格豁达，乐观向上。

语文生长课堂应该呈现这样“安静而生动”的场景：学生安静地倾听教师讲课，安静地倾听同学发言，安静地思考问题，安静地完成作业。这里的安静，不是单调，不是呆板，不是沉闷，而是积极活跃地进行思考，有理有据地表达自己的观点，通过独立思考与互相启发获得新知，知识与经验不断得到丰富与加深，个性与能力不断得到展示和发展，生命潜质不断得以实现和积极变化，学生正在活泼泼地生长。这样的“生长场景”有以下表现：

1. 由“一”变成“三”。

“一”是指一个学习活动情境，“三”是指学生在活动中，不止一方面，而是大于“一”的，多个方面的成长。通过一个学习活动，使那些在课上不教的同类内容也能为学生所认识，或者引发学生去学习它们的兴趣，有效促进学生基本经验和能力的拓展，逐渐实现由“一”到“三”的迁移、生长、提升。

2. 再向前一步。

再向前一步，意味着教学促进学生发生了积极的变化：知识增加，不断更新；经验拓展，既触发“已知”，又隐含“可知”，更指向“未知”；思维发展，经历“挑战点”“突破点”“提升点”，积极思考，提升智慧；情感体验，拥有真实的经历、深刻体验和感受；能力提升，在活动中感知、顿悟。总之，学生深度参与，突破了先见的狭隘，超越了自我，获得崭新的“生活在深处”的体验。

3. 一个问题有100种答案。

学生有多种多样的认识、交流的表现手法和学习形式。他们可以借助多种方法或者符号系统来表达他们的思维、认识和态度，他们可以利用任何一种形式来记录、理解和表现他们在学习过程中的记忆、想法、预测、假设、观察和情感，并运用多种方式，多角度地解决问题。我们要鼓励学生大胆地发表自己的观点，并且不急于判断学生答案的正确与否。学生对于同一个问题的思考可以从不同的角度、不同的着眼点来表达不同的理解、不同的判断。我们期待学生在围绕中心问题的回答中产生自己的独特见解，建立自己的思考方式方法。语文生长课堂倡导“知道答案就要举手”“一个问题可能有100种答案”“一种答案可能有100种表达方式”。

（二）理性而深刻的生长内蕴

课堂是儿童生长的土壤，语文生长课堂应该具有理性而深刻的“生长内蕴”。理性而深刻的“生长内蕴”，意味着课堂是一块这样的土壤：它深厚，以厚重的课堂文化、学科本质为底蕴；它旺盛，激发儿童自身蓬勃的生命能量；它扎根大地、伸向天空，帮助儿童成为最优秀的自己。

对理性而深刻的“生长内蕴”的追寻，意味着我们期待在课堂的田园，儿童要像一棵大树那样蓬勃生长。首先，要让这颗种子焕发那与生俱来的生命原动力，使它冲破坚硬的土层，这就要激发儿童学习的原动力。其次，当种子在自然成长的风霜雨雪、四季轮换中，它必须获得生长的能力，去适应，去突破，去拔节，这就要培养儿童优质的学习力。第三，教师就要成为儿童生命成长中重要的他人，成为“儿童的伙伴”，与儿童“一道成长”；成为“长大的儿童”，童心不泯，却又具备超越儿童的理性和能力，为儿童建构精神力。

1. 激发原动力。

原动力是学生学习的源泉，是学习中自觉的内在驱动力，是学习品质的重要组成部分。语文生长课堂以学科特有的味道和陌生化的新鲜元素去吸引学生，使其深深卷入，自觉地确定学习目标并努力克服困难去实现预定的学习目标。学生对学习内容有渴望、有兴趣，并且能坚持，表现为兴致勃勃而且乐此不疲。“原动力”的激发，对学生积极、愉悦的学习情感培养有着独特的意义和价值。

2. 提升学习力。

学习力是学习能力、学习动力、学习态度和创新能力的总和，这里主要指学习能力，是指由学习动力、学习毅力直接驱动而产生的接受新知识、新信息并用所接受的知识和信息分析问题、认识问题、解决问题的综合能力。语文生长课堂是这样的课堂：师生洋溢着蓬勃的生命力，学生积淀着日益浓厚的学习力，表现为“会学”和“能学”，感知力、记忆力、思维力、想象力等有进步与发展。

3. 建构精神力。

精神力是学生学习的精神支撑，它是学生勤学悦读、循序渐进、专心致志，以及对学习意义的价值取向等的综合表现。语文生长课堂更注重激发儿童内在真挚的情感，点燃儿童内心的火焰，培养儿童在意识、动机、兴趣、能力、品质等方面自主参与的能力，深深卷入学习，从而建构自主学习的精神力。语文生长课堂对儿童精神力的建构，在于塑造儿童优秀的精神内核或者说气质，帮助儿童沿着生长的路径去泼辣辣地长，成长为根深叶茂的大树，成长为最优秀的自己；激励儿童建构自主学习的精神生命，修炼情感、意志等能力，保持精神上的活力，快乐生活，快乐学习，拥有学习的幸福感；拓宽儿童学习生活的视域，既能“望向内心”，发现自己所长，奠定一定的宽度和深度，又能“放眼远处”，兼收并蓄奠定更广阔的维度。语文生长课堂期望成就精神自我的超越，使课堂生活充满创造的色彩与生长的多种可能性。这种优秀的、积极生长的精神内核，包含着丰富的因素：

一是“对学习的浓厚兴趣”和“持久的专注”。学习开始于浓厚而持久的兴趣，“对学习的浓厚兴趣”使学习逐渐转而成为一种生命的必需，学习成了生命意义的建构。而一种生命存在的意义追寻，则更需要学生有“持久的专注”，有刻苦钻研的守恒精神，不然无以致远。

二是“独立精神”，一种既对外在兼收并蓄，又能保留自我气质的精神力量，成长不是随意地更改自己的脾性，随波逐流，没有方向，没有目标，而是要不断进步，成长为更优秀的自己。

三是“完善的人格”，具有良好的道德品质，胸襟开阔，人际关系良好，情绪愉快，善于客观地分析所遇到的事情和问题，具有解决问题或矛盾的毅力和能力。

语文生长课堂中，以“生长”为导向，教师的“教”变得更有价值，学生的“学”变得更有意义。学生兴致勃勃地阅读，喜出望外地发现，乐此不疲地探索，卓有成效地吸收，富有个性地表达，语言在发展，思维在拔节，精神在成长。这不仅是课堂当下的美好体验，其“因子”亦会悄然内化在学生的素质结构里，为未来的持续生长奠基，为幸福的人生奠基。我坚信，只要我们在学生的生命里种下一棵树，这棵树终究会茁壮成长……

第三章　语文生长课堂的教学主张

教学主张是教师在个人的实践基础上产生的，它蕴涵着教师的理想、信念、情感、意志，是教师对于什么是教学、教学的目的以及如何开展教学等方面的见解和认识，是教师个人对教学实践经验的理性升华和概括化的认识。语文生长课堂的教学主张，同样是在长期的教学实践和不断的反思总结中凝练而成的。它以“生长”为课堂的核心价值和符号标识，将语文课堂视作教师和学生交互作用而生成的一项具有建构生命意义的活动，并一以贯之地构建了鲜明的语文教学观，表达了个人对语文教学的理解与追求。

语文生长课堂的课程观：课程不是知识的“载体”或学习内容的“运输线”，而是人与知识“相遇”的“场域”；课程改革应该让儿童站立在课程中央，将教学活动投放到课程的广阔背景之上。

语文生长课堂的教师观：教师要致力于改变传统的“霸权意识”和“权威地位”，构建民主、平等的师生伦理关系，在教学活动中“做平等中的首席”，成为学生学习的组织者、促进者、引导者、服务者。

语文生长课堂的学生观：学生是积极的、独特的、活生生的生命个体，是学习的主人，是正在成长着的人；教育要立足学生的原点，让学习在学生的世界里真实地发生；“一切为了孩子”当成为现代教育的核心价值取向。

语文生长课堂的方法观：要为儿童的生长而教，为语言的生长而教，从语文学科的本质属性出发，积极探究儿童语言生长的方法，让语文教学基于学生、基于教材、基于课堂，立起学生语言素养的参天大树。

语文生长课堂的教研观：要回归研究儿童的学习，研究真实性问题，研究教育本质，研究学生的发展；要构建校本学习、校本课研和校本科研三位一体的校本教研体系，转变教研方式，重构教研文化，促进教师的专业发展。

语文生长课堂的评价观：课堂评价是评价者与被评价者、教师与学生共同建构意义的过程，评价旨在促进学生生长和发展，要发挥评价的诊断、矫正、激励功能，真正实现学生素质的全面提升。

第一节 课程观:儿童在课程中央

在整个教育的发展和演绎过程中,教师和学生(成人和儿童)的定位、作用、角色一直是教育界博弈、诤谏甚至对峙的双方,直至形成了“教师中心说”和“儿童中心说”两大阵营。在西方教育史上有着“从赫尔巴特时代进入了杜威时代”的说法,表明了现代教育的产生和儿童地位的确立;在我国,曾有着“教师主导、学生主体”的阐述,这一带有“中庸”意味的说法,从一定程度上圆融了非此即彼的师生关系说,但仍未能脱离教育学的理论窠臼。经过十多年的新课程改革实验,尽管教育界还有争论的声音,但基本的观点已经日趋融合,那就是:课程改革应该让儿童站立在课程中央。

首先,从儿童的眼睛望去。有这样一个故事:一位年轻的妈妈,是一家企业的“白领”,平日里工作十分繁忙,无暇陪伴四岁的孩子。经孩子的再三要求,周末终于带上孩子来到了市中心的“人民路商业街”,不料,刚搀着孩子逛了不到半小时,孩子便吵着要回家,年轻妈妈大为不解,甚至嗔怪孩子。这时,她发现孩子的鞋带松开了,便蹲下去帮孩子系鞋带。一刹那,妈妈傻了眼,因为从孩子眼睛望去,熙熙攘攘的商业街,人们摩肩接踵,目之所及全是大人的腿,怪不得孩子毫无兴趣。课程中的儿童同样是这样,多少年来,我们习惯于成人的思维和行为方式,以组织与控制课程为能事,儿童处在依从、听从、服从的地位。尽管我们也曾经是儿童,但我们其实已失去了儿童的眼睛,失去了那份纯净、好奇……正如周国平先生所讲,在孩子眼里,世界充满着谜语,可是,成人用千篇一律的谜底杀死了许多美丽的谜语。这个世界被孩子好奇的眼光照耀得色彩绚丽,却在成人洞察一切的眼睛注视下苍白无色了。

从儿童的眼睛望去,就要从儿童立场出发,这既是现代教育的核心宗旨,也是基础教育的本质应然;从儿童的眼睛望去,我们的课程就应更关注学生的心理逻辑而非内容逻辑;从儿童的眼睛望去,就要求教育的原点和设计遵循“人”的发展规律,尊重儿童立场、儿童需要、儿童权益。总之,从儿童的眼睛望去,就要我们懂得,研究每一个儿童预示着教育的真正进步。

其次,以儿童的方式学习。“儿童”从本质上说,就是“未成熟”“未确定”“生长中”，就意味着可能性、独特性与创造性。儿童从本义上是自由者和探索者。以儿童的方式学习，首先要解密“童心”。胡慎之在《童心密码》一书中说，孩子的每一个“无关紧要”又或者不被理解的行为，都有其重要的心理学意义。“不要吝惜你的时间去寻找孩子内心的密码，不要宽容自己的懒惰放弃对自我的觉察。”尽管这话出自一个心理师的育儿手记，但较之于教师，掌握儿童密码，以儿童的方式学习也应该成为教育的应然之义。第二要营造适合的学习环境。国内有一批环境主导论学者认为，环境对学生学习效果影响较大，起到了决定性的作用。当然，这环境不仅指自然生态的物质环境，还在于适合儿童学习的精神环境，如日常交往环境、合作学习环境、由评价带来的人际环境等，但可以肯定的是环境对于儿童发展的隐性作用是客观存在的，且儿童年龄越小，对环境的信任和依赖感就越强。第三，要不断地满足儿童的学习需要，让学习真正发生。要贯彻以学定教、先学后教、因材施教原则，让儿童在学习活动中充分表达自己对于学习生活的认识、体验和感受，表现自己内心的担忧和冲突、快乐和困惑、期待和愿望，以满足他们鲜活的内心需要，并不断地改造和提升他们的经验。

再次，陪伴儿童生长。儿童站立在课程中央，那教师站立在哪儿？党的群众路线教育实践活动中有三个基本的问题，即我是谁、依靠谁、为了谁。把它迁移到教育领域，也便成了教育的三维准线：我是“懂教育的”，而非只有文凭和教师资格证；教育只能是依靠儿童来展开和进行，而非依靠预定的教案和流程；教育是为了儿童的，教师只是儿童生长的陪伴者。

陪伴儿童生长，教师就应该做“长大的儿童”，既能蹲下去“平视”，也能站起来“引领”，“以儿童之心度儿童之腹”；陪伴儿童生长，教师就应该是“平等中的首席”，保持倾听和对话的姿态，引领儿童生长；陪伴儿童生长，教师就应该在教育过程中，关注全体而不是少数，关注全面而不是片面，关注全程而不是短程。就应该少一点“规”、多一点“范”，少一点“管”、多一点“理”，少一点“控制”、多一点“顺应”。

总之，儿童在课程中央，不仅是一种先进的课程理念，更要落实在具体的课程形态、实际的课堂情境中。要切实改变“高位理念和低位行动”的现实运作状态，通过不懈的努力和长久的坚守，真正使之成为儿童生长的课程文化。

一、对语文课程标准的再认识

语文课程标准是确定语文课程水平及课程结构的纲领性文件，是语文教材编写、教学、评估和考试命题的依据。按理说，它应该是每位从事中小学语文教学工作者案头必备并且熟知熟识的工具书。然而在语文教学实践中，由于对语文课程标准理解上的偏差，总有教师将标准束之高阁，置于教学之外，导致“虚、偏、杂”的问题成了语文教学之诟病。改变这一现状，就需要语文教师在教学实践中正确认识标准，坚持贯彻标准，认真落实标准，从而达到全面提高学生语文素养的目的。

（一）把握语文课程标准的基本理念，以人为本，教学不“虚”

20世纪50年代初，我国曾颁布过《小学语文课程暂行标准》；跨入21世纪，《义务教育语文课程标准（实验稿）》取代《语文教学大纲》于2001年重新出台；10年后，经过修订的《义务教育语文课程标准（2011年版）》颁布。名称的“回归”，不是历史的重复，而是教育思想的“与时俱进”。

2011版语文课程标准突出了四个理念：(1) 全面提高学生的语文素养；(2) 工具性和人文性的统一是语文课程的基本特点；(3) 积极倡导自主、合作、探究的学习方式；(4) 努力建设开放而有活力的语文课程。贯穿其中的，是以学生为本，以促进学生的发展为本的新理念。这表明，语文课程是依托“文”来体现人的人生观、审美观、价值观的课程。学生是语文学习的主人，语文教学的过程就是学生自主学习的过程，就是学生在习得语言的同时实现自我成长的过程。

站在这一以人为本的语文课程基本理念下，审视我们的语文教学现状，我们会发现，导致教学“虚而不实”是由于理性至上、知情分离，远离了学生的真实发展。首先，理性至上的教学重理性、轻感悟，忽略学生语言的自得自悟过程。就小学生而言，语感尚在形成期，只有经过充分地读，他们对课文意义才会有基本、准确地把握。如果学生只是粗浅地读一读课文，马上就进入对课文意义的探寻中，他们只能被教师“牵”着走，面带难色地“吞咽”语言，实际上已经置于语文教学的从属地位，又怎么谈得上以人为本呢？其次，知情分离使语文教学背离了新课程理念的轨道。一切作品的情感固然黏附于一定的语言符号，但承载着情感的语言之“链”已不是表面干巴巴的符号。就小学生的阅读实践来看，情感的生成必定要借助言语的实践这一媒介来实现，即通过对语言的整体把握，来品味作者的情、理、味、态。如果在阅读教学中，我们仅仅从“工具、材料、载体、外壳”这样一些层面审视语言，过多地做一些不必要的空洞说教，过多地进行庖丁解牛式的逻辑肢解，把完整的语言之“链”拆卸为一节一节的段、句、词乃至字，学生怎能充分感知语言的完整意象，进而深入品味，受到情感熏陶，获得思想启迪，享受审美乐趣呢？

怎样才能实现以人为本的语文教学？仍以阅读教学为例，第一，我们要关注学生对文本意义的积极探寻，即让学生反复地读课文，引导他们边读边想，读中想象，入情入境，把书读活，读出自己的新意来，而不能仅仅停留在语言的推敲斟酌、结构的解析比较上。第二，要促成学生与文本的高效对话。在现有班级授课制背景下，学生与文本的高效对话需要将个体与文本的对话、学生和学生的对话、教师和学生的对话紧密联系在一起。在教学过程中，一个人交流了看法，其他人就是一种吸收，可以帮助个体与文本的对话走向充分、全面、深刻；教师的价值引领与榜样示范，可以促成学生与文本的对话不断走向深入，深刻而有创造地开展对话过程。从这个意义上说，“阅读教学是学生、教师、教科书编者、文本之间对话的过程”。阅读教学就是为学生与文本搭建真实对话、真正对话的平台。

（二）落实语文课程标准的要求，强化目标意识，教学不“偏”

语文课程标准对语文教学具有明显的导向和规范功能，我们的语文教学都要为落实课标设定的目标和要求而展开。因此，无论是解读教材还是课堂教学，首先考虑的就应是课标规定的目标和要求。从某种意义上说，解读教材就是为实现教学目标和要求寻找范例的过程；而课堂教学则是在规定的时间内，通过这些范例，通过教师的组织和引导及学生的语文实践，去实现课标规定的目标和要求的过程。树立并强化目标意识，对提高课堂教学效率至关重要；漠视或偏离目标，都会对课堂教学效率产生较大的负面影响。

再以阅读教学为例，课标不但对整个义务教育阶段的阅读教学提出了总目标，对不同学段提出了若干条分项要求，涉及读书、理解、积累、拓展四个方面能力的要求，而且针对每一项能力分列了若干具体的条文。同时，同一内容的要求，在不同的学段，表述形式和难易程度也不相同，联系起来，那便是一个纵横联系、有主有次、循序渐进的目标体系。比如对词句的理解，低年级的要求是“结合上下文和生活实际了解课文中词句的意思”，中年级的要求是“能联系上下文，理解词句的意思，体会课文中关键词句表情达意的作用。能借助字典、词典和生活积累，理解生词的意义”，而高年级的要求则是“能联系上下文和自己的积累，推想课文中有关词句的意思，辨别词语的感情色彩，体会其表达效果”。

由此可见，课标对词句理解的要求是一个层次分明、逐渐提升的目标体系。

《水》是苏教版小学语文五年级下册的一篇课文，明白易懂，叙写了“我”出生的村子严重缺水，人们爱水、盼水、节水。文中有两处细节描写：下雨时，在雨水中洗澡；炎热时，母亲用“一勺水”为“四兄弟”消暑纳凉，给我们留下深刻的印象。对照高年级阅读教学及理解词句的目标要求，在教学中，对由生字组成的词语的理解完全可以由学生借助词典完成，而“我出生在一个缺水的地方”“水，成了村子里最珍贵的东西”这两句话，则需要学生联系上下文，抓住有关句段来体会作者的生动描述。至于课文最后一个自然段，写母亲把“渴”说成“饿”，并且“笑着”说，这是需要我们予以密切关注的关键处，而要弄明白这句话意思的重要前提，那就是搞清楚村子“缺水”的状况。而且，通篇文章不写缺水之“苦”，却具体生动地描写缺水给村里人带来的“乐”，这种反衬的写法，衬托出水的珍贵和缺水的苦涩。当然，还需要结合学生的生活实际，让学生设身处地地体验，感受到生活中要节约水资源。

（三）遵循语文教育的本质规律，突出语言实践，教学不“杂”

如果要问语文课程标准的基本精神是什么？那就是遵循语文教育规律，全面提高学生的语文素养。《义务教育语文课程标准（2011 年版）》在论述“正确把握语文教育的特点”时指出：“语文课程是实践性课程，应着重培养学生的语文实践能力，而培养这种能力的主要途径也应是语文实践。语文课程是学生学习运用祖国语言文字的课程，学习资源和实践机会无处不在，无时不有。因而，应该让学生多读多写，日积月累，在大量的语文实践中体会、把握运用语文的规律。”这就是说，培养语文能力的基本途径是大量的语文实践活动，提高学生语文素养靠的是在语文实践中的熏陶感染、潜移默化。也就是说，通过语文实践培养语文能力、提高语文素养，是语文教育的本质规律。

一位教师执教苏教版小学语文二年级上册《秋游》一课时，学生的语言实践循序渐进、扎实有效，试看其中两个片段。

【片段 1】教师出示秋姑娘带来的词语“稻子、棉花、蚂蚱、白、黄、白兔、高粱、红、绵羊”之后

第一步，学生自读。

第二步，指名读，并适时指导前三个词的第二个字都应读成轻声。

第三步，把这些词语按农作物、色彩、小动物分成三类。

【片段2】学生学习“农田”这一自然段时

第一步,教师出示图,图上有稻子、棉花、高粱,让学生想象“像什么”。

第二步,教师补充果园里果子也成熟了,出示果园图,图上有苹果、香蕉、葡萄、柿子,然后教师引导学生从颜色方面进行句子训练,如:果园里(香蕉黄了),(苹果红了)。

第三步,教师考考学生,出示“农田里,棉花朵朵白,大豆粒粒饱”,引导学生换一种句式说,如:果园里,(香蕉串串黄),(苹果个个红)。

第四步,增加难度,出示“农田里,高粱乐红了脸,稻子笑弯了腰”,引导学生用拟人的方式说,如:果园里,(苹果乐红了脸),(香蕉笑弯了腰)。

不难看出,片段1中,教师让学生读准字音、理解词义,适合学生的发展,学生易于接受。片段2中,教师对文本语言进行合理拓展,一次次地引导学生说好,说美,说生动。学生语文实践有层次,有梯度,循序渐进,对秋天景色之美、农民伯伯丰收之乐都有了深切的感悟。长此以往扎实训练,学生的语感必将更加细腻,对文本的感悟理解必将更加深刻。

总之,课程标准作为国家对学生接受一定阶段的教育之后的结果所作的具体描述,是国家教育质量在特定教育阶段应达标的具体指标,它具有法定性质。每一位语文教学工作者,只有正确认识语文课程标准,并将标准所提出的要求贯穿于教学的始终,树立学生主体,强化目标意识,注重语言实践,才能切实改变语文教学“虚、偏、杂”之现状,让语文教学走上健康蓬勃的康庄大道。

二、语文课程视野下的课堂价值

深入学习语文课程标准,是正确认识语文课程的性质、功能、目标与内容的基本前提,有助于语文教师立足课程的视野观照语文课堂的实施,科学地认识与把握语文课堂的价值。《义务教育语文课程标准(2011年版)》在前言中开宗明义地指出:“语文课程致力于培养学生的语言文字运用能力,提升学生的综合素养,为学好其他课程打下基础;为学生形成正确的世界观、人生观、价值观,形成良好个性和健全人格打下基础;为学生的全面发展和终身发展打下基础。”语文课程的多重功能和奠基作用,决定了语文课堂的价值:发展学生以语言能力为核心的综合素养。

有学者曾一针见血地指出:我国传统课堂的主要弊端是课程价值观的扭曲,主要表现为选拔与发展的尖锐对立。教学即发展,这是一个基本的教育命题，但就是这个看来毫无争议的真命题，到了日常的课堂，到了具体施教的层面，往往被一只无形的手操纵歪曲了：语文课堂教学过分强调认知性目标，过分强调知识本位，弱化“过程与方法”，虚化“情感、态度与价值观”，课堂从根本上失去了对人的生命存在及其发展的整体关怀，所谓“发展”充其量只是一种片面的发展了。

让语文课堂为发展学生服务，就要从人的发展的本质处思考，核心是要进行价值本位的转移，从以知识为基础和价值取向，转变为以人的发展为基础和价值取向；改变课堂教学中教师“主宰”“控制”的意识，改变学生“服从”“依从”的地位，把课堂转变为“学堂”；关注全体学生的全面发展，尊重学生的个体差异和个性特长，重视培养学生健全、完整的人格。具体来说，语文课堂应从以下四“点”考量和促进学生的发展：

（一）回归学生的原点

原点，即事物发展的逻辑起点，是具有生命力的最核心的要素。黑格尔说，前进就是回溯到原始的、真正的东西。学生的原点亦即学生已有的个人知识、直接经验和生活实践，是学生发展的起点。课堂教学从本质上看是以“知识建构”为核心，为“知识建构”提供良好环境和支撑的过程，是学生在教师的帮助下通过新知识与原有的旧知识和经验相互作用、改造、充实，来建构新的理解的过程。这种建构不是教师“辛勤浇灌”的被动接受，也不是“你发我收”的简单复制，更不是脱离原点的“揠苗助长”，而应该是学生在教师引领下的自主参与，是师生共创共生的过程。在这个过程中，教师要由原来单纯的知识传授者转为学生学习活动的指导者和参与者。教师要从学生立场出发，把脉学生的学习心向，善于设置问题情境，引发学生提取原有的知识，产生认识上的矛盾和冲突，进一步激发兴趣和好奇心，充分调动主观能动性和参与教学的积极性。

当然，课堂教学是有效传承文化内容的过程，重在解决个体知识的有限性与人类知识的无限性之间的矛盾。教学从一定程度上必然存在脱离儿童生活的可能性。教学回归学生的原点，不是学生生活和经验的简单化，甚至庸俗化。我们强调教学回归原点，主要是纠正严重脱离学生生活世界的偏差，校正不尊重学生原有基础和原创思维的误区。我们应在回归真实、尊重起点的过程中来促进学生多方面的发展。

（二）找准教学的基点

基点，指作为开展某项活动的基础的地方，教学基点可引申为课堂教学的基本观点、教学基调和教学立足点。

找准教学的基点，首先要确立“以学定教”的观念。教学时教师要根据学生的兴趣、状态、发展规律等调节教学顺序，并依此合理选择教学内容和教学方法。“以学定教”就要遵循学路优先、学法优先、少教多学的原则，顺学而导，以学施教，以学评教，使“教”尽可能有效地向“学”的方面转化，最后达到“教是为了不教”。其次，要把握教学的基调。任何一堂成功的课，都要有一个基调，这种基调是围绕着教学目标的达成而逐步铺陈的，它是课堂教学的主旋律，是课堂灵魂的引领。在具体的教学中，教学基调可以演绎为或情感、或思路、或环节、或细节……而这种基调的底色无疑是学生的生活状态，学生的生存能力，学生的生命价值。第三，要找到教学的立足点。课堂教学的立足点应着眼于培养学生的思维能力和思维品质。思维是智力的核心，也是非智力因素发展的基础。课堂教学应始终为提高学生的思维力穿针引线、铺路搭桥。教学时既要夯实学科基础，强化文本学习和体验，更要着力于培养学生的概括力、想象力、审美力、创造力。

（三）把握课堂的支点

阿基米德曾说过：给我一个支点，我就可以撬动地球。支点就是指事物的中心和关键。课堂教学的支点在哪？是教学的重点、难点，还是教学的训练点？其实，其根本还在于教学方式特别是学生学习方式的切实转变。从苏格拉底的“产婆术”到布鲁纳的“发现学习”，再到新课程倡导的“自主、合作、探究”，无不表明了教学方式的“支点”地位。

教学首先是有情趣的事。情趣是学生热爱学习的基础，是学生学习的内在动力。课堂上，教师要想尽一切办法去吸引、解放、激化、发展学生的情趣，让课堂真正成为润泽的、情趣盎然的课堂。其次，教学应是“基于问题的教学”。教学强调问题情境，关注问题体验，教学就是在不断地发现问题、提出问题和解决问题的螺旋上升中让学生顺利完成认知意义、情感价值的建构。教学是预设，更是生成——预设与生成作为一对矛盾统一体，“没有精心的预设就没有精彩的生成”。千变万化的课堂，难于预料的因素考验着教师的课前准备、课中调控、课后反思的情况，也体现着教师捕捉时机、重组信息、即时反馈的智慧和能力。再次，教学还应是平等的“对话”。对话是优秀教学的本质性标识，这种对话是平等、理解、多向的，文本是师生、生生课堂对话的一个联系点；“对话”还应是思维碰撞、思路交锋、思想升华的过程。说到底，教学应凸显学生的全员参与、全程参与、积极参与和有效参与，课堂应是学生的“敢言堂”“群言堂”“乐言堂”。

（四）期待发展的远点

有专家说，课堂对学生而言意味着是进入高速公路的入口处。也有专家说，课堂应向四面八方打开。由此可见，课堂应该是开放的课堂，是动态生成的课堂，是可持续发展的课堂。课堂不只是教给学生即时的知识，更应教给学生“一生有用的东西”；教学不仅是为了“应试”，更应为了学生将来的“应世”。孔子的“愤”“悱”是一种发展的期待，维果茨基的“最近发展区”是一种发展的策略。如果今天的课堂立足于学生未来的发展，今天的教师执住了课堂“目标、方法、评价”“重点、难点、生长点”的牛耳，用自己的“志气”“底气”“灵气”不断追问教学的现实，追寻教学的前瞻，追求教学的增效，那么，学生就能走向尽可能的远方。

语文课堂是语文课程实施的主要载体，学生的绝大部分学习活动都在这一特定的时空中发生和进行。立足语文课程视野，正确认识课堂的价值，以发展学生为教学的旨归，回归学生的原点，找准教学的基点，把握课堂的支点，期待发展的远点，学生的语文素养成长才能得以丰盈和致远。

三、寻找语文课堂的课程意义

语文课堂呼唤课程视野的观照。但不可否认的是，在具体的教学实践中，很多语文课堂却常常“只见树木，不见森林”，教师目光短视，将一节节语文课视作单列的个体，缺乏应有的课程意识，缺乏对学科的整体把握。如何以学科本质给予学生生长的力量，给学生留下难忘的课程印记？教师对课堂教学中课程意义的认识，对语文“课程”“课文”“课堂”的独立思考、判断、选择，以及与之相应的教学设计，是极为关键的因素。

（一）清晰的课程意识，是教学架构的核心要素

在日常阅读教学中，这样的现象极为普遍：语文教师似乎总是在一篇一篇地讲课文，以读懂课文内容为主要目标取向，课堂教学中大量的时间用于理解课文内容和感悟思想情感，语文课上完，学生留下的多是课文内容的印象，而不是课程能力的长进。上海师范大学吴忠豪教授一针见血地指出：这是在

“教课文”，而不是“教语文”，其结果是造成语言学习任务的旁落，降低了语文教学的效率。每个语文教师都应清醒地认识到：学生学习语文必须掌握的可以终身受用的语文知识、语文方法和语文技能等课程本质内容是语文课的“脊梁”。

以《珍珠鸟》这一课的教学为例，仅引导学生理解“信赖，能创造美好的境界”显然是不够的，这只是课文内容。那么如何来确定《珍珠鸟》“这一文本”特定的课程内容呢？可以围绕课标、教材、学生经验这三位的“合一”进行整体构想：与课程标准对话，会发现第二学段重在段落的训练，要求学生注意把自己印象最深的内容写清楚；与教材对话，可以发现《珍珠鸟》一课叙述了珍珠鸟逐步信赖“我”的过程，尤其是第4自然段极为典型，以时间顺序展开，着重描述了珍珠鸟的动作；与学生经验对话，则能发现进入第二学段以后，学生已进行过有顺序表达的练习，但有顺序地写清楚过程发展是首次接触。不断对话，要教的课程内容就逐渐清晰了——理解珍珠鸟是怎样逐步信赖“我”的，并学习按时间先后的顺序写清楚过程发展的习作方法。

当语文课超越了内容的解读分析，落实了课程目标，课文便具有了对学生语文课程能力生长的“独特意义”，每一节课就成为学生语文素养生长序列中的重要一环，赋予学生新的“学科经历”和“学科经验”。

（二）深远的课程观照，是教学设计的宽厚背景

苏霍姆林斯基曾这样论述：如果你想有更多的空闲时间，不至于把备课变成单调乏味的死抠教科书，那你就要读学术著作。……数量可以转化为质量：衬托着学校教科书的背景越宽广，犹如强大的光流照射下的一点小光束，那么为教育技巧打下基础的职业质量的提高就越明显，教师在课堂上讲解教材（叙述、演讲）时就能更加自如地分配自己的注意。语文教师不能拘泥于课文，而要以文学的视角去品读，理解思想内容，剖析语言风格，再读一读作者的其他作品（节选的文章则读读原著），最大限度地逼近作者本意，读出自己的新意；要以儿童的视角去阅读，寻找、预测学生阅读的原初体验和前期理解；要以教师的视角去解读，结合同一单元的文章，揣摩编者的意图，真正把握课文范例的教学价值，确定教学的核心内容，从而把相对单薄的课文读成“书”，形成对课文意义的具体而独特的理解。这样的解读越深入，讲课就越得心应手，教学中的交往越能丰富而深刻地展开。

比如,《珍珠鸟》是名家之作,选入教材时进行了改编。文本解读时,首先可以进行“课文”与“原文”的比照阅读,看看文字与段落的删减、合并、改动,揣摩编者改编的意图,理性地看待改编的利弊,以更好地展开教学。如课文删去了原文描写“我”对珍珠鸟一步步亲近的反应的语句:“我只是微微一笑,依旧写东西”,“我不动声色地写,默默享受着这小家伙亲近的情意”等,且不论删去之优劣,从教学的角度来看,倒是为学生的阅读留了几分空白,召唤学生“进入情节的意境”,去联想、想象。其次,查阅文章的写作背景,知晓《珍珠鸟》不只在描写“人鸟信赖”,更在表达“在那场人间相互戕害(指‘文革’)而失去了相互信任之后,我为得到这样无戒备无保留的信赖而深感欣慰”。再次,可以了解作家的语言风格以及相关的文学评论。“以文作画”是冯骥才散文的艺术特色,冰心这样评《珍珠鸟》:这真是一篇叙事抒情的好文章,“头”起得“带劲”,这“劲”中有无限的喜乐;“收”得有“味”,这“味”中有深刻的哲理。阅读这样的评论,对课堂的导入和结语也会有几分启发。

当然,课程视野下的深度解读是为了课堂的“浅出”,课堂学习活动应该以儿童的方式,即儿童所接受、所喜欢,有利于儿童创造和发展的方式设计,既适应儿童,又提升儿童。

(三)立体的课程实践,是教学活动的展开路径

学生的语文能力、语文素养不是教师讲解分析出来的,而是学生在不断地参与语言实践中发展起来的。语文课堂教学的主要方式应该是学生的“语文学习活动”。语文生长课堂重视让学生“身临其境”地学习,以组织学生“出乎其外”的言语活动为载体,以追求学生“入乎其内”的深刻体验为目标,实现有意义学习、个性化学习、创造性学习,使教学“有意思”“有意义”。

比如,《珍珠鸟》一课的教学重点“珍珠鸟是怎样逐步信赖‘我’的”,一般可以有以下两种教学处理方式:

一是表格填空:

珍珠鸟是怎样一点一点亲近我的?默读第4自然段,完成表格填空。

时间	活动地点	活动行为
起先		
渐渐地		
后来		

二是对话体验：

1. 默读第4自然段，看看小珍珠鸟的活动，有什么发现？

（距离挨近了；胆子变大了；动作越亲了……）

2. 为什么会发生这些变化呢？你们就是小珍珠鸟，我想问问你们，我们来一次有意思的对话。

(1) 小家伙，起先，你为什么只在笼子四周活动？

(2) 渐渐地，没想到你落到了我的小桌上，你怎么敢的？你是怎么“一点点挨近我”的？

(3) 后来，你“嗒嗒”啄我的笔尖，在说什么呀？我抚一抚你细腻的绒毛，“嗒嗒”，你就啄起我的手来，又在说什么？

从儿童立场出发，显然第二种方式更贴近学生。因为儿童喜欢生动的学习活动，前者是置身事外、平面的分析理解，而后者从课文文字中生发，策划了一种“探索性”“再创造”的言语活动情境，吸引学生从“合法的边缘性”参与到全身心沉浸体验，深深卷入，阅读真正成为“和作者一起体验，一起创作”的过程。

尤为重要的是，语文课程实践应本着儿童文化的精神，按照儿童游戏的规则建构而成。活动情境应是契合文本的立体之境，是催生学生思维、情感、语言的动力场域，随着文本语言情思的跌宕起伏与课堂对话的层层深入而不断延展、推进，逐步走向丰满、厚重、完整。

总而言之，课程意义决定课堂价值，课堂教学实现课程意义，这两者是辩证统一的关系。语文教师要坚守语文课程本位，自觉树立课程意识，将教学活动投放到课程的广阔背景之中，和学生共同创造难忘的语文课堂生活，真正实现学生语文素养的成长。

第二节　教师观：做平等中的首席

“平等中的首席”这句话是后现代课程思想家关于教师角色的经典论断，随着我国的新课程改革的不断深入，已经演化为一种课程概念和话语实践。也许小威廉姆·E. 多尔的这个隐喻只是他诗意的畅想，但他准确地道出了要破除教师绝对权威的神话，要建构一种新型师生关系的期许。

在我国的传统教学活动中，教师拥有“言语霸权”，教师在知识传授中居于主体和权威的地位，教学活动中多见单向的、独白式的、由教师到学生的简单线性过程。将教师界定为“平等中的首席”，旨在构建新型平等对话的师生关系，确立儿童学习的主体地位。这不仅是现代教育的鲜明特征，也是我国新课程改革要建立民主、平等、对话的课程文化的时代需要。

那么，“平等中的首席”的教师角色特征究竟是什么？这一说法是不是意味着解构教师权威，而忽略了教师作用？还是为了实现教师角色的转变？我们今天运用这一论断，不是为了提出某种质疑或进行无谓的思辨，而是基于教学的现实，基于传统“师道尊严”的惯性思维，基于课程改革和学生发展的需要，对教师角色的定位与走向做出我们的回答。所以，从这一认识出发，我们可以把“平等中的首席”的教师角色归纳成三个方面：(1) 朋友、知己、榜样的角色。包含公正、公平，关心爱护学生，熟悉理解学生，尊重信任学生，严格要求学生，以身作则，为人师表，是学生承认的平等的、可以交心而又高于自己的朋友，是学生可以信赖和信服的表率。(2) 杂家、学者、权威的角色。包含知识结构（广博的基础学科知识和新兴的交叉边缘科学知识，专深的学科专业知识和教育专业知识）、能力结构（一般能力、特殊能力、基本功、创造性思维和创造性操作能力）、教育教学的技术与艺术等，是历史文化的传播者，学生求知的促进者。(3) 医生、向导、人师的角色。洞察学生心理，体察学生内心世界，能够帮助学生排除心理障碍，成为学生心理的保健医生；指导学生树立正确的适合其个性特长的职业理想，引导学生正确处理人际关系和社会关系，成为学生选择人生道路的引路人；以高尚的教育伦理、宽容广阔的胸怀、多才多艺的谋略、热烈深厚的爱，去引领学生的人格成长，真正成为人类灵魂的工程师。

可见，用“平等中的首席”来赋予教师角色，其价值和意义在于：(1) 师生关系是平等的关系。在所有的教学关系中，教师与学生的关系是最重要的关系。“师生关系平等”被广泛地看成是处理当代学校师生关系的一个基本价值尺度，它所要反对的是那种“不平等的”“专制的”师生关系。乍一看起来，这个基本的价值尺度似乎没有任何问题，语句简单，语意明确。但是，大量的师生关系个案说明，人们对这个基本价值尺度的认识并不是很清楚，相应地，在实践中也出现许多值得深思的现象。“师生关系平等”的内涵究竟指什么？简单地谈师生“平等”会导致认识上的误解和行为上的错位，社会学意义上的师生关系确实是“不平等”的,“师生关系平等”不是在“身份平等”,而是特指“人格平等”,指处于“人”的同等地位,享有同等权利。因此,师生双方在审视对方的时候,应该透过社会角色的“面具”,看到“面具”背后共同的人性或人格,采用“换位”“协商”“理解”的方法去建立一种超越有差别的“身份关系”和无差别的“人格关系”。正所谓“亲其师,信其道”,这种人格关系是师生关系最核心的组成部分。有时候,师生人格相互熏陶和砥砺对于学生成长的意义胜过任何外在的要求和规范。(2)教师具有“首席”的作用。平等并非相等,教师不能因为平等而放弃引导、促进、推动的职责。多尔也指出:“作为平等中的首席,教师的作用没有被抛弃,而是得以重新构建。”他认为,“教师是内在情境的领导者,而不是外在的专制者”。作为“首席”,教师要准确把握自己的定位,教师与学生是一对互相依赖的生命,是一对共同成长的伙伴;要有形象、学识、修养的要求,“闻道在先,学有专攻”;要在与学生的平等交往中,创造对话和理解的条件,激发学生的主观能动性和积极性。教师作为成熟程度较高的社会成员,要通过对学生进行思维的引领、情感的带动以及语言上的表率,促进学生的“最近发展区”向现实发展和转化。

在具体的学校中,在真实的课堂上,在教学情境的创设中,教师的角色该如何定位?

第一,教师是学校创造性劳动的主体。学校教育是教师与学生相互依存的两方面的主体构成的,教师的主体活动是帮助学生主体的认知与发展的活动。教师只有真正把自己看成是创造性劳动的主体,才能把教学设计成创造人生智慧和人生价值的活动,为师生教育教学活动注入创造的活力,把理想的办学价值观真正转化为现实。第二,教师是现代教育意识和行为的载体。教育意识是教育工作者对自身从事教育劳动的认识、情感、态度、意志等心理活动达到自觉“能动”的程度。教师对教育劳动意义的认识越深刻,就越能强烈意识到国家赋予教师的责任和使命。这种意识支配着教师的工作,产生具有教师功能的行为。现代教育意识,既有科学意识,又有人文意识;既有民主意识,又有责任意识;既有市场意识,又有风险意识;既有国家意识,又有国际意识;既有时间意识,又有效率意识,期待自己成为现代教育的实践者和开拓者。第三,教师是学生成长、社会化过程的导体。教育是师生之间心理交往、互相影响的过程,是教师用自己的知识、才华、品德、智慧在与学生的共同活动中施加影响,是通过教师个人的知识权威和人格权威的力量,引导学生个体向符合社会期待的价值观、规范行为转化中发展自我个性的社会化过程。所以，教师的全部责任在于为学生的发展成长和社会化过程起到定音导向的作用，让学生从教师身上看到一个聪明、善良、学识渊博的人，他是学生智力生活中的一盏指路明灯，引导学生走向社会，进入成人世界。

一、教师的角色转变

新一轮基础教育课程改革，是新中国成立以来历次课程改革的继续，是一场涉及课堂教学方式、学生学习方式以及学校日常管理的全方位的变革，并最终反映在教师的教育观念、教育方式、教学行为的改变上，给传统的“传道、授业、解惑”的教师角色带来巨大的冲击和挑战。新课程的实施需要以教师角色的一系列转变为前提，没有教师角色的转变，就没有课程理念的落实，就没有课堂形态的变化，没有学生学习方式的变革。所以，教师角色的转变，意义深远。

（一）由课程的执行者转变为课程的设计者和开发者

在传统教学中，由于课程权利的缺乏和课程意识的淡薄，教师的角色定位是课程的执行者，教学活动也局限于教教材。所以，教师在教学改革中更多关注的是教法的改革，而教法的改革也只能限定在“怎么教”的范围内，如怎么设计教案，怎么复习旧知识，怎么导入课文，怎么讲解新知识，怎么板书，怎么提问，怎么布置作业，怎么运用教学手段和方法，怎么掌握教学节奏等等，却忽略了课堂教学中的重要因素——学生。学生怎么感受，怎么反应，怎么思考，怎么发展，怎么成长，并未受到足够的重视，教师的潜意识里还严重地存在着对学生、对课堂的控制欲和支配欲。课堂发生的诸多变化，外在多于内在，形式多于实质。尽管在不少课堂出现了师生互动的生动局面，但却忽略了一个重要的现实——真实的教学情景是具体的、动态生成的、不确定的。这种改革与学生真实的成长还存在很大的距离。新一轮基础教育课程改革，将课程意识提到了重要位置，强调课程是由教科书、其他教学材料、教师与学生、教学情景、教学环境构成的一种生态系统，这一课程观的重大变革最终将推动教师观的重塑。

因此，教师不能把课程仅仅理解为教科书，理解为教师教的材料，课程是教师、学生、教材、环境四个因素的整合，它的直接指向是学生。课程是否适合学生，学生是否适应课程，需要教师来进行有机调控。教师是课程和学生联结的纽带，是促进两者沟通的桥梁，教师要站在学生的立场，用学生的眼光，来缩小课程与学生之间的距离。比如，对于各学科中出现的相近、相似或相同的内容，教师可以进行重新组合，使其形成一个综合性的研究主题，让学生开展研究。这些研究可以打破年级，横跨学科，既吸纳最新科技成果，又采集地方传统文化，这就形成了旨在培养学生创新精神和实践能力的综合课程。

面对新课程，广大教师要以极大的热情投身到课程改革中，不仅要做课程改革的实施者，更要做课程的设计者和开发者，要确立以下课程意识：(1) 课程设计意识。要主动地、创造性地设计课程和教学策略，引导学生主动参与教育情景。(2) 课程目标意识。树立为了全体学生发展，为了学生的全面发展，为了学生的个性发展的课程目标意识。(3) 课程开发和创新意识。要超越课堂教学的局限去思考问题和行动，参与课程的研制和开发。(4) 课程评价意识。构建以人为本，从学生的经验出发，强调多元发展，充分发挥评价的检查、诊断、导向、反馈、激励等多种功能的作用。

（二）由知识的传授者转变为学生学习的指导者和创造性思维的培育者

目前，我国中小学教师基本上属于知识传授型，课堂教学模式不外乎是“灌输—接受”，以教和以本为线索，而不是按照学生认识和发展的内在规律来展开的，学生的生活、经验、思维、想象、智慧尚未被充分地激活。新课程正是致力于改变这种状态，引导学生理解知识的意义，发展创造性，形成积极的学习态度和正确的价值观，把自主、合作、探究这些对人成长很重要，但曾经被忽略的东西凸现出来。这就要求教师尽快实现由“知识传授型”向现代的“智能型”转变，由重教师“教”向重学生“学”转变，由重结果向重过程转变，由统一规格教育向差异性教育转变。

但现实的情形是，不少教师已养成了唯上、唯书的心理，习惯于结论式教学，而不习惯于过程式教学，即善于向学生“奉送真理”，而不善于引导学生“发现真理”，突然要求其去培养学生的创新精神和实践能力，就感到不知所措。要改变这种现状，教师就必须保持一种积极主动、认真负责、开放发展的反思心态，不断学习，对自己的教育教学作经常性的反思，找出自己教育教学行为、言语背后深藏的传统教育价值观的弊端所在，进而吸收先进的教育理念，在自己的头脑中重建新的教育价值观。当这样的反思成为教师的一种自我意识时，其专业素养就会走向丰厚。

教师要实现从知识的传授者到学生学习的指导者和创造性思维的培育者的角色转变，就要深刻理解新课程内涵，真正确立以学生发展为本的目标，通过自我反思厘清以下问题:(1) 如何帮助学生自己建构知识? 这种建构不仅包括认知方面的收获(如概念、定义、原理以及其教学技能的形成、巩固和完善),还包括态度与价值观的改变、丰富和提升,这就需要教师对传统的教学模式和策略进行反思。(2) 如何指导学生进行探究性学习? 要求教师针对不同的学习内容,选择不同的学习方式,如探索、模仿、体验等,使学生的学习变得丰富而有个性。(3) 如何培养学生的问题意识? 要求教师要通过设计真实、复杂、具有挑战性的开放的问题情境,使学习过程变成学生不断提出问题、解决问题的探索过程。学者型教师的成长必须以大量的反思性实践为基础,培养和发展教师的教学反思意识和反思性实践能力的重要性是显而易见的。

(三) 由"个人劳动者"转变为大教育的"合作者"

过去,中小学课程统一内容、统一考试、统一教材和教参、统一标准,教师过分依赖教科书和教学参考书,大多数教师是单兵作战,独立完成教学任务,教师之间的合作很少,跨学科教师之间的交流就更少了。不少教师画地为牢,把自己禁锢在学科的壁垒中,不去涉猎其他学科知识。而新课程内容则是以综合性、现代性、开放性和灵活性的方式出现的。以音乐课程为例,每一个单元都是一个主题,每一个主题都渗透了舞蹈、戏剧、诗歌、散文、绘画等多种艺术成分。显然,教师要上好这样的课,除了必须努力拓展自己的知识领域和专业技能外,还必须有大量配套的教参、教具、学具和音像资料等,最好还要有与之相应的社区教育资源。然而,这些资源的短缺已成为普遍现象,语文、数学和综合课在这方面的问题更加突出。这不仅需要教师与更多的人,在更大的空间,用更加平等的方式从事工作,还需要教师彼此紧密配合,开发更多更好的教育资源。这就要求教师由"个人劳动者"向"大教育的合作者"转变。

在实施新课程的背景下,教材不应该也不可能成为唯一的教育资源。那么,哪些是教育资源呢? 其实,凡有利于学生发展的,有利于课程目标实现的因素,都要最先介入教育资源开发。要充分利用社区资源、学校资源、教师资源、学生资源。目前可以利用的教育资源很多,主要有三:一是校内的教育资源,如实验室、图书馆及各类教学设施和实践基地;二是校外的教育资源,包括图书馆、博物馆、展览馆、科技馆、工厂、农村、部队、科研院所等广泛的社会资源及丰富的自然资源;三是信息化的教育资源(包括国外可以利用的教育资源)等。

面对如此面广量大可供开发的教育资源,广大教师如何发挥集体和个人的智慧去有效地开发呢？第一，善于学习。教师必须丰富自己的知识储备，广泛搜集图书、报刊以及网络中的信息，进行资源重组，挖掘能为我所用的教育资源。以生物课程为例，在指导学生进行探究性学习时，教师必须提供相关的图文资料、数据，或呈现生物的标本、模型、生活环境，或从学生的生活经验、经历中提出问题，或从社会关注的与教学有关的热点问题切入等等，这就要求教师多层次、多领域涉猎知识。第二，善于发挥。教师应当能把“信息”转化为“知识”，把“智能”转化为“智慧”。如一位教师在教《小雨沙沙》一课时，天空突然下起了小雨，教师打破原来的教学程序，让学生听雨、赏雨、读雨、品雨，突如其来的干扰就这样自然而然地变成了难得的教育资源。生活中不是没有教育资源，问题在于我们是否善于发现和利用有效的教育资源。第三，善于引导。教师要设计恰当的学习活动，指导学生寻找、收集和利用学习资源，让学生发现他们所学东西的实际意义，营造和维持学习过程中积极的心理氛围，唤起学生成长的渴望。

总之，教师是新课程改革的主要实施者，教师的角色定位在很大程度上决定着改革的走向与成效。教师要以主动积极的姿态实现角色的调整和重塑，将新课程理念转化为实实在在的教学行为，以与新课程相适应的形象出现在课堂上，出现在与学生活动的交往中，真正促进学生的自主、生动发展。

二、教师的个性化发展

随着新课程改革的推进，新课程理念逐渐深入人心，全新的教师观得以确立，教师的角色转变成为现实，教育改革的焦点聚到了教师发展这一绕不过去的话题上。因为在所有影响、制约课程与课堂改革的因素中，教师的素质与能力是第一位的，它具有决定性的意义和作用。我国正处于特殊的历史时期，经济形态的变革，“不仅仅是经济学意义上的资源配置方式的变革，更是以经济生活为基础的全部社会生活的重大变革，即人的存在方式的变革”。正是“人的存在方式的变革”，导致整个民族文化、民族心态及行为方式的深刻变革。而教师发展，必须要在当前多种教育观念冲突、矛盾、互补和融合的复杂格局中寻求发展的方向，选择价值的取向。

教师发展应该基于学生的发展。20 世纪 70 年代，西方教育从赫尔巴特的教育理念——张扬系统主义、要素主义、注重传授知识，过渡到了杜威的教育理念——张扬经验主义、活动主义、注重培养学生个性。培养能够适应未来社会的人才，成为现代教育改革的宗旨。各国的教育改革，无不体现出追求个性、重视创造性培养的思路和对教育个性化的战略抉择。正如乌申斯基所说:“在教育中,一切都应当以教育者个性为基础,只有个性才能影响个性的发展与定型,只有性格才能培养性格。”甚至可以说:“教师教育力量的源泉则在教师的个性。”“成为你自己”这句镌刻在奥林匹斯山石上的名言,应是每一位教师的发展方向。于是,“呼唤有个性的教师”便成了一个迫切的具现实意义的重要命题。

(一)解构传统角色

教育家徐特立曾说,教师有两种人格:一种是“经师”,即所谓“传道、授业”;一种是“人师”,即教学生怎样做人。圣贤之仁,可以百世为师;经师易得,人师难求。最佳的为师者,当是想为人师而又堪为人师的人。

堪为人师者,不仅在于“学高”和“身正”的自我修为,更在于如何使我们的教学对象——学生,发展得更好。新课程改革能否摆脱困境而顺利地进行,关键在于解决好教师在对新课程认识上、态度上、行动上、方法上、素质结构上所存在的问题,所以,我们必须对教师角色有一个重新的认识与界定。

教师是因为他们懂“教育”才被聘用的,那种以为精通某些知识并能传授给他人就可以做教师的观念已经过时。要转变教师只是解释、美化、传输固定知识与特定意识形态的“代言人”“传声筒”的职业角色,以及“百科全书”“资料库”的职业作用。教师要由传统意义上的知识的传授者,转变为学生发展的促进者和帮助者;由教育管理的“裁决者”,转变为学生成长的“诊断者”和引领者;由简单的教书匠转变为实践的研究者或研究的实践者;由教学活动的“表演者”转变为学生学习的指导者和参谋者;由“消费者”转变为“生产者”,从“点菜者”转变为“菜单提供者”,从“独奏者”转变为“伴奏者”,从“执行者”转变为“决策者”……教师还应该成为学生潜能的唤醒者,学生发展的合作者,教育艺术的探索者,校本课程的开发者……总之,教师要努力成为负有组织创造性、自主性和实践性学习使命的教育者和研究者。

“教师是蜡烛”,“教师是人类灵魂的工程师”,“教师是春蚕”,“教师是园丁”,诸如此类关于教师角色的传统描述在新课程背景下日渐显示出其不足或者不妥。“蜡烛”点亮了别人,但燃尽了自己,把学生发展的前提建立在牺牲教师的基础之上,这与时下的教师发展观是对立的。新的教师发展观认为,教师在使学生发展的同时,自身也得到了发展,是一种共同成长。“工程师”体现了教师技艺的高超,但人类的灵魂不可能是一个机器,让工程师任意修理,用一个固定的工艺流程去塑造或者改变。而且，教师自己的灵魂又由谁去塑造呢？“春蚕”吐丝是没有目的甚至是没有对象的，它的使命是为自己筑一个永远的巢，最多是为人类提供几根纺织用的丝，这显然不应该是现代教师的形象。“园丁”意味着人才培养的规律性和可预见性。然而，在培养“人”的过程中，能如“园丁”般修枝、剪叶、间苗？能为了满足感官的造型而任意拿捏吗？当然，任何的比喻都是有缺陷的，它只是针对某方面的意象，单抠字眼，有断章取义之嫌，是有失偏颇的。本文中也只是对“教师角色”的传统比喻作一解构，以澄清其本来的意义。

需要强调的是，教师角色的转变与确定，并不完全是教师个人的行为，从事教育管理、研究、评估的部门和社会对教师的评价应起到积极的导向作用。不仅要为教师的角色变换、角色适应、角色调整做出舆论引导和专业支持，激励教师的外在价值，更要尊重教师职业的内在尊严和劳动过程中对生命本质的高级需要，帮助教师在角色重塑过程中既成就学生也成就自我。

（二）建构教师意义

“教师的要义，最终不是着眼于自己如何聪明，而是着眼于教师的职业本质——让别人变得更为智慧。”区别于以教书为职业追求的传统意义的教师，“个性化教师”是特殊时代下的特殊角色，是承担着特殊责任的现代意义上的教师。

教师的个性特色，是指教师在自己个性的基础上，在教育活动中形成并表现出来的个性特征与独特的教育风格，是教师自身具有显著区别于他人的能力、气质、性格以及动机、兴趣、理想、信念等。

当代教师专业发展已经超越了认知主义（知识本位）、行为主义（能力本位）、传统人文主义（情感本位）、人本主义（人格本位）等多种范式，日益走向综合与融通，其核心思想就是与学生共同成长。从教育学意义上看，教师的言行举止、言传身教不仅传递着一种文化，也不断再生着一种文化，师生共同实践、共同创造、共同享受着这一文化，便成了教师工作的意义。

北京师范大学裴娣娜教授认为，“个性化教师”，指富有使命感、积极进取、锐意改革、具有国际视野的教师个体和教师群体。从这一观点出发，建构个性化教师的意义，应关注以下两个方面：

一是从原点到远点的建构。黑格尔说，前进就是回溯到原始的、真正的东西。从原点到远点的建构，就是学生在教师的帮助下通过新知识与原有的旧知识和经验相互作用、改造、充实，来建构新的理解的过程。这种建构，是学生在教师引领下的自主参与，是师生共创共生的过程。从原点到远点的建构，就是要求教师不但要从外在方面“训练”人、“塑造”人、“培养”人，还要关注人作为人的生存及其意义，努力从内在方面“唤醒”人、“生成”人、“提升”人，使得人的生活“有尊严”。生命是教育的原点，教育与生命共存。面对有着丰富多彩的生命内涵的学生，教育只有回归到生命，才能展示出它的无穷魅力，实现生命意义的回归。

二是从“应试”到“应世”的建构。我国传统教学的主要弊端是课程价值观的扭曲，主要表现为选拔与发展的尖锐对立。一个基本的教育命题是“教学即发展”，教学为了发展，教学促进发展，教师为促进学生发展服务。但就是这个看来毫无争议的真命题，到了日常的课堂，到了具体施教的层面，往往被一只无形的手操纵而歪曲了。从“应试”到“应世”的建构，就是要摆脱“应试教育”的桎梏与束缚，正确厘清“评价”和“考试”的关系，从改革现行的考试制度入手，改进选拔性考试，以促进学生全面、健康地成长；从“应试”到“应世”的建构，就应该建立“应试”(课堂教学系统)到“应世”(社会生活系统)两者之间的“超级链接”，让学校与社会，教育与生活紧密相连，把学生看作“学生”而非“容器”，看作“未来”而非“奴役”，看作“公民”而非“顺民”；从“应试”到“应世”的建构，就要求教师要摒弃自己内心的“功利”，使自己沉静、慈爱和智慧。教育是慢的艺术，教育就是等待花开的过程。“教师的工作不是拯救孩子的灵魂，而是提供机会让他们拯救自己的灵魂”，教师要教给学生终身受用的技能，让学生形成受益一生的行为准则，更要帮助他们“实现意义的获得及自我主体的建构”，让他们“自己长大”。

（三）重构课堂审美

“教师是为课堂而生的。”教师鲜明的教学个性和独特的教学风格只有通过课堂才能呈现并在课堂中得以检验。课堂教学的变革性实践，首先导致的是研究主题的转变——“以人为本”，这是从工具论到价值论的转换，由此带来了深刻的观念冲击和行为方式的变化，也带来了课堂审美的重构。

首先，要建构课堂审美场域。课堂教学审美场是一个由教师、学生、教学文本、教学环境诸要素相融相汇、有机统一的复合建构，也是诸要素和谐同构的动态生成过程。教育的最高境界就是让儿童感觉不到“被教育”，要达到“润物细无声”的境界，就必须建构课堂的审美心理场。耶鲁大学儿童问题专家詹姆斯·库默认为：“你必须要为孩子们提供这样一个环境，在这个环境里，他们不是多余的，而是有价值的，是被人接受的。只有在这种环境里，他们才会接受你。”心理学家罗杰斯曾指出，一个人的创造力只有在其感觉到“心理安全”和“心理自由”的条件下才能获得最大限度的表现和发展。让所有的孩子在课堂里感到安全与悦纳，这是教师个性之美，也是课堂审美的基础。

其次，要建立最佳的师生关系。这是课堂审美的根本。一个教师不在于他教了多少年书，而在于他用心教了多少年书。“教师永远不能忘记他是一位教师以及他的使命就是教育。”建立最佳的师生关系，就要反对“文化资本”的霸权和隐性的“话语霸权”以及对学生成长的简单干预，要改变课堂教学中教师“主宰”“控制”的意识，改变学生“服从”“依从”的地位，要站在儿童的立场，“以儿童之心度儿童之腹”，与学生建立一种新型的合作关系；同时作为“平等中的首席”，也重视教师的作用，但教师作用的权威不是“外部强加的”，而是“内在养成的”，即通过自己的人格、教学风格树立起来的。教师的“首席”作用主要体现在思维的引领、情感的带动和言行的表率上。

再次，要重建适切的教学策略。个性化教师在课堂教学策略实施中的审美要义是：(1) 境界美。以培养和发展学生主体性为主要目标，重在体现主体教育的思想。(2) 节奏美。教学中“该浓则浓，该淡则淡，能简不繁，当艳不让”。(3) 创生美。课程不是知识的“载体”或学习内容的“运输线”，而是人与知识“相遇”的“场域”。人与知识的“相遇”并非二者的“面对面”，而是精神的“对话”，它不是被“给定的”，而是创生的。(4) 适切最美。“适合的才是最好的”。围绕学科教学的本质，选择适切的教学方式，关注学生学习的选择性、研究性、体验性和差异性，使课堂产生于教学目标的任务驱动，发展于学生在完成学习任务时所产生的疑惑，结束于学生对更高更远的学习目标所产生的欲望，这是课堂审美的主体，也是个性化教师发展的行为高度。

教育是一项富有艺术性、创造性的活动，不是简单的操作性行为，不是纯粹的技术与技巧性的工作。教育的发展进步，离不开富有个性的、充满个人独特魅力的教师。教师的个性化发展，要从解构传统的教师角色出发，建构现代教师的时代意义，重构师生活动的主平台——课堂的审美结构，让带有教师个人独特思想、情感和行为特征的教学活动促进学生的生动发展。只有在教师努力成为“他自己”，并让学生成为“他自己”的过程中，教育才能拥有真正的美丽与精彩。

三、呼唤反思型教师

塑造符合新时代要求的新型教师，正日益成为新教育的迫切需求。而反思意识，正是新型教师的重要特质之一。当今世界，反思意识已成为学术界的重要特征。在教育领域，反思性教学已成为一种潮流，其实质是唤醒教师的自觉能动性和创造性，促使教师不断追求教育实践的合理性和艺术性。广大教师要以科学的精神，以研究者的姿态，不断审视自我的教育意识和行为，自觉运用先进的教育理念探索教育规律，指导教育实践。这既是教师实现专业成长的必经之路，也是促进每一个学生都得到发展的前提条件。

（一）从案例入手，在分析教育行为中反思自我

当前课堂，制约大部分教师发展的瓶颈是难以突破传统教育的束缚，习惯于完成任务式的教学，疏于思考，在某种程度上把复杂的劳动简单化，周而复始，使鲜活的教育过程程式化，缺乏动态生成。要突破这一瓶颈，教师可从编写案例入手，把教育教学过程中的喜悦、困惑、问题撰写和记录下来，内容涉及课堂教学、班级管理、师生在新课程中的成长历程等等。同时，教师在撰写案例时，要做到真实、生动、形象、具有典型性，既要有清晰明了的过程叙述、现象阐述，又要能运用相应的理论做出合乎实际的理性分析，同时还要提供解决问题的针对性策略。实践证明，这样做至少有两个好处：一是能提升教师的专业化水平。记录案例，并从案例中剖析自我，可以促使教师对自身的教育教学行为作系统地反思，在得失利弊的分析中幡然醒悟，从而萌生改革的愿望。二是能带动教师的群体反思。重视教育教学案例的收集、分析、积累是培养反思型教师的有效载体。通过案例，可以让其他教师了解自己的同事在想些什么、做些什么，面临的问题又是什么，从而带动教师的群体反思，并在相互交流、小组讨论中，把自己那些只可意会不可言传或不证自明的知识、价值、态度等，通过讨论和批判的分析提升到意识领域中来，进而形成一种新的教师文化。

（二）从评价入手，在进行自我评价中剖析自我

课程改革与教师的发展密不可分，目前教育的普遍现状是教师和学校评价改革已经滞后于学生的评价改革，尤其是对教师的评价仍然沿用旧有的评价体

系，评价内容教条，评价手段单一，评价没有起到很好的导向作用。要改变这一现状，必须把评价建立在教师实际基础上，鼓励教师进行自我评价，促使其对自身存在的优势、不足和进步形成清晰的认识，注重分析现象的原因，提高教师自我反思的能力；另外，要给每个教师提供一个广泛的发展空间，让其根据自身的情况和教育教学实际，参与制订发展目标，并初步形成个体化的评价目标和评价方法。在引导教师进行自我评价时，要注意三个原则：一是发展性原则。评价要以促进教师与学校发展为根本目的，注重专业与个性发展。二是差异性原则。注意教师的个体差异，通过教师有目的地收集能够体现自己职业素养或教育教学能力的资料和证据，通过资料背景和影响因素的分析，找出能促进教师专业发展最明显的特征，在这个基础上来确定教师的阶段性发展目标。三是非奖惩性原则。参照英国的做法，对教师的评价不直接与奖惩挂钩，让教师参与评价标准的制订，充分体现行动研究思想。本着这样的原则，引导教师对自己的专业发展作精心的思考，以“四个化”（生活化、活动化、情感化、审美化）、“四个体现”（体现学生学习的主动性、较高的参与率、能学会学习、探索创新）为参照，对自己的课堂进行自评，从中获得成就感，增强自信，了解不足，然后重新确定发展目标，从而促使教师在不断的反思中提高自己的专业素养，最终发展自我，并形成一种促进学生和学校共同发展的创造力。

（三）从问题入手，在强化行动研究中明辨自我

有问题就意味着对现实与现状的不满，就意味着有自己的思维。一个没有任何问题的人不可能会打破现状、超越常规。教师要从问题入手，培养自己的问题意识。这种问题意识，即教师在面临需要解决的问题时，有一种清醒、自觉并伴之以强烈的困惑、疑虑、想去探究的内心状态。

在实际的工作中，教师要善于从微观的课堂教学中、中观的专题研究中、宏观的课题研究中发现问题，并对问题进行分析、探究，最终解决问题。一是从感兴趣的问题入手进行反思。如围绕什么样的教育才算是良好的教育、什么样的教师才算是一个好教师、什么样的学校才算是一所好学校等问题，结合新课程理念进行反思。二是营造对话情境促成教师反思。如请课程专家深入一线，对教师的疑问进行答辩，或是让专家向一线教师提出问题请其答辩；同时还可不定期举行研讨会，通过交流座谈的形式，让教师把每个月的收获、感悟与困惑，把在课改实验中遇到的新问题摆出来，通过对话，使教师学会用理论思维审视

自己的教育观念和行为。三是强化理论学习，以专题论坛的形式促进教师反思。通过举办针对性、实效性、开放性的专题论坛，促使教师在教育教学中增强反思意识和反思力度，改变自己原有的心智模式。

（四）从课程入手，在发展和丰富课程中提高自我

新课程改革要求教师积极主动并有意识、有主见地参与到课程开发中，在发展和丰富课程中提高自我。教师要关注自己的教育教学过程，对学生的发展情况，对自己的教学活动的质量，对自己与学生的对话与互动等进行思考与探索，并提出建设性的改进意见。实践证明，教师参与课程开发，一是有助于他们克服教学的惰性与惯性，激发他们对教育教学活动的研究兴趣，帮助他们形成反思的科研意识与能力，以一名“反思的实践者”和“反思的研究者身份”进入教育教学活动中，对于自己、对于自己的专业活动直至相关的事物形成更深入的理解，从而更好地去研究教育中的种种问题与现象。二是有助于教师自觉更新观念，促进创造能力的提升。教师参与到课程开发中，必然会从教育实际、学生现状、社会要求等方面来拟定课程目标，选择和筛选课程内容。这能极大地激发教师的创造欲和教育实践活动的积极性，并有助于教师自觉地更新教育观念，拓展教学思路，挖掘教育潜能，将他们从盲目的实验、武断的决定或生搬硬套、墨守成规的习惯中解放出来。

呼唤反思型教师，意味着教师要摆脱经验主义的窠臼，跳出四平八稳、惯性运行的教学思维与方式，超越教学技巧，脱掉“匠气”，走向变革与创新。广大教师要有自我审视与剖析的勇气，有“众里寻他千百度”的执着，以勇立潮头的躬身实践，反思自我，超越自我，走出平庸，完成专业成长和角色重构的华美转身。

第三节　学生观：儿童在生长中

“儿童”，在人们认识中，是一个比较模糊、宽泛的名称，常与“幼儿”“小孩”等词相提并论。儿童是指多大的人？从年龄范围看，古代凡年龄大于婴儿而尚未成年的人都叫儿童，现代社会和人们公认的儿童年龄段为 0～14 岁，而由联合国 1989 年 11 月 20 日大会通过的《儿童权利公约》界定的儿童系指 18 岁以下的任何人。

法国著名启蒙思想家、哲学家、教育家、文学家卢梭在《爱弥儿》中这样描述儿童——“儿童是成长中的人”。这一描述似乎更贴近教育的本质，从教育学的角度回答了儿童是什么的问题，也更生动地揭示了儿童的特性。它启示我们要正确认识儿童，遵循儿童的成长规律，促进儿童的健康成长，长足发展。因为，儿童在生长中。

儿童在生长中，阐明了教育的起点是儿童，告示我们教育要立足儿童世界。《孟子·离娄下》有云：“大人者，不失其赤子之心者也。”这里的“赤子之心”，即我们常说的童心。每一个大人都曾经是儿童，但他们一旦长大，却常常忘了这一点，也失却了曾经的童心。儿童是不成熟的矛盾体，他们难免无知，难免不如人意，难免犯错。当我们站在儿童立场，去观察儿童的言行，理解儿童的思维，体悟儿童的感受时，会发现一切的不完美都不失可爱，一切的错误都情有可原。面对儿童，要真正把他们当儿童看，不急躁，不苛求，多包容，多悦纳，让他们在真正的儿童世界里成长。

儿童在生长中，表明教育是一个动态的过程，启示我们教育要让生长真实地发生。儿童真正的生长，应该如广阔的自然界中的花草树木，沐浴阳光雨露，也承受风吹日晒，将根须伸向泥土，将枝叶朝向蓝天。我们不需要培育温室的花朵，也不需要培植催熟的瓜果，所以我们拒绝作秀的、病态的、功利的“伪生长”。儿童在生长中，呼唤这样的教育场景：在学习活动中，学生以最自然的状态存在，以最饱满的热情参与，以最优化的方式学习，读得用心，想得开阔，说得畅快，议得尽兴，知识、能力、素养在悄悄然中拔节向上。

儿童在生长中，强调了教育的旨归是儿童的长大、长成，警示我们要秉持对教育虔诚的敬畏之感。每个儿童都是一张全新的图纸，因为其新，每画一笔就尤其要小心，尤其要慎重。教师不经意间的一言一行、一举一动，都会在这张图纸上留下或多彩或斑驳的印痕，这样的印痕，会在孩子今后的生活中同样不经意地反射出来，让教育者照见自己的影子。苏霍姆林斯基曾十分形象地指出，对待儿童“要小心得像对待一朵玫瑰上颤动欲坠的露珠”。所以，常怀敬畏之心，慎思笃行，才能造就儿童成长路上的真精彩。

儿童在生长中，昭示鲜明的教育特质。一是独特性。受遗传基因、社会环境、家庭教育等诸多因素的影响，儿童在身体、智商、心理、行为习惯等各方面都存在着客观差异，这就使得儿童教育复杂多变，充满了挑战。作为教育工作者，首先要充分尊重这种不同。不争的事实告诉我们，每个儿童身上都有着与众不同的禀赋和潜能，这种禀赋和潜能一旦被发掘，往往会创造出令人惊异的成就。陶行知先生说过："你的教鞭下有瓦特，你的冷眼里有牛顿，你的讥笑里有爱迪生。"这值得每一个教师引以为戒。其次，作为教育工作者，要努力成就这种不同。面对一个个独一无二的生命体，教师要做慧眼识千里马的"伯乐"，善于发现并珍视每个儿童的独特禀赋，"扬其所长，避其所短"，帮助他们在最可能的道路上走向成功。二是可塑性。"塑"，塑造也，它不是有悖儿童天性的刻意雕琢，而是顺应儿童天性的顺势而为、因势利导。儿童，心性混沌幼稚，是非辨别能力弱，人生观、价值观尚未形成，正是品性塑造的关键时期；儿童，精力旺盛，思维敏捷，记忆力强，正是最宜求知的黄金时期；儿童，是未来的社会建设者，社会公民能力的培养不可或缺。在儿童生长中，塑其品性，塑其学识，塑其能力，这是教育的应有之义。教育者要正确把握儿童的身心发展规律，把优良的道德品质、必备的社会能力、优秀的人类文化，通过科学的方法输送给学生，使其脱离懵懂无知，走向澄澈清明。三是过程性。叶圣陶先生曾说过这样一句话："教育是农业而不是工业。"意思是说：教育就像农业一样需要一个缓慢的发展过程，需要很长的一段周期，而不能像工业一样批量生产、迅速出炉。确实，培育儿童与耕种庄稼有颇多相似之处：农作物的生长要经历萌芽、长叶、拔节、开花、结果各个阶段，每个阶段都呈现出不同的生命形态，需要不同的生长条件（如日照、温度、湿度、肥料等）；而儿童的成长也需要经历幼儿、少年、青年等不同的年龄阶段，在不同的阶段表现出不同的身心发展特点，需要施以与之相宜的教育。教师要有农夫的心态，培土、除草、治虫，都要把握时令、把握分寸，做一个田头耐心的守望者。常识告诉我们，站在一棵幼苗面前，可以看出它旺盛的长势，却感觉不到它的成长，只有隔一段时间才会发现它的变化。当教育也这样自然而然、不急不躁之时，儿童的生长也就水到渠成了。

儿童在生长中，期约生动的教育路径。其一，要创设敞亮的生长场。场，即场域，它并非单指物理环境，也包括他人的行为以及与之相连的许多因素。儿童的生长场，既是指儿童生长必需的物质层面的显性环境，也是指儿童教育中的心理氛围、思想情感、人际交往等精神层面的隐性环境。为儿童创设敞亮的生长场，离不开这两种环境的打造与优化。首先，要努力实现教育资源最优化。这里所说的教育资源既是指教育设施、设备等硬件资源，也包括师资等软资源。

而就教育者个体而言，作为与儿童接触最多、联系最密切的教育资源，更应有迫切的责任意识，自觉学习，自我修炼，不断提升教育素养，让自己成为儿童成长路上可信赖、可享用的优质资源。其次，要积极营设健康的生长气候。马斯洛需要层次理论把人的需求从低到高依次分成生理需求、安全需求、爱和归属感、尊重和自我实现五个层次。由此可见，心理安全、心灵自由、被理解和尊重是个体生命价值实现的基础。教育者要发自内心地关爱每一个儿童，真诚地倾听他们的心声，细致地体察他们的情绪，设身处地理解他们的需求；要把儿童看作一个具有独立生命精神的人，尊重儿童的发展权、参与权等基本权利，尊重儿童的独立人格和自我意识。唯有在这样民主、平等、开放的生长气候中，儿童才能获得原生态的健康的成长。

其二，构建和谐的生长链。儿童的生长是一个长期的过程，由一个个不同的成长阶段组成，这一个个阶段构成了儿童的生长之链。和谐的生长之链，既指向每一生长环节的熠熠生辉，更指向各个节点的整体协调发展。构建和谐的生长链，要立足长远，将目光投向儿童的全程成长。儿童的生长是动态的、不断变化的，也许很难进行准确的定位和精准的规划。但每个儿童的整体成长历程，在各个阶段又呈现出相似的发展形态和共性的发展特点，使教育工作者对儿童生长的整体把握成为可能。《中小学文明礼仪教育指导纲要》、义务教育各学科课程标准等纲领性文件、文本，也都针对儿童生长的不同阶段提出了具体的实施要求。无论是道德品行的培养，还是课程知识的学习，教育者既要明确教书育人的宗旨和总体目标，也要明确各阶段的具体目标，步步落实，循序渐进，真正推进儿童的科学发展。构建和谐的生长链，要着眼当下，关注儿童每个阶段的长足发展。每个生长阶段的精彩，才能成就整个生长历程的精彩。教育者要真正读懂每个儿童的当下，让教育从这一个儿童、这一阶段、这一节点出发，将适切的学习内容，在适切的时机，以适切的方法、途径予以呈现，让学习贴着儿童的当下形态生发，让儿童在个人的学习原点上获得最大限度地提升。

其三，催生蓬勃的生长力。生长力是生命体生长的最核心要素，在儿童教育中，它是指每个儿童自我学习、发展的动力与能力。唯有唤醒儿童自我成长的意识，点燃儿童主动发展的愿望，让儿童拥有自主学习的品质、能力，才能推动个体真正意义上的成长。自我发展需求是儿童生长的内驱力。苏霍姆林斯基在《给教师的一百条建议》中指出："学习愿望是儿童学习活动的重要动因。

在教学过程中产生的儿童的良好情绪，对于培养学习愿望起着很大的作用。教师的任务就是要不断地发展儿童从学习中得到满足的良好情感，以便从这种情感中产生和形成一种情绪状态——即强烈的学习愿望。”首先，教师要科学地设定学习目标，让儿童看到“跳起来摘到果子”的可能，激发起儿童对学习活动的热情与自信；其次，教师要通过活泼而紧张的学习活动，让儿童获得新奇、兴奋的学习体验；另外，教师还应通过积极肯定的评价，让儿童获得成功的满足感和对新的学习活动的期待感。自主学习能力是儿童生长的原动力。任何在教师、家长、同伴外力作用下的学习，都是“被网罗”“被发展”的消极生长，缺乏自我学习能力的支持，儿童的生长就如无源之水、无本之木，难以持久，更难以长远。授之以鱼，不如授之以渔，教师应将学习品质的塑造、学习能力的培养贯穿于学习活动的每一个环节，让儿童在学习中学会自我选择、自我调控、自我评价、自我反思，最终实现自我生长。

儿童在生长中，要求我们以“生命”的视角观照儿童的成长，准确把握儿童生长的特性，积极建构生动的教育路径，让教育以儿童为起点，通过活泼泼的、欣欣然的教育历程，真正实现儿童的长大、长成。

一、学生是什么？

学生是什么？在教育中，这不仅是一个定义，一个概念，更是学生观的具体体现。所谓学生观，是对学生的本质属性及其在教育过程中所处位置和作用的看法。传统学生观把学生视为被动的客体，是教育者管辖的对象，是装知识的容器。而现代学生观则认为学生是积极的主体，是学习的主人，是正在成长着的人，教育的目的就是育人。无疑，现代学生观更准确地阐述了新时代教育的特质——学生是教育的主体。这为我们立足教育本质，着眼学生发展，正确认识“学生”这一教育的特定对象指明了方向。

（一）作为“学生”的个体

查《百科全书》释：学生指在学校学习的人。那在学校学习什么呢？当然是学习知识。但学习知识又是为了什么呢？其目的是为了更好地生活。所以，杜威强调“教育即生活”；联合国教科文组织权威书籍指出：学生最基本的涵义是学会生活；《学记》指出：“欲化民成俗，其必由学乎。”那作为个体的学生如何学会生活呢？生活，本身是“活生生”的。它不是围墙内的微言大义，也不是象牙塔中的伦理教化。生活不该是“赋予”，而应让学生“参与”。所以，联合国《儿童权利公约》强调了儿童享有四大基本权利之一的参与权——参与家庭、文化和社会生活的权利，儿童有权对影响他们的一切事项发表自己的意见。

尊重学生的参与权，就应该呵护学生的个体生命，满足学生的知晓权，提供真实的生活现场，还原生活的本来面目，建构生活的积极意义，让学生在真实的世界里自然地生长。

（二）作为“发展”的主体

马卡连柯的集体教育理论指出：学生集体不仅是教育的“客体”（教育对象），而且也是教育的“主体”（教育者）。所谓学生的主体性，是指在教育活动中，作为主体的学生在教师引导下处理同外界关系所表现出来的功能特征。它一方面表现为人对客观世界规律自觉能动的掌握；另一方面，表现为人的自觉能动的创造，集中体现为人的独立性、主动性、创造性。

要发挥学生的主体作用，就不能单纯地把学生当成被动的、抽象的、不变的教育对象，而应把他们看成是主动的、活泼的、发展的主体。学生主体性的发展既贯穿于学生自我决定、自我选择、自我监控、自我评价反思等整个学习的自主过程，也渗透在学生与教师、同伴乃至学校之外的家庭、社会成员之间的交往之中。

所以，把学生作为发展的主体，教育时就应该多一点辩证法，少一点形而上学，多一点兼听则明，少一点偏听独断，多一点躬身躬行，少一点居高临下；就应该以“平等中的首席”“前行中的向导”“迷茫中的咨询师”的身份，充分地尊重学生的主体意识，提供主体发展的条件，培养主体发展的能力，引领主体发展的方向，陪伴着他们自我发展。

（三）作为“公民”的本体

福克斯认为：“公民身份是一种成员地位，它包含了一系列的权利、义务和责任。”公民之有别于私民，首先在于公民不只关心一己之私，而具有对公共空间和公共关系中他者的高度敏感性。

陶行知曾说过：“今日的学生，就是将来的公民；将来所需要的公民，即今天所应当养成的学生。”把学生作为“公民”的本体，就需要我们的教育不是培养人云亦云、皓首穷经的“书呆子”，也不是培养只有自我、不知他人的“莱布尼兹的单子”，更不是培养传统等级关系中的“臣民”“顺民”，而是要培养置身于新型的社会主义民主平等关系之中，既具有个体独立的自主意识，又对他人存在具有高度觉察能力与关怀能力的现代公民。这种现代公民，是以个体自主、自觉的价值认同与责任承担为核心，以健康的公民意识、情感与健全的公民能力为目的的。正如联合国21世纪教育委员会在1996年所提出的，崇高的道德品质和对人类的责任感是21世纪人才的一个重要标准，也是一个人身心品质成熟的标志，一个公民诞生的标志。

现代公民的培养，就要确立权威社会逐渐让位于平等、沟通、民主的机制，把培养现代公民的公共生活和公共精神渗透到教育的方方面面；就要把"同情共感""将心比心""推己及人"等人际、人物间的情谊关怀作为公民教育的基点；就要让学生懂得尊己、尊人和尊物，懂得贵生利己是最根本的道德，懂得维持群体的和谐，懂得与自然对话、与万物共存。学校教育不在于道德的至善，让每一个学生都成为"圣人"，而在于让每一位学生都能够遵守基本的行为准则，正确地做人、做事和交往。在此基础上，培养他们关注社会、积极参与、思考反省、质疑提议的公民素养。

联合国教科文组织编著的《学会生存》一书中说："教育民主化，不仅是把更多的教育给予更多的人，也要更多的人参加教育管理。"现代学生观要求教育者真心实意地把学生看作"学生"，而不是"容器"；看作"未来"，而不是"奴役"；看作"公民"，而不是"顺民"。唯有如此，学生的生动成长与主动发展才能成为现实。

二、一切为了孩子

今天的学校教育中，新的学生观在理论层面上已得以确立，但在具体的教育实践中，每一个儿童作为积极的、独特的、活生生的生命个体仍没有得到完全的认同和尊重。在我们所实施的以"灌输"和"塑造"为主旨的教育世界里，他们仍被视作等待加工和塑造的产品，教育的旨归——"一切为了孩子"，这句掷地有声的话语在现实面前仍显得苍白无力。"一切为了孩子"这句被很多学校制成铜字安放在显眼位置的话语，在现实中却成了一句空洞的标语口号，学校真正的办学行为与之相距甚远，甚至背道而驰。

从语言学角度看，"一切为了孩子"是一句主谓短语，它排斥了"一切为了领导""一切为了教师""一切为了荣誉""一切为了分数""一切为了面子"等行为指向；从教育哲学的角度看，"一切为了孩子"既是人本思想在教育中的体现，也是现代教育观的主旨，当成为现代教育的核心价值取向。

（一）为了“每一个”——从孩子出发

回溯中外教育史可以发现，围绕管理和教学主客体关系的认识，千百年来始终在“教师中心”与“学生中心”两极之间徘徊，从荀子的“外烁论”到孟子的“内发说”，从赫尔巴特到杜威，从凯洛夫到罗杰斯，莫不如此。对这一“钟摆现象”的不同取向，构筑了传统教育与现代教育的分水岭。

一切为了孩子，为了一切孩子，这是现代教育的核心宗旨，也是基础教育的本质应然。教育的根本问题是关于儿童的问题，基于对儿童认识的儿童立场是教育的根本立场。从孩子出发，就应该以儿童为本，关注儿童的视角，研究儿童的心理，满足儿童的需要，保护儿童的权益；从孩子出发，就要求教育的原点和设计遵循儿童认知的发展规律，贯彻以学定教、先学后教、因材施教的原则，以儿童的“学”作为教师“教”的出发点；从孩子出发，就应该顺应“自由和探索”的儿童天性，但绝不是对儿童的迁就和放任，对孩子爱与赏识并不排除必要的批评惩罚，但一定不能将惩罚异化为体罚。

（二）为了“这一个”——促进孩子个性发展

“人之初，性本善，性相近，习相远。”随着学习经历的增加，人的差异性也会越来越大。从关注整体到关注个体，从关注“每一个”到关注“这一个”，在关注每一个孩子发展的前提下，追求孩子的个性化发展，应是未来发展基础教育的价值取向。

“人是未完成的存在”，孩子就是“未成熟”“未完成”的存在，就意味着“可能性”“独特性”。为了“这一个”，就要探索在班级授课制背景下个性化发展的学校管理、课程建设、教育过程、教育评价等各个环节；就要激发孩子进行自我教育，不断挖掘孩子的自我潜能，“我的工作不是拯救孩子的灵魂，而是提供机会让他们拯救自己的灵魂”；就要把握“人的个性化和社会化的和谐发展”，不能一味地夸大“自我”，既使“个性”神采飞扬，又和人的社会属性并行发展。

（三）为了“未来的一个”——为孩子终身幸福奠基

联合国教科文组织有权威报告认为，“基础教育是向每个人提供并为一切人所共有的最低限度的知识、观点、社会准则和经验的教育”，“它的目的是使每一个人能够发挥自己的潜力、创造性和批判精神，以实现自己的抱负和获得幸福，并成为一个有益的公民和生产者，对所属的社会发展贡献力量”。

培养孩子以幸福观照自己的内心，这是教育的最高宗旨，因为教育首先是

"人"学。如果学校(社会)只是以分数、升学来衡量教育的优劣,而忽视了"未来的一个"的关键品质的培养、健全人格的造就,那于国、于家、于生谈何"未来"呢?为孩子终身幸福奠基,就要倡导从孩子发展原点到远点的教育,就要引导教育从"应试"到"应世"的转变,就要改革考试模式和人才培养方式,就要回归到教育最本质的领域去营造教育的"乐园""花园""圣园",到教育一线去认识教育,到课堂里去寻找教育家,到孩子心灵深处去问计教育。

"一切为了孩子"——由衷地希望这样美好的词眼,在美丽的校园中,不仅是口号和标语,不仅是乌托邦般美丽的童话与梦想,而且真正成为中国教育的法理,教育行为的守望,教育实施的核心价值!

第四节　方法观:为儿童生长而教

林清玄的《桃花心木》中有这样一段话:

种树的人说:"种树不是种菜或种稻子,种树是百年的基业,不像青菜几个星期就可以收成。所以,树木自己要学会在土里找水源。我浇水只是模仿老天下雨,老天下雨是算不准的,它几天下一次?上午或下午?一次下多少?如果无法在这种不确定中汲水生长,树苗自然就枯萎了。但是,在不确定中找到水源、拼命扎根,长成百年的大树就不成问题了。"

种树人语重心长地说:"如果我每天都来浇水,每天定时浇一定的量,树苗就会养成依赖的心,根就会浮在地表上,无法深入地下,一旦我停止浇水,树苗会枯萎得更多。幸而存活的树苗,遇到狂风暴雨,也会一吹就倒。"

这段文字,道出了生长的三重特性:个体性——种树不是种菜或种稻子;自主性——树木自己要学会在土里找水源;生成性——在不确定中找到水源。种树是这个理,育人不也一样吗?

"教育即生长。"用生长来定义教育,不仅因为人具有类生物生长的特征,更在于一种教育观的改变。从人的生物性层面来看,生长,就是生命体在自然状态下,通过自我发育,逐步走向成熟的过程。虽然人的生命的成长离不开外界环境和条件,然而生命本身具有自主能动性,外界因素可以影响它,但无法取代它。

现代教育观强调，教学是教与学的交往、互动的过程。在这个过程中，师生分享彼此的思考、经验和知识，交流彼此的情感、体验和观念，从而实现教学相长和共同生长。

“为儿童生长而教。”首先，要不断地改造儿童的生活经验。杜威认为，“教育就是经验的改造或改组。这种改造或改组，既能增加经验的意义，又能提高后来经验生长的能力”。经验是儿童各方面发展和生长的载体，知识的获得、能力的形成、品德的养成、职业素质的获得皆以经验为媒介。教育的首要任务，就是帮助儿童生活经验的积累，丰富儿童对生活经验的体验，让儿童感觉到生活的意义。其次，要不时地满足儿童的生长需要。“生长”既说明了生命的存在，又说明了发展的状态。生命的意义就是实现“生长需要”，没有生长，生命就失去了存在的价值。正如德国哲学家叔本华所说，人和动植物的成长一样，无不在展现自己的生命意志，但人和动植物最大的不同就是人有意识、有意志，不断地向环境表达自己的需求。所以，不时地满足儿童的生长需要，而不是阻碍或抑制他们的需要，就成了教育的核心命题。第三，要不停息地实现儿童的生命意义。生命是教育的原点，教育与生命共存。叶澜说过：“教育是直面人的生命、提高人的生命、为了人的生命质量而进行的社会活动，是以人为本的社会中最体现生命关怀的一种事业”。从这一层面上说，生长更侧重在精神层面，即“精神生长”。实现人的生长，尤其是促进人的精神自然地、和谐地生长才是教育的终极意义。

一、从语文学科的性质谈起

语文生长课堂的构建，离不开科学的、智慧的教学方法和艺术的支撑，而这，首先基于对语文学科性质的正确认识。“工具性与人文性的统一”，是语文课程标准对语文学科性质的定位，也是目前得到语文教师广泛认可的表述。但怎样理解这种“统一”，两者如何获得“统一”，其间存在着对语文学科性质的正确定位，对语文教育观的科学确立，对语文学科“语用说”的合理诠释，对人文教育的重新认识等一系列问题，需要在教学研究与实践中进一步厘清。

（一）对语文学科性质的审视

对语文学科的性质，历史上众说纷纭：工具学科、基本学科、基础工具学科、人文性学科……但不管怎样，语文学科的工具性这一本质属性是无可非议的。但“语文”这个工具有什么特点？对此，张志公先生在《说工具》一文中指出：“语文这个工具和生产上用的一些工具，比如除草用的锄头，平整木料用的刨子等等，有同有异。”接着，他在文中又作了具体分析：

两者的相同点：工具的本身没有阶级性，掌握在谁的手里就为谁服务；凡属工具，最重要的是准确地操纵它，熟练地运用它，只有这样，它才好好地为我们服务；凡属工具，要掌握它就要到使用它的现场里去学。

两者的不同点：生产上用的各种工具，都是生产物质资料的。语文这个工具不生产物质资料，它不是生产工具，而是人们用来思维和交流思想的工具，学习科学文化知识和进行工作的工具。……锄头是锄草的，而锄头和草是两码事，锄头和草并不长在一起。语文是交流思想的，语文和思想虽然也是两码事，可是由于语文是交流思想的工具，而思想是抽象的，它依靠语文这个物质外壳而存在，所以语文和思想老是长在一起，分不开。

从张老生动形象、简明透辟的比较中，我们不难看出，语文学科是一门同时具备工具性和人文性的重要学科，它不仅是反映客观事物、负载文化的工具，也是人们表情达意的工具。学生接触课文时，接受的不仅是文章的形式——语言文字，同时也接受它的内容——思想感情。关于这一点，语文课程标准也表述得相当清楚，但在具体教学中，厚此薄彼的现象却时常出现，一方面是简单肢解语言文字，片面强调“把语文课上成语言文字训练课”，忽视母语的文化特性，导致学生对母语缺乏感情——正如浙江师范大学教授王尚文先生在《语文教育学导论》中所言：过分强调“工具性是语文学科的基本属性”的观点是导致语文学科人文价值、人文底蕴流失的根本原因，是学生对语文课产生厌学情绪的根本原因。另一方面是过度感悟文本内容，一味深挖教材的思想、主旨，把语文课上成了内容理解课，而忽视了文本在发展学生语文能力方面的价值，架空了学生应有的语言生长。其实，工具性与人文性仿佛是一个硬币的两面，是彼此相融的过程，是学生通过言语的生长，获得精神成长的过程。两者的和谐统一，正是语文学科的本质特性。

（二）语言实践要加强人文教育

语文学科不仅是工具性学科，而且对形成品格、培养社会责任和终身学习能力具有重要的奠基作用。因此，语文教学改革必须从教育观念入手，并强调从“人的建设”的高度来定位语文教学，即语文教育的目的应该使人的精神世界变得更加美好，应为孩子的一生打好“精神底色”。

记得法国作家都德的《最后一课》中有这样的一段描述："语言教师韩麦尔对他的学生说：'亡了国当了奴隶的人们，只要牢牢记住他们的语言，就好像拿着一把打开监狱大门的钥匙。'"都德是从培育民族精神、塑造民族灵魂的高度来看待语言学习的，这对我们当前的语文教育不无启迪。我们的教育对象是人，我们的教育应以学生发展为本。所以，衡量教学改革成功与否的价值标准是：学生通过学习，情感是浓厚了还是淡漠了，兴趣是增长了还是减弱了，能力是否增强了。这比我们平时纲目式的考试和庖丁解牛般的分析更具有本质的意义和价值。

语文作为一门地地道道的人文学科，应义不容辞地肩负起对学生人文素质的培养重任，包括人的思想、情感、操守和审美能力的培养。其中，对中小学生来说，对他们进行情感熏陶，更应作为语文教学的题中之义，正如苏霍姆林斯基所说："少年对文艺作品的领会取决于极其重要的情感教育，取决于对别人否认欢乐和不幸所表示的同感的深度。"

文章，尤其是文学作品是情感的产物，语文教育自然要缘情而发、因文入境。离开了情感体验，也就谈不上语言文字的涵咏和思想感情的共鸣。刘勰说："情者文之经，辞者理之纬，经正而后纬成，理定而后辞畅，此立文之本源也"（《文心雕龙·情采》）。又说："夫缀文者情动而辞发，观文者披文以入情，沿波讨源，虽幽必显"（《文心雕龙·知音》）。前者强调"情"是写作的本源，后者说明"情"是阅读所要进入的境界。一个"情"字，关乎写和读两个方面。就写作而言，"情"是写作的动因，是文章的气脉，也是文章的内容。俗话说"文情并茂"，"情"是相对于"文"而言的。没有情感的文字是不能打动读者的。从阅读的角度看，既然缀文者"情动而辞发"，观文者自然要"披文入情"，即通过语言文字的涵咏，体悟其情感内涵。所以，语文教育要把功夫下在学生情感的培养和悟性的启迪上，而不是拿着一把解剖刀从有血有肉的文章中抽象出理性的教条，使其只剩下几条干巴巴的筋骨。

（三）寓人文教育于语言实践之中

强调语文教育应加强人文性，并不是一味地阐发"微言大义"，片面地看重伦理教化。我们反对庖丁解牛式地把语文这门极为情趣的学科肢解为一堆了无生机的零件，但并不反对语言文字的习练；相反，针对语文教学高投入、低效益的积弊，出于对语言本质的进一步认识，我们积极倡导用人文主义和科学主义融合的共同的思想武器来改革当前的语文教育，把人文教育寓于语言文字的具体实践之中。

这种实践，不仅指基础知识和基本能力，还包含着深刻的人文内容，即学生在语文教育过程中情感意志的发展、精神世界的开拓、心理素质的提高、健全人格的培养，乃至行为习惯的养成。一句话，字词句篇、听说读写、知情意行，都必须通过实践，语言实践关系着学生整体语文素质的提高。语言实践内涵之丰富，远非被人为狭隘化了的“工具论”所能概括。但是，这并不意味着要把语文学科变成“万能科”去超载运行，所有这些方面都必须凭借“正确运用祖国语言文字”这根主轴统一和谐地运转。

寓人文教育于语言文字实践之中，首先应注重语感。叶圣陶说：“文字语言的训练，我以为最主要的是训练语感，就是对于语文的敏锐的感觉。”语感是一种复杂的心智活动过程。培养语感，可通过听读欣赏、直观演示、讨论辨析、情景模拟、生活联想等基本方法进行，其关键在于教师要有较强的语感培养意识。在日常大量的语文课堂听说读写行为实践中，不断提高学生对言语正误、异同、美丑、优劣的敏锐感觉，提高语言的应用能力，这样，学生是终身受用的。或者说，语感培养本身就是人文教育的一种方法。

其次要追求情感性。因为语言文字是思想交际的工具，是表情达意的载体，语文学科具有培养学生正确健康情感的内在机制。语文课堂的语言实践过程，既是以接受知识信息为主的认识过程，也是以培养能力为主的实践过程。所以，有效的语言实践，必然要伴随着浓烈的情绪。这种情感性，不仅指师生参与实践的“和谐融合”（这也是当今课堂教学所缺乏的），更重要的是在语言实践点和语言实践方法的选取上，注意情与知、情与理的统一，使学生善于学、乐于练、欣于行。

第三，要体现审美化。夸美纽斯在《大教学论》中有一句著名论断，“教学论的意思是指教学的艺术”。这句话强调了教学的艺术倾向。确实，语言实践是技术，但更是艺术。成功的语言实践，往往能引起学生的美感，十分有益于培养他们正确的审美观和高尚的审美情操，净化他们的审美情趣，提高他们鉴赏美和创造美的能力。语言文字实践的审美化，一方面要挖掘教材中的文质美，如人物的形象美、生活的情境美、作品的结构美、思辨的哲理美等等，以美的语文材料提供实践基础；另一方面，在实践设计中要灵活运用“多样一统一”、“对立一和谐"的普遍艺术规律，独具匠心地处理虚与实、疏与密、拙与巧、雅与俗、庄与谐的各种关系，以达到整体完美、震慑人心。请看特级教师于永正的教学片段：

师：我们学了古诗《草》，回家以后，谁愿意背给奶奶听？（学生纷纷举手，教师找一名学生到前边）好，现在我当你奶奶，你背给我听听好吗？想想到家里该怎么说。

生：奶奶，我今天学了一首古诗，背给您听听好吗？

师：我孙女真能，老师刚教就会背了。（众笑）背什么古诗？

生：背《草》。

师：草？那么多花儿不写，干什么写草哇？

生：因为草有一种顽强的精神，野火把它的叶子烧死，可第二年又长出了新芽！

师：哦，我明白了。

（生背。）

师："离离原上草"是什么意思？我怎么听不懂？

生：这句诗就是说，原野上草长得很茂盛。

师：还有什么"一岁一窟窿"？

（众笑。）

生：不是"一岁一窟窿"，是"一岁一枯荣"。"枯"就是干枯，"荣"就是茂盛。

师：后面两句句子我听懂了。你看俺孙女多有能耐！小小年纪就会背古诗！奶奶像你这么大的时候，哪有钱上学啊！

相对来说，背诵是语文课堂中比较枯燥乏味的练习，但于老师把呆板的背诵练习戏剧化，融知识巩固、对话交际、情感熏陶于一体，既克服了死记硬背，又水乳交融、情趣盎然，创造出虚实相生、疏密互见、拙巧并用、庄谐映衬的艺术境界。

总之，语文学科的工具性与人文性，是不可或缺、不可割裂、不可偏颇的两个方面。要实现工具性与人文性的统一，就要将语言文字训练和人文素质培养有机融合，使之相辅相成、相得益彰。这就要求每个语文教师自觉摒弃急功近利、舍本求末的思想，真正从"人的教育"的高度来认识语文教育，积极探索契合学生语言和精神双重生长的教学方法。这样，才能真正完成语文学科的教学任务，全面达成语文学科的总体目标。

二、为语言的生长而教

随着新课程改革的不断深入，语文学科的性质正逐渐从各种观点的争辩交汇与具体的教学实践中走向清晰。新修订的语文课程标准保留了与实验稿同样的表述“工具性与人文性的统一，是语文课程的基本特点”，但同时也首次强调指出：语文课程是一门学习语言文字运用的综合性、实践性课程。这为语文教学“教什么”“为什么而教”重新厘清了方向。“语文生长课堂”主张的提出，正是基于语文学科的本质特性，倡导语文教学要站到学生生命成长的高度、以动态生成的方式来建构语言的生长，即为语言的生长而教。

（一）“语言的生长”的内涵审视

其一，语言可生长。语言是人类最重要的交际工具，是人们进行交流共同采用的沟通符号、表达方式与处理规则，是以语音为物质外壳、以语义为意义内容，音义结合的词汇建筑材料和语法组织规律的体系。语言的构成要素、方式与规则，决定了语言的可生长性，一般人都可以通过学习获得语言能力。

其二，语言须生长。人的语言能力不是与生俱来的，而是在后天的学习中逐步发展起来的。从牙牙学语到能自如地运用语言进行交流沟通，所有语言能力的生长，都是在具体的语言实践中自觉或不自觉地学习的结果。作为正处于语言生长起始阶段的儿童，他们的语言充满童真、童趣，但也尚显稚嫩、粗糙，犹如一块待雕琢的璞玉，还须接受指导和训练。而语文学习，正是儿童语言生长的最重要途径。

其三，语言生长的内核是言语素养。儿童语言的生长不仅仅是指言语技巧的提高，也指向言语活动中儿童的言说愿望、言说内容、言说方法等各个方面。教师要致力于点燃学生参与言语实践的热情，让学生在言说中获得积极愉悦的情感体验；要致力于丰富学生的言说内容，让学生的语言材料日趋丰厚；要致力于指导学生的言说方法，让学生的表达走向规范、完善。

（二）“为语言的生长而教”的意义追寻

为语言的生长而教，是儿童精神成长的必然诉求。语言是思维工具和交际工具，它同思维有密切的联系，是思维的载体和物质外壳。言语的目的就是交流观念、意见、思想等。从这个意义上说，一个人的语言生长史，也是他的精神发育史。一个人的语言生长，离不开其个体阅历的增长、心智的成熟；同时，言语能力的生长，也以其交际功能支撑起更丰富的生命活动，促使儿童的生命走向丰盈、饱满。

为语言的生长而教，是语文课程性质的应然使命。语文学科的根本任务是学习语言文字运用，应通过语文学习“使学生对祖国的语言文字（母语）含有一种特有的亲切感、归属感；应使学生能运用祖国的语言文字自如地进行口头交流，规范地进行书面表达；应使学生在语文学习过程中养成文化气质与人文情怀……”这就规定了语文学科姓“语”，要将学生语言的生长作为语文教学的重中之重。

为语言的生长而教，是课堂审美重构的自然期待。生长性语文课堂呼唤重构“课堂审美”，期待课堂上学生的语言生长摆脱盆景式的精雕细琢，告别灌木丛式的杂乱无章，如苗木般根深叶茂、欣欣向荣。教师要善于发现儿童语言生长的需要，遵循儿童语言的生长方式，顺应、平衡、同化，领着儿童走向文本的深处，走向思维的深处，与儿童一道过上充分的、自由的、和谐的、语言生长着的课堂生活，让语文课堂呈现蓬蓬勃勃的生态美。

（三）“为语言的生长而教”的方法探究

教无定法，贵在得法，为语言的生长而教，要从眼前的学生出发，从手头的教材出发，从课堂的生成出发，选择合适的、生动的教学方法，促进学生言语素养的提升。

1. 从眼前的学生出发。

不同学龄、不同阶段的儿童，在言语发展上呈现出不同的形态和水平，有着该阶段特有的语言发展特性和规律。教师要从这些特性和规律出发，设定合理的语言发展目标。《义务教育语文课程标准（2011 年版）》分学段列出了语文教学目标与内容，这些目标与内容在一定程度上也决定着具体的教学方法的选择。如关于词句理解，第一学段的要求是“结合上下文和生活实际了解课文中词句的意思”，第二学段的要求是“能联系上下文，理解词句的意思，体会课文中关键词句表达情意的作用。能借助字典、词典和生活积累，理解生词的意义”。不难发现，针对不同学段学生的认知特点，第一学段理解词语更侧重于直观、形象的方法，强调的是联系生活实际；而第二学段理解词语则从感性向理性过渡，在借助生活积累的基础上，要求学生学会使用工具书精准地理解词语意思。如苏教版小学语文二年级下册《狐假虎威》一课，教材就安排有“演一演”的内容：

"'老虎跟着狐狸朝森林深处走去。狐狸神气活现,摇头摆尾;老虎半信半疑,东张西望。'看谁能把加点词语的意思表演出来。"像这样以表演的方法来促进学生对文本内容的理解,正是从学生生活实际出发的,是贴近学生语言学习的生发点的。而苏教版小学语文四年级下册《黄河的主人》一课,教材习题中关于"胆战心惊、惊涛骇浪"两个词语的理解,要求通过查字典的方法,先解释带点字,再理解词语,此时教师就可引导学生采用逐字理解、字义合成的方法,来达成对词义的理解。

2. 从手头的教材出发。

不同的教材,有着不同的内容、不同的文体,所以也具备不同的教学价值,蕴含着不同的语言生长点。有的课文语言优美,可以通过批注赏析进行语言的积累、内化;有的课文情节生动,适合通过表演获得情感体验;有的课文写作特色鲜明,是迁移运用的绝好范例。实现语言的生长,要从手头的"这一篇"出发,以"语文"的视角解读文本,要紧紧凭借课文这个"例子",充分挖掘文本的语言因素,多角度地为学生搭建语言实践的平台,以引导学生在实践中内化语言、积累语言、运用语言。比如,同是表达顺序的学习,教学《黄果树瀑布》一文,可出示黄果树风景区不同地点的图片,引导学生按课文写作顺序重新排序,这样生动直观的方法能使学生对游记移步换景的写作特色有鲜活的感悟;而教学《少年王冕》一文,可引导学生找出课文中表示时间变化的词句:"王冕七岁时""眼看三个年头过去""不知不觉三四年过去了""到了十七八岁",并用列小标题的形式概括出各阶段发生的事情,从而使王冕少年时期的经历一目了然。这样条分缕析,能使学生对如何按时间顺序写人物经历有明晰的认识。

3. 从课堂的生成出发。

课堂教学与工厂中科学精密、按部就班的生产活动相比,其本质的不同在于教学活动发展的不确定性、难预测性。叶澜教授说过:"课堂应是向未知方向挺进的旅程,随时都有可能发现意外的通道和美丽的图景,而不是一切都必须遵循固定线路而没有激情的行程。"语文课堂上,教师应随时关注学生的学习动态,敏锐捕捉即时生成的语言学习资源,不断优化、提升,生成新的语言生长点,使学生的学习活动向纵深推进。如一位教师在教学《嫦娥奔月》一文时,学生由于受故事情节的影响,对"她便机智地与逄蒙周旋"这句话中"周旋"一词的理解产生了偏差,认为"周旋"的意思是嫦娥领着逄蒙在家里兜圈子。教师抓住这一契机深入启发:“‘周旋’仅仅指嫦娥领着逢蒙在家里兜圈子吗?这样逢蒙能听她的话吗?”学生经过一番思考后回答:“嫦娥还要假装应付逢蒙,说些让他相信的话。”教师进一步追问:“会说些什么话?谁来当一回嫦娥?”学生的兴趣被激发起来了,争相表演。在此基础上,教师顺势发问:“那嫦娥说这些话都是为了什么?”学生一下子明白了:“为了拖延时间,应付逢蒙,不让他得到仙药。”“为了稳住逢蒙,等后羿回来再收拾这个小人。”教师由此小结:“是啊,嫦娥这样想方设法应对逢蒙,为的是要保住仙药,‘周旋’的意思就是与敌人较量,相机进退,以战胜敌人。”在此教例中,教师的智慧就在于敏锐地捕捉到了课堂上即时生成的信息,并将此作为激活学生思维、拓展文本空间的契机,既不着痕迹地修正了学生对“周旋”一词的理解,又水到渠成地丰满了学生对嫦娥机智形象的认识,巧妙地点石成金,可谓一石二鸟。

从语文学科的本质属性出发,为语言的生长而教,需要我们认真审视语言生长的丰富内涵,正确理解为语言的生长而教的意义,积极探究儿童语言生长的方法,让语文教学基于学生、基于教材、基于课堂,立起学生语言素养的参天大树。

三、语文学习方式的构建

《基础教育课程改革纲要(试行)》提出要构建崭新的学习方式,要促进学生在教师指导下主动地、富有个性地学习。这一精神的要义,就是要求教师转变教学理念,改变教学方法,让学生的学习产生实质性的变化,提倡自主、探索与合作的学习方式,促进学生创新意识和实践能力的发展。这一新型的学习方式,体现了方法观的根本转变,强调了人的主体性和能动性的张扬,确立了学生积极主动的学习主体地位。

语文生长课堂着眼于学生的生命成长和语言生长,主张以“为儿童生长而教”为方法准绳,积极探寻语文教学的方法与途径,这既是教师教学方式的转变,更是学生语文学习方式的全新构建。

(一)从被动走向自主——鼓励学生主动获取新知识

传统教学中,学生对知识的掌握主要通过“接受”来完成,强调的是知识的传递,包括概念、理论、方法等,从一个人传递给另一个人。在小学到初中、高中甚至是大学的受教育过程中,由一名教师在讲台上讲,学生不断地记笔记,然后复习,再参加考试,这是传统学习的典型方式。而新的学习方式呼唤学生主动参与、亲历过程、自主建构,在学习的过程中主动获取新知识。

课文《梅兰芳学艺》的第一自然段内容是："梅兰芳小时候去拜师学艺，师傅说他的眼睛没有神儿，不是唱戏的料子。"请看一位教师前后两次教学设计的比较：

【原设计】

1. 学生轻声读第一段，要求：读准字音，读通句子。接着，教师出示预先准备好的词卡检查认读情况，最后检查读课文的情况。

2. 教师提问：这一段主要写了什么？再问：梅兰芳拜师学艺遇到了什么情况？进一步追问："没有神儿"是什么意思？"不是唱戏的料子"说明什么？梅兰芳心里会怎么想？

3. 教师总结：是啊，梅兰芳多么伤心、失望啊！让我们读好这一段。

【现设计】

1. 学生自读，要求读准字音，读通句子。接着，教师检查学生的朗读效果，视具体情况随机出示词卡正音。

2. 学生议读：你读懂了什么？

预设1：我知道梅兰芳小时候眼睛没有神儿，不是唱戏的料子。

预设2：我知道她是小时候去学唱戏的。（教师补充：他8岁学艺，11岁就登台演出了。）

预设3：我知道他第一次拜师学艺不成功。

教师追问：那你说说，他心里会怎样？

……

3. 师生研读。

(1) 你还有哪些不懂的？

预设1：什么叫"料子"？

教师指衣服：这就是料子，这种适合做外套，那种适合做毛衣。人就和料子一样，有的适合做演员，有的适合做老师。

教师追问：梅兰芳小时候适合唱戏吗？

……

预设2：什么叫"没有神儿"？

此时教师引导学生找出第二段中与其意思相反的词"灵活""会说话"，联系上下文理解。

……

预设3:梅兰芳为什么去拜师学艺?

师生对话:说说你的理想,揭示:每个人都有自己的理想,梅兰芳的理想是唱戏。

……

(2)你认为该怎样读好它?

教师充分尊重和肯定学生的独特体验和个性化的理解,指导感情朗读。

不难看出,原设计是教师用一个个小问题去迫使学生就范,学生的学习是在教师操控下的"应答"与"顺从"。主体是教师,学生处在被动接受的地位,势必缺乏主动求知和探索的欲望。而现设计关注的是学生怎样学习,教师借助问题情境,还学生学习的自主权利,启发学生质疑问难、交流讨论,关注学生的个体差异和不同的学习需求,保护和激发了学生的求知欲和探索兴趣。学生学得主动,学有创见,不仅很好地进行了语言文字训练,发展了思维能力,而且受到了正确价值观和积极人生态度的熏陶感染,三个维度的教学目标真正得到了落实。

这一教例说明,在语文教学中,只要坚持由教师的"教"走向学生的"学",为学生营造宽松民主的自主学习氛围,给予学生自主学习的时间和空间,允许学生自主选择适宜的学习方式,就一定能改变学生被动学习的现状,使学生兴致勃勃地参与知识、技能建构的全过程,从而发展思维、陶冶情感,提高语文素养。

(二)从单一走向多样——丰富学生的个性化体验

《义务教育语文课程标准(2011年版)》多处出现"感受""体验"等词,强调阅读是学生的个性化行为,阅读教学应引导学生钻研文本,在主动积极的思维和情感活动中,加深理解和体验,有所感悟和思考,受到情感熏陶,获得思想启迪,享受审美乐趣。如何有效地加深学生的感悟和体验呢?教师要善于为学生创造用自己喜欢和擅长的学习方式学习的机会。只有这样,学生才会凸显主体性,张扬个性,释放创造性。

比如,课文《蚂蚁和蝈蝈》第一段用拟人化的手法描写了小蚂蚁们搬粮食的情景:"夏天真热。一群蚂蚁在搬粮食,他们有的背,有的拉,个个满头大汗。"词句简练却形象生动。教学时,可请学生说说该怎样学好这一段。学生有的说可以看课文插图,有的说要有感情地读课文,还有的说可以演一演……在学生表演的过程中，教师走去问一问正在“背”“推”“拉”“扛”“抬”“顶”……的“小蚂蚁”：(1) 你(你们)在干什么？——帮助学生理解动词的意思，体会课文用词的准确、丰富；(2) 你(你们)觉得怎样？——引导学生理解“满头大汗”的意思，体验小蚂蚁的内心感受。学生在趣味盎然的表演中，再现了小蚂蚁搬粮食的场面，体验到了小蚂蚁搬粮食的辛劳。有些学生还产生了个性化的体验，说觉得很高兴，因为自己搬了许多粮食，冬天可以美美地吃个饱了。为此，他们还体会到小蚂蚁劳动时的心情是快乐的。

给学生自由选择学习方式的权利，能最大限度地吸引他们自主参与到语言文字的训练中来，轻松地掌握语文知识，享受学习的乐趣。自由、丰富的表现形式，又让学生的个性得到了充分张扬。值得注意的是，在给学生选择权的同时，教师要加强指导和调控，引导学生学会运用最佳学习方式优化学习，提高语文学习的效率。

(三) 从封闭走向开放——唤醒学生的探究意识

随着社会的发展、科技的进步及教育理念的更新，我们完全有可能把学生从相对封闭的学习场所——学校教室，相对封闭的学习状态——个体学习中解放出来，引领他们走出教室、走出校门，走进大自然、走上大社会；帮助他们挣开教材的束缚，开通网络、课外阅读等渠道获取丰富资源；鼓励他们摆脱单一的个体学习，彼此互通见解，展示个性思维，在互动交流中反思、成长。苏霍姆林斯基说过：“在人的心灵深处，都有一个根深蒂固的需求，那就是希望自己是一个发现者、研究者。在儿童的精神世界里，这种需求特别强烈。”自由、开放的学习环境将唤醒学生的探究欲望，推动他们去探索、去研究，去成为一个发现者、研究员。

比如，教学《家》《秋游》《夕阳真美》等课文时，可把教学场地移至室外、田野，把单纯研读文本语言的学习转变为观察、欣赏、感受型的学习。又如，教学《恐龙》这篇课文前，可让学生通过查阅课外书、收看电视节目、上网搜索等形式了解恐龙知识，为课文教学奠定基础；教学中，根据教学需要引导学生上网查找、阅读有关资料，为他们深入学习课文创造条件；教学结束时，结合学生在教学过程中产生的疑问和感兴趣的内容，鼓励他们运用合适的方法进行研究性学习，并完成专题研究报告，即小课题作业。在这样的过程中，学生提出一个个自己感兴趣的值得研究的问题，围绕研究主题，从不同角度、不同侧面去思考，充分利用图书、报刊、网络，通过调查访问等多种形式、多种途径来搜集信息，求得多种答案。最后，运用材料写出专题研究报告、小论文。学生的研究热情高涨，研究能力得到发展。

构建新的语文学习方式，要致力于学生学习地位、学习方法、学习环境的改变，使之从被动走向自主，从单一走向多样，从封闭走向开放，以全面提高学生的语文素养，使他们获得生动、和谐的发展。每一个语文教师都应将学生学习方式的研究作为教学工作的重要内容，努力为学生构建适切的学习方式，并帮助学生最终掌握受益终身的学习方法，以促进他们的可持续发展、终身发展。

第五节　教研观：回归研究儿童的学习

教研活动，就是教学研究工作，是提高教学质量的一种活动形式。实施新课程以来，校本教研成了教研活动的创新举措、重要内容和主要形式，其特定含义是从学校的实际出发，依托学校自身的资源优势和特色进行的教育教学研究，它是以促进学生全面发展和教师专业进步为目的，以学校课程实施过程和教育教学过程中教师所面对的各种具体的教育教学问题为研究对象，以教师为研究主体，以专业研究人员为合作伙伴的以校为本的实践性研究活动。

一、让校本教研回归本质

教师个人的自我反思、教师集体的同伴互助、专业研究人员的专业引领构成了校本教研的三个基本要素。但是，在具体的教研活动现场，这样的蓝图设计并没有真正转变成现实，究其原因，除了教师个体的反思力不足、教师集体的协作度不高、专家的精力不够等，主要在于校本教研还停留在形式、内容和方法的创新上，缺少了教研价值的引领，亦即缺少了对儿童本身的关注和儿童学习的研究。

（一）校本教研价值的缺失

校本教研的价值在于提倡一种教师在教学过程中研究，在研究状态下教学的新型行动研究模式，这一模式有其基本的价值追求、路径规划和组织策略。但在实际的教研活动中，还存在着一定的价值缺失，主要表现为：

1. 基本点没有关注实际问题。

教学的基本点是关于“问题的教学”，这方面的不足主要体现在对于教学现状问题的敏感性不够，不能及时发现存在的问题，不能及时将存在的问题进行归纳、汇总、整理成有意义的话题；对于课堂中产生的具体问题聚焦不够，不会举一反三或举三反一，缺少概括、提炼，无法上升为“牵一发而动全身”的焦点问题；缺少解决问题的具体方法，只会就事论事、泛泛而谈，谈不到要害，引不起共鸣，且往往重在技术的层面，缺少学理的支撑和路径的设计，更缺少“生成”的良策，因而也就很难指向目标的达成。

2. 切入点没有关注学习方式。

教研活动没有真正从体现课改成败的“教学方式”的转变切入，首先体现在学生的课堂参与度不够，反映在学生参与教学的数量、广度、深度等衡量主体地位发挥的标志性不够，关键是教师了解学生、尊重学生、激励学生的准备不足；再次，体现在学生学习的思维活跃度不够，原因是学生基础知识的薄弱，造成思维的幼稚和不成熟，抑制了思维的发展，关键是教师没有把现实的结论转变成问题情境，没有让学生通过体验活动引发确切的思维价值和明确的思维指向；第三是体现在学生间的协作度不够。学生间缺乏良好的互助、互动关系，课堂教学中只是强化了以知识的传递和学习为基轴的教育过程，却忽视了以人际互动为中心的社会过程，致使课堂中学生的合作基本停留在形式的表面而无实际的功能。

3. 生长点没有关注学生发展。

教学研究的生长点表征指向是教师的专业进步，其实真正的意义在于学生的发展。在这一点上主要表现为关注学生的原点不够，以教师主宰和控制课堂为能事，缺少对学生需求的研究，缺乏对学生自我经验的改造，学生不能获得积极的情感体验和自我效能感；关注学生的个性差异不够，教师缺少班级授课制下对学生个性发展的研究，往往用统一的模式塑造学生，缺乏关注每一个或每一类学生的特殊性，更鲜有教师将“差异”变成教学资源，承认差异、利用差异、发展差异，因材施教；关注学生发展的愿望不够，不能正确认识课程是“跑道”的意义，很多教师仅仅注重学生的基础性学力，而忽视提高学生的发展性学力和创造性学力，缺乏顺应学生学习心向，激发学生学习动机，唤醒学生求知欲望的真正本领，压抑了学生的主体作用，消弭了学生本有的学习愿望。

（二）校本教研概念的重构

教学研究该“研究”什么？有人说，中小学教师的研究是一种特殊的研究，这种研究是为了不断获得新的经验、不断成长，是教师情感意识的深度唤醒，是教师对自己工作的深刻体验和不断理解。这样的说法似乎都是正确的，但似乎还没有真正切入教研的核心地带，都只是从“教者”或“教”的角度阐述教研的意义。随着新课改的不断推进，尤其是2011版课程标准的颁布，课堂教学正在发生着“静悄悄的革命”，人们开始从根本上去追寻和思量教研的终极目标，从而重构教研的现代含义，那就是“教研”应该、也必须回归到研究儿童的学习上来。

1. 一种研究理念的确立。

校本教研是教师专业成长的重要途径，这种专业性不是指向教师本身学历的提高、学术荣誉的提升，抑或教的技术和艺术的单向度的提纯，而是强调对教育目的、儿童教育的本质进行再思考，思想儿童的思想，体验儿童的体验，理解儿童的行为，帮助儿童实现阶段内的发展需要。为儿童提供必要的帮助是我们理想的教育，为之而进行的研究亦是我们的理想追求。如果说，以往研究教材成为教师的“必修课”，想着把课上完成为教师的“进行曲”，那么，从回归研究儿童的学习理念出发，随之而来的研究学生，应该成为教师的“主戏”；寻求班级授课制下的因人而教，应该成为教师的“主业”；顺应和陪伴学生的生长，应该成为教师的“主心骨”。

2. 一种研究视角的转向。

毋庸讳言，教学以传授外部学科知识或科学知识为使命，以科学或“效率”为标准而被长期研究与实践，至今仍有很大的市场。对于我们的绝大部分教师而言，也许传统教育的代表人物赫尔巴特的思想离我们太远，而苏联教育家凯洛夫的“五步教学法”却深入人心，自20世纪50年代我国将凯洛夫教育学恭迎进来后，我国的教育理论和教育模式便深深地打上了它的烙印。但随着以杜威为先驱的“现代教育观”的诞生，我国以陶行知等为代表的“新教育改革运动”的兴起，尤其是随着新课程改革的不断深入，人们的思想与行动越来越澄明：课堂教学不能以传授别人的知识（包括科学知识）为核心，而必须把知识当作探究的对象以及探究生活问题的工具。这样，课堂教学就发生了脱胎换骨的变化或根本转型：教学的本质是合作探究——通过探究学科知识和日常生活而产生教师和学生自己的思想。

3. 一种研究方式的“落地”。

校本教研是一种“落地”的研究形式，是推动新课程改革有效的保障机制。它的直接意义，在于让广大教师认识到，教师职业不仅是一种谋生的手段，更是一种促进专业生命不断成长的过程。但教师“专业生命”的意义指向究竟是什么，这一直是混沌、模糊的，甚至很多的观点是对峙的，不同教师的认识是相悖的。教研回归到研究儿童的学习上，正是澄清并揭示了教研的本质。它不仅能改进教师的教学行为和教学方式，启迪教师的教学思维、教学技能和教育智慧，更重要的是透视了校本教研的活动主体，激发了教师探究与反思教研的真正目的，将儿童研究与课堂教学合二为一，再造了教师即儿童研究者的学习文化，搅动了研究儿童的“活水”，发动了因材施教的“引擎”。

（三）校本教研本质的回归

既然认定“研究儿童的学习”是教研的本质，那么，我们就有理由反思以往的教研方式，正视在教学和研究中出现的问题，解构非理性的、功利的、短视的做法。我们应该汲取一切儿童发展研究的成果，探索符合儿童发展规律的，体现儿童学习特质的，有利于儿童健康生长的研究策略，并付之行动。

1. 研究真实性问题。

以教师为主体的校本教研不是象牙塔式的理论研究，而是问题解决式的行动研究。学校是真正发生教育的地方，教学研究只有基于学校真实的教学问题才有直接意义。学校就是研究中心，教室就是研究室，教师就是研究者。就像课程专家斯腾豪斯所说：“教师是教室的负责人，而从实验主义者的角度来看，教室正好是检验教育理论的理想的实验室，对那些钟情于自然观察的研究者而言，教师是当之无愧的有效的实际观察者。无论从何种角度来理解教育研究，都不得不承认教师充满了丰富的研究机会。”回归教学实践是当今世界教学研究发展的共同趋势，实践性是校本教研的根本性特征。教学过程中，从发现问题到提出问题再到解决问题，这既是教学研究的一种基本范式，又是需要教师和学生掌握的教育科学研究的方法论。

陶行知先生曾说：“认清问题，研究问题，解决问题，为好教育。”首先，问题应该从学生中来。孔子认为“疑”是“思之始，学之端”，爱因斯坦也说“提出问题比解决问题更重要”。教师要充分了解学生的生活经验和思维水平，找到以学生基础为切入点的提问起点。教师提出问题是为了让学生在解决问题的过程中提出更深层次的问题，通过让学习者提出问题，合作解决真实性（authentic）问题，来学习隐含于问题背后的科学知识，习得解决问题的技能，并形成自主学习的能力。其次，问题应该和学生一起研究解决。问题是思维的起点，“什么都可以代替，唯有思维不能替代”。教学中，应该让正确的结论来得慢一些，应该提供学生更多的“讨价还价”的机会。有时，学生的错误恰恰是问题资源，解决这个问题就是进步。要克服“做题就是解决问题”的单一思维，而是要通过设计真实、复杂、具有挑战性的开放问题情境，引导学生参与探究、思考，让学生通过一系列问题的解决来进行学习。所以，在教学和研究中，要确立“学生没有问题，教学就有问题”的意识，真正让问题为学生创造潜能、终身学习和毕生发展奠定基础。

2. 研究教学的本质。

教学与研究不应该对立、割裂，而应化为一体。这样，教学就不再是研究过程终结之后才开始的行为，教学的本质就不再是传授外部提供的知识或规范体系。恰恰相反，教学的本质是研究或知识创造。

张华教授认为，“儿童研究”与教学是一件事，而不是两件事。学生研究是教学的出发点与归宿，教学的过程是教师对学生的倾听和对话的过程，也包括学生间彼此的倾听与对话。

首先，在于“倾听”。倾听是一种态度，一种能力，一种理解的方式。倾听就是细心听，用心听，耐心听。语文学习是一种文学语言的倾听，语言形式本身的“弥漫”和“闪烁”可以让学生成为语言的存在物，并在情感的共鸣中“情动而辞发”。尤其是沟通的主角还不是言语，而是“人”，所以倾听时要对表达者表现出尊重和浓厚的兴趣，不要随意打断他的讲话，并报以及时的鼓励，特别要激励和促进学生间的倾听。

其次，在倾听中实现对话。对话的前提是倾听，对话是优秀教学的本质性标识，对话是平等、理解、多向的。尤其要注意的是，在对话过程中，学生由于受到认识和思维的限制，要表达的可能是他们的一种偏见，但偏见并不是对话过程中必须要消除的障碍。认识并捕捉到“偏见”并展开真诚对话，或许正是教学中的意外惊喜。当学生在对话中处在“愤”“悱”的状态，教师适时的启发，这样的课堂，正是“道而弗牵，强而弗抑，开而弗达”的理想课堂。

第三，文本是对话的联结点。语文教学是学生、教师、教科书编者、文本之间对话的过程，文本是形成对话的联结点。教师要善于创设和谐的对话氛围，让学生亲近文本，产生对话的欲望；要鼓励学生对文本进行多元解读，对话的过程，是一种开放、发展的过程，对话中的多元解读必须以文本的主体内容为依托，根据学生的认知水平，由他们作出“他们”的理解，同时也要防止学生架空文本，作一些不着边际、想当然的理解。总之，对话应是师生、生生与文本间思维碰撞、思路交锋、思想升华的过程，推之于教研活动中的“评课”，其意义也是一样的。

3. 让学习真正发生。

学习是学生的本能。学习这件事情，并不仅仅和教室、课桌、黑板、笔记本、教案、投影仪有关，它是大脑与心灵共同参与的活动。

让学习真正发生，首先要让学生“尝试探索着学”，要改变教师“条分缕析地教”、学生“亦步亦趋地学”的现象。真正的课堂，教师往往是站在学生“后面”的，否则，教师的高度就成了学生难以逾越的高度。教师要注重“让学”，让出话语权，让出探究权，让学生有较大的学习活动空间，有充分的时间专注于学习。教学设计中所运用的教学策略和所开展的活动，要体现对学生经验、前期知识、困难、需要以及学习风格的关注。

其次，要让学生体验学习的过程。当一筐小枣被当作任务去啃时，人们往往因担心啃不完受罚而无暇顾及枣的味道，最终导致“囫囵吞枣”，“食而不知其味”，这说明了体验过程的重要。课堂教学是一个合作探究的过程，只有体现出自己的理解才是学习。在体验学习的过程中，知识、技能的获得，情感、态度的形成，都是以体验活动为基础的。学生通过用自己的眼睛观察，用自己的脑袋思考，用自己的嘴巴表达，在形体、情绪、知识上参与学习，从而使语言学习内化为“自己的”新的经验，获得自我满足。研究学生的体验，旨在感受并升华学生的学习兴趣、关心情怀和生活意义。以体验为旨趣的学习活动，体验活动本身对学习就足够了。所以，教研活动的目标是设计和组织好体验活动，让体验活动自身来推动学习。

第三，要让课堂产生学生的思想。俄国教育学家乌申斯基认为：“任何被迫进行学习都会扼杀学生掌握知识的意愿，尤其是年龄小的学生，有意注意时间短，持久性差，往往会影响到课堂学习的效果。”课堂教学变革的专业性就在于在同等条件下带来学生课堂学习的增值，而不是以延长学习时间、加大学习强度为代价。要让课堂产生学生的思想，首要的是培养学生的“思维”，特别是学会深层次地思考。教师的思维不可代替学生的思维，教师的认知不可代替学生的认知，间接经验不可代替直接经验，唯有敢于让学生在经历中体验，在问题情境中思考，才会有真正的学习发生。再者就是要帮助学生构建自己的知识体系和能力体系，唤醒学生的自我意识，让学生学会研究。学生通过自己学习，在探索性的活动中梳理巩固知识，构建知识网络图，独立获取知识、掌握知识和形成技能，从而完成他们“自己的建构”。

综上所述，在“研究学生”和“学生研究”中，我们必须确立“教学和研究就是一回事”的观念。任何时候，只要教学与研究分离、割裂，它就必然变成灌输，进而异化心灵，不仅异化学生的心灵，而且导致教师的自我异化。

张华教授在《试论教学中的知识问题》中指出，任何社会，只有当成人学会了欣赏儿童思想的力量并促进其发展的时候，这个社会才是健康、文明和有前途的。它提醒每一个教育工作者应该意识到：是儿童创造了成人。只有当成人学会欣赏儿童思想的力量并乐意为之提供帮助的时候，他或她才是真正意义的成人。让我们将这种“欣赏”和“帮助”从一间间教室、一个个家庭做起。

二、校本教研的理念与策略

当前，在新课程深入推进的背景下，教师专业发展的进程愈发显得重要。现实不断地提醒我们，新课程推进的程度不能仅仅依靠骨干教师，“为了每一个孩子的发展”理念的落实依赖于在第一线工作的每一位教职员工；同时，新课程推进的总体质量更不能仅仅依靠针对骨干的集中的、短期的学习研究，而是要建立在所有教师长期的学习、反思并不断成长的基础上。支持和引领教师成长的最长效、最主要的途径就是校本教研。

（一）校本教研的基本理念

校本教研的核心是“校本”，就是以学校为本位，以学校为基础。实践表明，校本教研必须立足于学校教育教学的实际工作，立足于教育教学中的现实问题，立足于学校教育教学的现有条件。以校长为主导，以教师为主体，以学校为主阵地，是校本教研的基本理念。

校长主导，真正意义是学校最高管理层的一种设计和负责的作用。这种作用的发挥，要求校长必须把握学校可持续发展的目标和关键，必须了解教师专业发展的理论和规律，必须清楚学校教育教学各个环节中存在的问题症结，必须熟悉教师研讨培训活动的方式和手段。特别重要的是，校长要亲自参与设计和实施，关注全过程，考评实际效果，调整培训进程。

教师主体，意味着教师真正存在的实际需求和愿望，能够真正解决教师急需解决的问题。这种愿望可能来源于教师在新课程实施中产生的强烈的自我发展的内驱力，更可能来源于教师自身高度的使命感和责任心，高度的事业热情和专业精神。

学校主阵地，就是在适当、适度借用外部力量、积极加强校际沟通的基础上，主要依靠学校自身的条件和资源，由学校自我设计和组织在学校范围内面向本校教师的因地制宜的教研行为。

这些基本理念，使校本教研的内涵明晰可见：首先，校本教研必须与学校和教师的教育教学实践紧密结合。校本教研的前提是教师没有脱离工作岗位，将研究工作与教学工作紧密联系起来，既能解决“工学”矛盾，又能及时地学以致用。这种研究就必须切合学校与教师的实际，有针对性地解决学校与教师教育教学实践中的困惑与问题，有利于促进学校的发展和教师的专业成长。其次，校本研究必须突出教师的主体地位。实施新课程，教师对自身素质本身有着求提高、求完美的心理趋向。他们的参与心理态势是积极的，在开展校本教研活动中，学校领导只有充分体现他们参与的主体地位，才能使他们把积极的心理外化为积极的行动，从而提高校本教研的质量。再次，校本教研必须有利于教师的个性发挥。校本教研要以教师的需要为出发点，力图在组织者的设计与教师的需求之间寻找最佳的结合点，由“自上而下”变为“上下互动”，不能视教师的特长和优势于不顾，不能不尊重教师的意愿，而用一个“模子”来铸造教师。校本教研中除了要体现教师的个性化以外，学校的个性化同样也应得以体现。最后，校本教研应该着力于问题的发现与解决。校本教研要以学校和教师当前及发展中的问题为出发点，以解决问题为目标进行研究，这样才能使研究更具针对性、实效性，并较好地解决一般教师研究中理论与实践相脱离的矛盾。立足学校，立足教师本职岗位，立足问题的发现与解决，充分利用学校的资源大力发展特色校本教研，是学校生存与发展的必然选择。

（二）校本教研的基本策略

1. 校本学习：校本教研的基础和关键。

学习不仅仅是学生的专利。从道义上讲，教师应当成为全员学习、终身学习的典范，教师群体应当成为学习型组织的典范，教师终身学习体系应当首先成为全民终身学习体系和学习型社会的典范。教师必须不断地学习、自觉地学习。

校本学习应该是学校组织开展的以校、组为单位，基于学校办学目标追求和满足教师教育教学需求的一种学习活动。区别于教师的个别化学习，校本学习是一种组织性、计划性和管理性更强的学习活动。学校应该把校本学习活动的开展作为使学校建设成学习型组织的重要途径。校本学习要在校长的主导下，进行有序规划、系统组织，突出专业引领。

从内容上看，校本学习主要应包含这样几个方面：学科专业知识与学科教学技能、教育教学理论与案例、新课程理念以及现代教育信息技术。

从形式上看，校本学习强调共同学习、集体研修，即围绕学校发展工作中的重点和教育教学工作中的难点，通过专家讲座、专著研读等方式，就共同关心的问题研讨观点、碰撞思想、提升理念。

校本学习与教师的个人学习是相辅相成的。这样，既能满足学校层面、教师群体的共性要求，又能符合教师个性化的需要。事实上，校本教研的一个重要职责就是要帮助每一位教师制订个别化的学习计划，加强分类指导，强化分层学习。

2. 校本课研：校本教研的核心和重点。

审视学校教育的各个环节，课堂教学实施和课堂教学改革无疑是最重要、最活跃的中心工作，是学校教育教学的永恒主题。因此，从正常教学秩序、提高教学效益和质量的需要出发，切实加强学科教研组和备课组建设，大力开展以学科教研组、备课组为基本单位的校本教研活动，是整体提高各学科教师专业素养和教学能力的重要途径。

在学科教研组、备课组负责型的校本教研活动中，由于参与者都是本校同学科教师，培训的内容也都是学科教学中共同面对的问题或话题，因而，这种教研方式具有更强的灵活性和机动性，可以不受时间和空间的限制，既可进行静态的研究反思，也可进行动态的交流研讨。

(1) 静态研究反思。

集体备课。教研组或备课组按照学校部署，每周确定固定的学科教研时间。组长针对下一周的教学内容，组织全体教师研读课程标准，把单元教学目标分解为课时目标;围绕新课程倡导的自主、合作、探究等学习方式,研讨教学方式的选择,制订每课时教学中组织学生合作、探究活动的时机、时间与方式;就作业与练习、活动与探究、考试与评价等教学改革的现实问题进行研讨,提高教学的针对性和实效性,激发学生的学习兴趣等等。

个人反思。教研组或备课组每个成员结合每课时教学活动的实践,及时交流教学中的成败得失,对教学活动中出现的共性问题组织总结和反思,形成教研组的反思记录,共同研讨改进方法。在完成一个单元的教学后,还可回顾、总结单元教学的体会与思考,把总结的重点放在学生学习兴趣的调动、学习方法的指导以及本单元典型课型的研究上,及时修改和完善单元教学设计。

(2) 动态交流研讨。

听课——分享经验。听课是一种对课堂进行仔细观察的活动,它对于了解和认识课堂有着极其重要的作用。课堂上许许多多司空见惯的问题经由听课者的观察,就可洞见到其中值得探索、深思的地方。听课是提高教师素质,提升教学质量的重要方式。每个教师有各自对教材的理解,有不同的课堂组织的思路与方法,有自我独特的教学特色或风格,各种形式的公开课、研究课和示范课活动,可以促进执教者、听课者之间的交流学习、经验分享,促进教师对学科意义的理解,提高教师的课堂实施能力。

说课——挑战教学智慧。在上课的基础上,执教者就一节课的指导思想、设计思路、资源开发与利用、教学过程与评价、设计特色等进行说课,并就如何鼓励更多的学生参与到教学活动中,如何在课堂教学中观察学生的思维方式、学习过程,及时捕捉学生思维的闪光点等教学技艺加以反思。这种结合真实问题而进行的研究活动,对每个参与者来说,不仅是一次教学技能的学习,一次教学理念的再洗礼,更是一种教学智慧的挑战。

评课、议课——研究课例。在听课、说课的基础上,全体听课教师开展交流研讨,让教师互换角色,质疑问难,围绕课堂教学中折射出来的一系列问题,如“好课的标准是什么”“该怎样全面、客观、公正地评价这节课”“该如何改进和完善这节课”“如何更好地调动学生的学习积极性”等,阐述个人的理解,发表意见和建议。在这种广泛的评议中,不论是上课教师还是听课教师,其收获已远远超出了对一节课的经验分享,而更多的是一种教学价值的构建过程,是学科教学到学科教育的飞跃过程。

3. 校本科研:校本教研的提高和升华。

校本科研是以学校资源为主要依靠,针对学校各项工作中出现的各种问题,以课题研究方式开展的一种研究活动。与目前许多学校参与的各级各类教科研课题研究不同的是,校本科研不讲究研究课题的级别,不追求研究课题的数量,更强调联系学校实际,针对现实问题,重在行动研究、过程研究,提倡人人参与,它是落实校本教研、提高教师素质、促进教师发展的最有效方式之一。

(1) 案例式研究——校本科研的基本形式。

典型导向。从成功的案例中剖析教育教学的成功经验,寻找生长点。在课题研究的实践过程中,不少教师积累了一些经验,有的含有实践者创新的成分,但这些经验与新课程的先进理念存在什么样的联系,却说不清楚。对此,可将收集到的优秀教学个案,如优秀的教学设计和课堂实录、评价方案和实例、课程资源开发的成功尝试等等,就这些个案是如何积累的,能否上升为经验,其中哪些是符合教育规律的,在理论上如何解释、如何发展和推广等等,作为资源,与教师们一同研究、分析、反思、讨论、评价,让他们发现这些案例都是与新课程理念紧密联系的结晶,并让他们学会如何从操作层面上来提炼概括这些成功的经验,最终形成自己的专业特色。

问题诊断。对一些存在问题的教学案例,剖析教学的疑难困惑,寻找突破点。在具体的教学实践中,教师经常会遇到这样那样的棘手问题,但又不知道如何改进。对此,学校可以组织力量分析情况,将问题分类为相关的课题,并结合相关教学案例,组织教师以旁观者的身份一同来“会诊”,找到解决问题的最佳途径,从而收到“旁观者清”的效果,使教师对自己在教育教学中的疑难困惑有所察觉,以一种开放的、动态的心态对自己的教学实践做出批判性的反思,进而吸收新的理念并内化为自己的教育教学行为。

(2) 互动式研究——校本科研的行动主线。

教师是否敢于直面实验中出现的问题,是否敢于在同行面前剖析自己的教学,为大家提供研讨性的素材,这是参与式培训取得预期成效的关键。为此,有关学校可以结合教学实践,定期和不定期举行课题研讨会,设计开展如“每月感悟”(让实验教师把每个月的收获、感悟与困惑,把实验中遇到的新问题提出来,采用分组参与式研讨,让大家提出解决对策)、“焦点透视”(剖析一节课中一两个精彩环节,让大家研讨,研讨中采用动态、立体、多维的评价,鼓励教师在遵循教育规律的前提下弘扬个性、标新立异、大胆创新)、“追踪调查”(在一段时间内就某个教学内容作反复的推敲)等多种形式的校本科研活动,有效地改变以往一人主讲、众人旁听的研讨局面,发动大家多想、多听、多问、多做,不断发表自己的见解和认识,增进全体教师对教育本质的感悟和理解,提高实施教学的能力和水平。

随着新课程改革的不断推进和深化,各种各样的问题和困难时有出现,其中有些是通过学校努力能够解决的,但也有一些却是学校个体力量所无法解释或解决的。为此,学校可以积极聘请课程专家、教材专家到校指导工作,围绕课题,结合教学研究活动中发现的问题,组织一线教师与专家进行对话交流,及时为教师答疑解惑,拓展教师的教学视野,调动教师参与课题研究的积极性和创造性。

总之,校本教研,无论作为一种教学研究活动,还是作为一种教学研究机制,其直接目的都是为了推动学校发展,提高教学质量,促进教师和学生共同成长。每一所学校,都应将校本教研与学校日常教学行为的改善联结起来,将其根植于教师和学生的日常教学活动,以校本学习、校本课研和校本科研为基本实施策略,积极开展全员参与、全程参与的教研活动,使之真正为学校的发展服务,为师生的成长服务。

三、教研方式和教研文化的重构

教研文化,是基于学科内涵,凝结在实践之中,并成为可被传承的工作方式、思维方式、行为规范、价值观念等,是被成员普遍认同的意识形态。

长期以来,教研活动存在一种倾向,教研员唱主角,教师当配角,强调接受学习,方式单一。听课、评课、考试、竞赛,一度成为教研员工作的主旋律。这种命令式管制、单向化推行、被动性执行的传统教研文化,过分强调教研员的主导地位,阻碍了教师主体创造性的发挥。

随着基础教育课程改革的不断深化,教学研究受到了前所未有的重视。深化新课改,在提倡转变学习方式的同时,也必须努力转变教研的方式:改变传统的教研设计思路,改变传统的教研模式,致力于以提升质量内涵为目的的,有效提高教与学水平的现代教研方式的探索,努力构建开放、自主、合作、共融的教研新文化。

(一)转变教研的组织方式:教研、科研、技术三位一体

进入新课程,对课程改革的业务指导部门教研室的地位和功能应该重新进

行认识与界定，并作出相应的更新和整合，使教研、科研、教育技术三个板块整合为一体，确定高度结合、重点分工、各司其职、共同发展的工作策略和机制。教研板块主要围绕课堂教学研究做文章，抓好课程改革常规工作；科研板块主要围绕课题研究做文章，对课程改革起到带动和促进作用；教育技术板块主要围绕课程实施的技术支撑做文章，做好应用性、辅助性、探索性工作。整合三个板块，就是整合了三个方面的主要工作。教研室由原来的三条线拧成了一股绳，充分做到互补性，发挥了规模作用。“教而不研则浅，研而不教则空”，在这样的过程中，教研员同时也是科研员，不仅领衔着自己的学科，也有着自己的主打课题，行动和研究合一，教研和科研相长。同时，教研室的具体工作职能，也由原来的“管理、指导、服务”，转变为“研究、服务、参与、指导”，突出“研究”，强化“服务”，既体现教研室的主要特色，也更加符合新课程改革实验的理念和需要。随着新课程改革机制的不断完善，还可以把原属教师培训机构的“培训职能”纳入教研室，组建“教师发展中心”，形成“四位一体”的格局，进一步加大“集约功能”，更好地提高研究效能。

（二）转变教研的工作方式：备课、上课、评课“三和”研讨

随着基础教育课程改革不断向纵深推进，学校渴望得到更加宽泛的专业支持，教师期待得到更加优质的专业引领和有效指导。而这种专业支持和引领必须基于教研人员专业角色的定位，专业思想的确立和专业方式的构建。

课程改革的核心是重建课程文化，课程文化建设的核心是课堂教学文化建设，课堂文化建设的核心是课堂教学方式和学习方式的转变。教与学的关系问题是教学过程中的本质问题，教学是教师的“教”与学生的“学”的统一，这种统一的实质是交往、互动。基于此，新课程把教学过程看成是师生交往、积极互动、共同发展的过程。因此，转变教育观念，采用有效的教学方式，是优化教学过程，提高课堂教学质量的关键。

作为教研员，要真正确立“让课堂焕发生命活力，让课堂产生学生思想，让课堂展示教学个性”的课堂教学改革“三让”研究思路，并形成具体的行动思路。其主要任务是进一步加强课堂教学设计的研究，进一步优化课堂教学的实施，进一步强化课堂教学的评价与反思，进一步深化学科教学特色与学科教学文化的创建。所以，教研员就必须“重心下移、位子前置”，深入到课堂一线，采取和教师一起备课、上课、评课的“三和”研讨方式，全程跟踪教学的过程、环节、细

节，打通教评相长的渠道。

教研员长期地蹲点基层、浸润课堂，和教师一起开展“同课异构”活动，一方面能促使课堂教学由重视展示课、公开课向重视家常课、常态课转变；另一方面，能将具体课堂中带有普遍意义的“问题”或“经验”聚焦提炼、举一反三，举三反一，以达到教研相长、教学相长。

（三）转变师资的培训方式：区本、校本、师本三本联动

综观我国教师教育的方式，结合区域的特色，师资培训大体可架构为“四个板块”“三个专题”“二个三部曲”和“一个主阵地”的“4321”体系。“四个板块”是指实施新教师培训、教师全员培训、骨干教师培训和学历学位进修；“三个专题”是指基础教育课程改革培训、信息技术全员培训和其他专题培训；“二个三部曲”是指青年教师常规入门、上课过关、能力达标和教学新秀、教学能手、教学带头人评选；“一个主阵地”是指校本培训。

区本教研主要是通过区域平台，组建全区性的研究共同体，促进区域内教师的理论学习、观念更新和实验反思。其关键是要孕育好研究的土壤，搭建好研究的平台，形成研究的机制，保障研究的顺利开展；其形式和成果主要体现为通识性、基础性、集约性。

校本教研是研究的主阵地，强调以校为本，围绕学校自身遇到的问题开展研究。学校是教学研究的基地，教师是教学研究的主体，促进师生共同发展是教学研究的直接目的。因而，校本教研是最直接、最经济、也是最有效的研究方式。

在区本和校本的研究中，教研人员的加入，无疑能更好地起到专家引领的作用。所以，建立教研员的蹲点制度、教研员和骨干教师专题讲座制度，组织他们围绕有关专题报送讲座选题菜单，据此建立区域专题讲座选题库，供各中小学校本培训选用等，能有效发挥区本、校本的联动作用。

教学是每一位专业化的教师在其专业范围内从事的高度个性化的工作。教学工作具有高度的情境性、艺术性和创造性。因而，区本和校本的培训必须落实到师本的层面上，才能真正转化为教师的成长和学生的发展。为此，关注专业引领、同伴互动后的教师自我反思，强调教师自身的理论研修、实践研习和工作研讨，就显得尤为重要。尤其是要重视骨干教师的健康、持续发展，为他们量身定制发展目标，明确个体的素质要求、履职要求，激发他们的内驱力，如成

立名师工作室，开设骨干教师“高层论坛”，与高校联合组织高级研修班，实施骨干教师培养的校际轮岗结对计划等，从而确保他们在职业道德上的先进性、教学专业上的先导性、教学行为上的示范性，并通过他们来引领和带动全体教师素质的整体提高，实现区域内课程实施水平的整体提升。

（四）转变教研的话语方式：对话、生成、分享共生共长

转变教研的话语方式，就是要改变传统教研的统一、权威控制、终结性评估和形式化的自上而下的管理体系，就要从关注质量标准化的话语系统走向关注意义生成的话语系统的转变。

首先，要着力转变教研角色。摒弃自上而下的刚性规定和教研任务的硬性指派，通过教研员“和教师一起备课，一起上课”“和教师一起研讨”等方式，改变教研员是“命题员”“验收员”“评价员”和“教练员”的单一角色，让他们成为“运动员”“观察员”“指导员”和“参谋员”。

其次，要努力转变话语体系。传统的教研活动是凭经验、凭权威进行的，教研被固定为一种模式，内容停留于教材教法评析，或围绕优质课、公开课、示范课开展说课、评课活动。教研员也往往“居高临下”，说一些要领性的、原则性的，甚至不痛不痒的正确的套话。转变话语系统，就要求教研员提高研究意识和对问题的敏感性，研究主题要适切具体的教学情境，研究任务不是出于“命令与服从”，而是教师的“兴趣与需要”，研究话语是真挚的、协商的，自己体悟的、具体可操作的、具生成性的。

再次，要尽力实现文化自觉。教研的根本目的不在于传达一些现成的研究方法，而在于把教师的创造潜能诱导出来，将教师的生命感、价值感从沉睡的自我意识和心灵中唤醒，从而帮助他们实现文化自觉。要实现文化自觉，就要把新课程提倡的自主、合作、探究的学习方式运用到教研活动中来，就要从学生观、知识观和质量观的转变出发，建立常态的教研制度，强调对话与协商的过程，关注意义的生成。通过教研促进教师的教学反思，帮助教师在旧有认知的基础上，生成新的教学智慧，获得教学素养的提升。

教研文化既是所有教研人员共有的行为规范体系，也是其精神和价值观念体系。课改新形势要求转变教研方式，重构教研文化，研究人员要努力成为新课程理念的解读者、教师专业建构的对话者、教师教育智慧的催生者，积极转变教研的组织方式、工作方式，培训方式、话语方式，从而构建具有多样性、平等

性、境遇性和分享性的共生共长的教研文化。

第六节　评价观：为了学生生长

教育评价是按照一定的标准，运用科学可行的方法对评价对象和教学活动进行的价值判断和过程，是学生学习活动的杠杆，是实现教育目标的特殊手段。实施新课程以来，教育评价的研究和实践一直是广为关注的重点、难点和焦点领域。科学的教育评价既要关注学生知识与技能的理解和掌握，更要关注他们情感与态度的形成和发展；既要关注学生学习的结果，更要关注他们在学习过程中的变化和发展。这一方面指向教育评价的导向与质量监控作用，另一方面指向教育评价的促进发展作用。在现实的教学过程和具体的课堂情境中，如何认识这“两个作用”的意义及其内在联系，以怎样的评价观来推动教育发展，正是教育评价改革与深化的核心命题。

一、评价的价值、功能与旨归

（一）教育评价的价值：为了发展还是为了选拔

新一轮基础教育课程改革把课程评价观的转变作为重要枢纽，所以十余年来受到的来自考试评价的批评和责难最多。其实，应试教育的“怪圈”与“幽灵”，绝不仅仅是教育制度、教育政策、教育形式与教材的问题，甚至不是考试自身的问题，而是来自根深蒂固的文化传统根源和极度功利主义的价值心理定式。所以，教育评价改革如何摆脱应试教育的桎梏与束缚，以体现其真正的教育性和神圣化，就必须回归到教育的本质意义上来。

我国传统课程评价的弊端在于课程价值观的扭曲，主要表现为选拔与发展的尖锐对立。众所周知，学校教育的功能是促进人的发展，同时也承担为社会选拔人才的功能，但发展不应该是选拔的副产品。

传统的课程评价有一个基本假设，即只有极个别的学生学习优秀，而大多数学生都属中常。为此，评价就要把优异的成绩给予极少数学生，其余的只能获得较低成绩。这样，评价无形之中变为一种选拔过程。而在这一过程中，只有少数学生能够获得鼓励，体验成功的快乐，大多数学生成了失败者，成了上述假设的殉葬品。这样的评价不是把教育看作是对人的一种关怀，而是看作一种单纯功利的需要；没有把学生当作教育的主体，去重视学生内在独立人格的塑造培养，而是把学生当作知识的窗口，当作灌输、矫治的对象；没有把学生当作有着不同发展状况的个体，而是用一个标准去要求和评价学生，忽略了学生在认知程度和水平上的差异，忽视了学生个性的特点，重视外在的社会规范的强化，热衷于把发展暂时滞后的学生当作转化的对象，人为地给一些学生贴上“差生”“后进生”的标签。

就目前来讲，在评价价值观上，应变革长期以来只片面强调学校为社会发展服务的观念，确立教育促进社会发展和人的发展相统一的价值取向，强调以学生发展为本；在评价行为上，要积极倡导发展性评价，发挥评价的促进、引导、激励功能，使评价成为促进学生不断发展的过程；要强调评价指标的多元化，评价不仅要反映学生的学业成绩，而且要反映学生的学习变化和学习态度，对学生的评价既要有最基本的要求，也要关注学生个体的差异，以提高学生的综合素质；要强化运用多种方法综合评价，应灵活运用除考试或测验外的多样化的评价方式，采用多种评价手段和评价工具，使评价成为教师、学生、家长及教育行政管理者共同参与的活动。总之，以学生发展为本的价值取向，必然导致从课程开发到课程实施与评价的每一个环节的改变，学校的一切评价工作都应体现这一价值取向，最终指向学生的发展，为学生的生长服务。

（二）教学评价的功能：从甄别转向诊断

新课程关于评价改革的目的不是为了“选择适合教育的儿童”，而是为了“创造适合儿童的教育”，要正确厘清评价和考试的关系，改变“考试＝评价”，把复杂的评价简单化的错误做法；也要清醒地认识到，改革现行的考试制度并不是意味着取消考试，而只能改进选拔性考试，以促进学生全面、健康地成长。

一些人把“评价”等同于“考试”，凡考试便认定为应试教育，这是认识的误区和片面的评价观。事实上，长期以来课程考试也确实进入了这样的误区并不能自拔，主要表现为颠倒了学习和考试的关系，本应以通过诊断、反馈促进学习为目的的课程考试却普遍采用了为甄别而设计的考试模式。课程考试不仅采用了选拔考试的形式，而且借助于选拔考试中的实施方式、评分方法来实施学校课堂层面的评估，甚至用选拔考试的解释方法来解释课程考试的结果。这种课程考试“重结果，轻过程；重知识，轻能力”，在考试方法上往往侧重于考知识的记忆与理解，记忆性内容偏多，忽视对学生分析、综合及创新能力的考查，容易导致学生学习中把主要精力都放在背诵和记忆上面，考试前临时突击，放松平时学习；对实践运用能力的考核偏少，不能真实、全面地考核出学生掌握和综合运用所学知识解决问题的能力，达不到检验教学质量、提高人才培养素质的要求。

但课程考试作为教育评价的核心概念是毋庸置疑的。课程考试不是外在于教学和学习的，而是镶嵌于教学过程之中的，是教学工作的一个重要环节，它不但可以评价学生的学习情况和教师的教学水平，诊断教与学中存在的问题，而且是整个教学工作的一种延伸和深化。因此，课程考试不仅要反映学习，而且必须促进学习；不是为了给出学生在群体中所处的位置，而是为了让学生在现有基础上谋求实实在在的发展；它关注让学生学会更多的学习策略，给学生提供表现自己所知所能的各种机会，通过评定形成自我认识和自我教育、自我进步的能力；它要立足于学生的个性差异，既保证能使绝大多数学生全面发展，又鼓励少数学生“超常”发展、追求卓越。总之，课程考试必须是“为学习”，而不只是“对学习”的考试。

（三）课堂评价的旨归：一切为了学生的生长

课堂教学的本质是在教师指导下的学生主动学习、主动发展的过程。因此课堂教学评价应该首先关注学生的学习和发展状况，以学生的学习和发展状况来反映课堂教学状况，来反映教师的教学状况，来促进学生生长、教师成长并改进课堂教学实践。

1. 让学生有更多“讨价还价”的机会。

在课堂教学中，可以通过教学活动的设计，为学生留出“生长空间”，让学生有更多的机会进行意义协商，让他们在求知的过程中去主动探索、思考、发现；唤醒学生的主体意识，让他们积极地投入，拥有强烈的学习动机，促进交流、合作、互助。

首先在于即时评价。教师应当敏锐地捕捉从学生那里反馈的信息，随时评价并认同学生的进步，要善于运用赏识性和期待性的语言去评价学生。教师对学生积极而有效的评价对促进学生的生长将会起到较大的促进作用。清代教育家颜昊先生说：“教子十过，不如奖子一长。”一句得体的赞语比任何苦口婆心的说教和任何暴风骤雨般的责备和批评都更有力量。其次在于起始问题。起始问题会直接影响教学的质量，这个问题不应只有一种单一的预期反应。格雷

(Gray, D)关于“起始问题”的建议是：它们确实起因于引领者（教师）的好奇心，它们没有单一或“最合适”的答案，它们可以产生对话，从而引起对文本中思想观念更深广的理解，它们可由对文本的体悟做出最好的回答。再次在于倾听和对话。文本系统原本处于静止、非在场的沉默状态，教师通过不断的点化，学生由被动接纳问题转而向文本发问，师生双方都介入文本，使话语复活，变成动态的、在场的言说，去发掘文本背后的深层意义。

2. 让正确的结论来得更慢一些。

教育评价就其目的的不同，通常分为“形成性评价”与“终结性评价”。布卢姆（Bloom，B. S.）曾明确指出，“形成性评价的目的不是为了对学习者分等或鉴定，而是帮助学生和教师把注意力集中在为进一步提高所必需的特殊的学习上。终结性评价的直接目的是做出教育效果的判断，从而区别优劣、分出等级或鉴定合格。”传统的评价往往只专注获得结论的终结性评价，只要求学生提供问题的答案，而对于学生是如何获得这些答案的却漠不关心。这样，学生获得答案的思考与推理、假设的形成以及如何应用证据等，都被摒弃在评价的视野之外。

让正确的结论来得更慢一些，就要求评价重心由教师的“教”转向学生的“学”，更多地关注学生求知的过程、探究的过程和努力的过程。既要关注学生的认知基础，又要关注学习的兴趣和热情、对课堂的参与程度、和同学之间的合作协调程度，更要关注学习的有效性、探索性、拓展性、纵深性。形成性评价不追求课堂教学产生立竿见影的教学效果，它重视引导学生学会学习，强调让学生带着问题走出教室，在与生活的联系中去继续求得解决问题的答案。它要求教师尽量将课内教学内容向学生课外的学习和活动延伸，能引导学生结合课堂学习内容，阅读有关的课外书籍，参与课外实践活动。当然，关注过程并不否定让学生获得终结性的结论，只是结论的获得必须基于学生自主的心向，基于理解的过程，基于学生的体验和生成，而非简单地、被动地、机械地获取。

3. 让师生共同建构生长的意义。

新课程倡导主体取向的评价观，这一评价观认为课堂评价是评价者与被评价者、教师与学生共同建构意义的过程。评价是一种价值判断的过程，但这种价值是多元的。在评价情境中，不论评价者还是被评价者，不论教师还是学生，都是平等的主体。真正的主体性评价不是靠外部力量的督促和控制，而是每一个主体对自己行为的“反省意识和能力”。主体性评价取向反对量的评价，主张质的评价，在本质上是受“解放理性”所支配的，它倡导对评价情境的理解而不是控制，它以人的自由与解放作为评价的根本目的。

在教师行为方面，一改以往以教师为主的单一评价主体的现象，课堂评价逐步成为由教师、学生，甚至包括专业研究人员共同参与的交互过程，强调要不断激发和引导学生的学习需要，营造和谐、民主、活跃的课堂教学气氛，创造性地使用教材，注重学生的差异，给学生提供更多思考和创造的时间和空间等。而对于学生的行为，则强调要能够积极主动地参与到学习中来，能提出学习和研究的问题，师生间有多向交流，有自己的收获与体验等。

在这样的课堂中，师生间的情感是彼此悦纳的，学生能“亲其师而信其道”；组织方式是协商的，表现为师生间的倾听协商，学生个体的自我协商，以及生生间的互动协商等；教与学的关系是交往的关系，意味着教学是探索和启蒙，而不是宣传和灌输，是平等对话和自由交流，而不是指令和服从；学生与知识是“期遇”的过程，体现在不是让学生在单位教学时间内获得最多的知识，而是让学生在与知识的相遇中获得更多的学习体验与学习经验。这样的课堂，由师生来共同建构，进而促进彼此的生长。

教育评价的改革与深化，需要从教育的本质意义出发，以促进学生生长为旨归，以重审教育评价的价值为逻辑起点，以发挥教育评价的功能为重要抓手，以课程考试和课堂教学为主阵地，树立科学的评价观，真正实现学生素质的全面提升和素质教育的全面实施。

二、对一堂优秀语文课的观察

语文生长课堂评价的旨归是为了学生的生长，倡导将评价重心从教师的“教”转向学生的“学”，更多地关注学生求知、探究和努力的过程。而语文生长课堂的评价体系，正是以此为基准，从语文教学本质、语文学科本质、儿童学习本质三个维度实施构建。

语文教学本质。语文教学首先是“教学”，而教学的价值在于人的发展，在于“学生习得的结果”以及教学的核心价值。只有基于语文教学的本质视域，才能实现学生主体有层次的递进的生长。因而，语文教学本质可作为观察的“视域”。

语文学科本质。语文生长课堂要实现工具性与人文性的“融合”，以“教”

导“学”，以“学”定“教”，使“教学合一”。一堂生长的语文课，首要具备的是能充分体现“这一课”的学科价值，并在实现的过程中使学生人文素养得到提升，它是评价参照的水平线。因而，语文学科本质可作为观察的“视线”。

儿童学习本质。语文生长课堂要衡量儿童的学习是否真正发生、儿童是否生长了——这意味着“语言生长的过程”，是观察与评价的“点”，既是原点，也是远点。因而，儿童学习本质可作为课堂观察的“视点”。

工作室成员施萍一老师执教的《清平乐　村居》，于2013年10月在江苏省“教海探航”征文颁奖活动中进行了教学展示，获得专家与同行好评。本文以这一堂课为例，用语文生长课堂的评价维度，进一步来阐述对一堂优秀语文课的观察。

（一）观察的视域——语文经验的联结和生长

纵观现在的语文课，学生知识与能力的体系是混乱不明的，比如：“百科知识与课文作比较，你更喜欢哪个？”相同的教学活动会同时出现在三年级的《石头书》与六年级的《大自然的文字》的教学中，这是学段目标的混乱；比如五六年级的学生面对思辨性问题还只能作比较肤浅的、片面的思考，这是学段能力发展水平的不明——凡此种种，使得学生尽管六年中要上近两千节语文课，但语文能力达到的程度仍然叫人质疑。

曾获诺贝尔奖的神经系统科学家坎德尔说：“要想得到长久的记忆，大脑在处理接收到的信息时必须足够透彻且深入，这就要求大脑在处理信息时集中精力，并且要将这一信息有意图且系统性地与记忆中已经完善的知识联系起来。”增强语文学习的关联性，使语文经验在学生脑中联结起来，不断地生长壮大，这无疑是语文教学的本质所在。在施老师的《清平乐　村居》一课中，就体现了这样的教学视域。不妨来看该课的第一个教学环节：

1. 课前对诗。

主要是儿童诗、田园诗为主，以清代诗人高鼎的《村居》引出本课。

2. 诗词对照。

谈话引导：今天，我们学的一首词，题目也是《村居》。（出示《村居》的诗和词）对比着读读，你发现了哪些不同之处？

（1）发现题目有两部分组成。

相机点拨：清平乐是“词牌名”，词可以和曲吟唱，词牌名就表示曲调和节奏，“村居”才是题目，与词的内容有关。

书写时，中间空开一格；朗读时，也要稍作停顿，一起试试。

(2) 发现词的句子有的长、有的短。

相机点拨：词又叫“长短句”。

(3) 发现中间空行，有上下两部分。

相机点拨：词分“上下阕”“上下片”。

从以上教学活动的展开可以看出执教者对儿童古诗学习经验进行了比较到位的分析，把握了儿童学词的“原点”，使得新知建构是从“诗的国度”渡向“词的感性世界”：(1) 语文知识的联系。即从“诗”到“词”，使前后之间的语文知识既有联系照应，又有新的延展。(2) 语文能力的联结。即从“学诗”到“学词”，使前后之间的能力要素既课课落实，又持续推进，使能力的培养前后联结、螺旋上升。(3) 语文策略的联接。即从“会学诗”到“会学词”，使前后之间的方法策略既经验对接，又有锤炼“千日之功”的意识。

语文经验的联结和生长，包含这样几层意思：其一，每一堂课要形成一个牢固、明晰的生长印记；其二，后一堂课要在前一堂课的经验上加深、巩固、往上长；其三，在一定的生长时间里，比如从一个学段过渡到高一级学段，语文经验“前后黏合”“联结生长”要达到一定的水准，即三年级要达到三年级的水平线，六年级就要有六年级的综合能力。

只有当我们能够使每一课都产生一种“前后黏合”的关联作用，学生语文经验的生长才会“似青山连绵不断，如河水奔流不止”。

(二) 观察的视线——用学科本质的力量助生长

发挥学科本质的力量助儿童生长，就要聚焦语文知识、方法和技能这一本体内容展开教学，同时情感、态度、价值观等渗透在学习过程之中，使语文的人文性与工具性达到相融。

比如，《清平乐　村居》一课教学中的一个本体性内容是让学生说说村居生活的画面，这也是诗词教学的重点，执教者是这样来展开的：

师：同学们，我们再来读，这回，要轻轻地、缓缓地读，你看到了哪些村居生活的画面，读完试着用自己的话说一说。

【交流对话一】

生：我看到了一间小小的、矮矮的茅草房。

师：这是他看到的村居生活画面，你看到什么？

生:一条小溪,缓缓流淌,溪边长满了青青小草,一对老夫妻在说话。

师:(追问)你怎么知道是一对老夫妻的?

生:因为"翁"指老公公,"媪"指老婆婆。

【交流对话二】

师:(继续追问)"醉里吴音相媚好",那你看到他们怎样在说话?

生:一对白发苍苍的老夫妻正在亲亲热热地说话。

"相媚好"表现的是一种情态,对学生来说比较陌生,也比较抽象,一下子很难说清道明。教师会"听",敏锐地捕捉到了发言学生对"相媚好"已经有了比较正确的理解,但是一个学生理解了不够,对"相媚好"有了一点理解也不够,于是进行追问。追问使教学的角度从"一个"学生面向"全体"学生:

生:他们喝了点酒,带了点醉意在说话。

师:他们一边说话,一边在笑。

生:在互相打趣。

师:看来,你们已经理解了"相媚好"的意思,指的就是相互说说笑笑,亲亲热热的样子。

这样,学生便自主生成了对"相媚好"情态的整体理解和把握。其间还出现这样的课堂场景:当学生说到是用吴地方言在交谈时,教师及时提出"苏州话就是地道的吴音,咱们班土生土长的苏州人给现场的老师打个招呼",现场两位学生用苏州话大大方方打招呼,这么一来,学生读词,便从文字里读到了生活中,与作品产生了情感的共鸣。

【交流对话三】

师:谁再来说说你看到了哪些村居生活的画面?

(学生整体地说画面。)

师(小结):淡淡几笔,有景有人,我们看到一对夫妻,大儿锄豆,中儿织鸡笼,小儿卧剥莲蓬,原来,这首词主要描绘的是一家五口日常生活的场景。

这个过程,不仅着力于培养学生语文运用能力的实用功能,也着眼于语文课程对于思想感情熏陶感染的文化功能,让学生在语言成长的同时,情感、态度与价值观也得到了生长。

(三)观察的视点——遵循儿童语文经验生长的方式

儿童读词、品词不是专业的文学赏析,学习的深入一寸、提高一层、向前一步这个过程，应该是以儿童的方式，沿着儿童的路径进行，遵循儿童语文经验生长的方式。《清平乐　村居》一课，执教者从三个方面体现了这一儿童学习的本质特点。

1. 变静态的学习材料为动态的活动建构，引导学生登上学习的高峰。

当我们用眼睛看，我们只能记忆10%；当我们用耳朵听，我们只能记忆30%；当我们用身体经历，我们却能记忆80%。体验，既是一种活动，也是活动的结果，在本课中也得到了生动的体现。比如对“醉”字的品味：

生：我觉得“醉”字“滲而有味”，我体会到这对老夫妻陶醉了。

师：一般人认为这是“酒醉”，你品味到更是一份陶醉，看来这个“醉”字值得我们品品。老夫妻说着，聊着，都陶醉了，他们会说些什么呢？

（生生互动。）

师：他们还会相互说什么？谁来补充？

生：老头子呀，日子过得可真快呀，我都老了。

师：老伴哪，在我眼里，你可还跟当年一样的漂亮啊。

生：老头子呀，看我们的孩子多孝顺，连小顽皮都能帮着剥剥莲蓬啦。

师：于是老爷爷捋着胡子说——

生：老伴哪，我们忙忙碌碌大半辈子，现在轮到我们享享清福了，真是高兴那，哈哈……

师：听听，他们的确是陶醉了。你来说说，他们这是为何而陶醉呢？

生：他们为平静幸福的生活陶醉。

生：他们为三个儿子而陶醉。

生：他们人老心不老，显得很年轻，所以他们陶醉了。

在这个动态的活动过程中，学生的学习结果是多元的：其一，能说出“醉”字具体的意思，指喝了酒的“醉意”，这是一个成果性的学习结果。其二，对“醉”字内涵的进一步体味是一个过程，这是一个过程性的学习结果——在活动中的经历、体验、体会，就是学生学习的结果。其三，这个过程中，学生从“醉”字内涵的进一步体味，逐步品咂出其中蕴含着的那份令人沉醉的安静祥和之美，学习是开放的，是自由的，是丰富的，这又是一个富有创造性的学习结果。

可以说，这样的设计把静止的文字转化成了动态的活动建构，使“醉”的学生活动，成为一种真实的学习情境，而学生便逐渐“深深卷入”，身动、手动、脑动、心动，使“学习结果”努力朝向学习这座山峰的“顶点”。

2. 创设探索性的学习情境，指导学生习得品词的策略。

“学习是自我发现，自主建构的过程”，因而本课执教者以“你觉得哪个字，哪个词很平常，却很有味道”这一探究性的问题把学生引入探索性的学习情境，学生置身其间，“入眼”“入心”，展开深入阅读：

(1) 对一个词的情态品味开来。“无赖”这个词表现小儿的一种情态。执教者引导学生品味文中“无赖”，学生对其产生了丰富的理解。有的学生说：“无赖这个词，很有情趣。”有的学生说：“无赖，显得小儿很淘气。”还有的学生说：“无赖本来是个贬义词，这里却表示好的意思。”语言上“贬义褒用”之特点，小儿淘气可爱、无所事事之情态溢于言表。

(2) 从一个词的动态想象开来。“卧剥”藏着人物活动。对于“卧剥”一词的品味，执教者让学生拿起笔，想象小儿怎样“卧剥”，在书上写一写，体现了两个意图：情动而辞发之际，静静地写，更有助于内部言部智慧的形成；儿童与作品产生共鸣之际，独自书写，更益于激发个性思考。

在这个品读发现的过程中，“以寻常语绘精美图”的特点就在学生脑海中形成了语言经验图式。当今后学到这一类词，比如下学期的《如梦令》时，学生就可以自发地利用这一图式抓住一个个词眼的“情态”“情趣”“动态”等去言说、品味、想象，形成一个个“学习涡流”。“这种对知识的掌握便是智慧，是可以获得的最本质的自由。”(怀特海)在这样往复的学习过程中，学生进一步地形成言语表达图式，习得品词策略，获得语文智慧。

3. 打开言语实践的通道，引发学生实现语文经验的迁移。

华东师范大学郑桂华教授指出，“语文的核心价值”还在于便于上升为“类概念”，即可以迁移，用于理解同一类文章、同一种语言现象。比如，课尾，教师说了一段话：

师：辛弃疾留下了600多首词，《清平乐　村居》这样澹而有味的农村词有26首，而更多的是发出收复河山慷慨之声，发出救民于水火激昂之声的“英雄词”，课后，同学们也可以这样去读一读、品一品。

教学中，执教者致力于进一步引发并推动学生去拓展阅读、群文阅读，体现出：(1) 让学生的知识经验和学习策略得到迁移的意识。促发学生在今后的语文综合性活动，以及主题实践活动中，加深对词的文学特点、学习方法、学习策略的理解和运用。(2) 让学生写的经验得到迁移的意识。促发学生将"这一课"获得的语文学科经验和语文学科能力运用到相类似的或者紧密联系的"这一类"文章和语言现象中,来稳固经验、形成能力。

以上从语文教学本质、语文学科本质、儿童学习本质三个维度,对《清平乐　村居》一课进行了比较微观的观察与研究,关注了教学活动中儿童在活动任务上的具体表现,关注了教师是如何帮助学生掌握并能在近迁移水平上运用和巩固相应的认知策略和技能的,关注了儿童在教学活动中发生的积极变化和发展,为语文生长课堂的教育评价提供了一个具体的样本。

三、语文成长档案袋的研制

成长档案袋是新课程改革积极倡导的一种新的质性评价方式,在国外已有30多年的应用史。在我国,却遭遇参差不齐、曲高和寡的境遇,究其原因,与对于档案袋认识的模糊性、研制的复杂性、应用的坚持性以及结果的不确定性有关。

《义务教育语文课程标准(2011年版)》在评价建议中明确指出,要"恰当运用多种评价方式","应加强形成性评价,注意收集、积累能够反映学生语文学习与发展的资料,可采用成长记录袋等各种方式,记录学生的成长过程"。语文生长课堂强调学生的学习是一个不断生长的过程,对学生的学习评价应关注其进步过程、努力程度及其最终发展水平。所以,作为一种新的质性评价方式,语文成长档案袋的应用与实践成了语文生长课堂研究中的一项重要内容。

(一) 成长档案袋的意义与特点

人的成长充满着无限可能性,其素养形成是一个漫长的、不断改进的过程。语文成长档案袋,是师生、家长等通过对语文学习档案袋制作和应用的过程,促进学生在过程中不断认识自我、发展自我的一种评价。它一方面记录学生已经走过的语文学习生活,收集已经完成的作品、证书、过程性资料等,让学生不断体验成功、感受成长,促进自我发展;另一方面,也为教师、家长和其他人提供了丰富多样的评价材料,从而帮助学生在对成长过程的观察、记录与分析中,发现自我,培养个性,寻找适合自己的学习、生活和发展路径。

语文成长档案袋一般具有以下共同特征:(1) 评价主体的多元化。成长档案袋评价改变了传统教育中教师为单一评价主体的现状,加强了自评、互评,使评价成为学生、教师及教育管理者、家长共同积极参与的交互活动。(2) 评价内容的丰富性。档案袋的基本内容是学生语文学习过程中产生的各类作品、过程性记录，门类很多，数量也众多，即使同一类作品也有不同方面、不同阶段的内容呈现，十分丰富。(3) 评价过程的发展性。档案袋是一直陪伴学生，随着学习的发生不断发展着的质性评价。学生可以根据自己的资料情况逐渐丰富，并且能在过程中得到老师、同学、家长等人的评价，从而拥有自我发表意见和对作品进行反思完善的机会。

(二) 成长档案袋的制作与应用

作为促进学生语文综合素养发展的一个重要途径，根据《义务教育语文课程标准(2011 年版)》五个方面的语文学习内容，成长档案袋的制作与应用也可以分五个方面来建设。

1. 识字与写字。

识字、写字是阅读和写作的基础，是第一学段的教学重点，也是贯串整个义务教育阶段的重要教学内容。《义务教育语文课程标准(2011 年版)》指出，要“将学生熟识的语言因素作为主要材料，结合学生的生活经验，引导他们利用各种机会主动识字，力求识用结合”。因而，可以让学生在档案袋内建识字卡，每天将自己从课内认识的字工整美观地书写上去。同时，鼓励学生从课外识字，可以将通过课外读物、包装袋、广告牌、电视等认识的字，也工整地书写到识字卡的“我会自己识字”栏目中。教师定期在班内组织交流，可以让学生展示出来，互相认一认、教一教、猜一猜、比一比，在轻松愉悦的氛围中了解学生的识字写字情况，同时增加学生的识字量，进一步激发他们学习汉字的兴趣。另外，也可以采用竞赛的方式，在规定时间内独立完成书写作业，相互评价，相互欣赏，然后作为书法作品放入成长记录袋中。当然，还可以让学生将平时的优秀作业或有进步的识字写字作业也收纳其中。

2. 阅读。

《义务教育语文课程标准(2011 年版)》要求小学阶段学生的阅读总量不少于 145 万字，但事实上这项要求因难以检查，落实情况不容乐观。若是结合语文档案袋建设，可以较好地解决这一问题。比如，教师可以引导学生在档案袋中建“我是贪吃小书虫”栏目。教师可以采用以一篇带多篇的方式，也可以以班内同读一本书的方式，还可以采用图书漂流的方式，引导学生根据兴趣读好书，和大家一起读合适的书。然后，学生在档案袋内建自己的“小书虫贪吃卡”，读完一读物(一篇文章、一个故事或一本书),便及时填写一张卡,记录读物名称、作者等相关信息,摘录读物中的好词好句、印象深刻的语句,并写下对人物的评价,以及自己读完这份读物的最大收获和体会等,有兴趣的还可以进行插画。教师定期组织开展读书交流活动,让学生互相展示、交换"小书虫贪吃卡",推荐好书,互相点赞评价,开展"最贪吃小书虫""最美书虫贪吃卡"评比活动等。通过交流评比活动,让学生认识自己的阅读情况,获得鼓励与启迪,进一步激发读书兴趣,提升读书质量。

3. 习作。

习作是学生运用语言文字进行表达和交流的重要方式,是认识世界、认识自我、创造性表述的过程。学生习作都是个性化表达,是学生语文学习成长的最好记录。学生在语文档案袋内收纳自己的日记、练笔、随感、习作等,是记录并评价自我、提升与完善自我的重要内容,也是学生将来值得回味的童年记忆、成长足迹。档案袋内可以设置"我是创意小作家"栏目,收纳其中的可以是各种活页(让学生随写随收),也可以是一个专集文本,还可以是图文并茂的电子文档打印稿。教师可以让学生选择自己的优秀习作与大家分享,然后组织赏读评价活动。这一方面进一步激励学生不拘形式地写下自己觉得新奇有趣、印象深刻的内容,实现习作的交际功能;另一方面,可以借学生的作品来相机点评、指导修改,使学生在赏读评价与修改中提升习作表达的水平。一个学期结束,可以让学生按内容归类整理,美化装帧,做成一本成长册。这本成长册中可以只收集每次最优秀的手稿或打印稿,也可以有代表性地收集某次习作的初稿、修改稿和终稿,以及有关的评价和反思记录。这样,教师、学生和家长可以一起回顾与分享写作、修改过程中的收获与喜悦,也可以启迪学生进行自我反思。

4. 口语交际。

口语交际是培养学生倾听、表达和应对的能力,使学生具有文明和谐地进行人际交流素养的重要途径。但由于是口头表达活动,成长记录往往不容易留下。教师可以有目的地指导学生收集相关资料,纳入成长记录袋。比如,在学生根据要求进行口语交际活动时,教师、学生、家长可以随时录音,将整理的成果刻录成光盘;也可以组织小组内进行记录,最后,将光盘或记录放入成长记录袋。

5. 综合性学习。

语文课程是一门学习语言文字运用的综合性、实践性课程。综合性学习主要体现为语文知识的综合运用、听说读写能力的整体发展、语文课程与其他课程的沟通、书本学习与生活实践的紧密结合。因而,语文成长档案袋中也可以纳入这一方面的记录。可以和同学一起合作,围绕某个大家感兴趣的话题做一次现场调查,然后整理分析所收集到的数据,完成一份调查报告;也可以组织一次街头找错别字实践活动,所有产生的过程性资料,都收入成长档案袋中。

当然,根据不同的分类角度,语文成长档案袋的内容也可以有很多不同的方面。如:可以由语文学科学习、语文实践活动、语文特长这三个板块组成;也可以由"我的自画像""我的成长""我的成果""我的反思"等四个方面组成;还可以根据时间段来规划设计,如"春花""夏叶""秋果""冬藏"……无论内容如何分类,档案袋的应用都要发挥档案袋自身的评价功能,通过收集、整理、展示、交流、互评,及时反思,互相激励,促进学生自我认识与成长。

(三)成长档案袋的演变与发展

语文成长档案袋建设是一个长期的过程,随着学生学习活动的逐渐开展,日积月累会形成大量过程性资料。由于传统的档案袋容量小、工作量大,其评价实施受到了一定的限制,可以发展以组为单位的档案箱、以班为单位的成长树等。

随着云计算、移动互联、社交网络等技术的发展,学生语文学习的内容与方式随之改变,传统的成长档案袋也将演变为数字化成长档案袋。目前,家庭拥有电脑或智能终端已经成为普遍现象,这为数字化成长档案袋的制作提供了可能。教师可以借助学校网站或公共网站服务平台,组织学生建设班级圈,每个学生在班级圈内建立自己的电子成长档案袋。学生可以利用数字化方式,上传自己的成长记录,可以是文字、图片、PPT,也可以是声音、视频、动画等。这一方面可以优化呈现方式;另一方面,可以随时向同学、老师、家长、访客等开放自己的档案袋空间,让参观者即时观赏、评价,由此促进学生反思完善的互动,从而促进学生的发展。

总之,成长档案袋的研制,不应是一种哗众取宠的时尚,而要立足教育评价的本质,正确认识成长档案袋的意义与特点,科学规划并精心设计其板块内容,与时俱进,不断更新其实施机制。最重要的是,语文成长档案袋的建设与应用,应成为一种教学常态,落实到学生的每一个学习过程、学习细节中,真正成为推动学生成长的有效评价方式。

第四章　语文生长课堂案例评述

新课改以来，广大教师矢志改革，立足“改课”，创生了许多成功的经验，揭示了课堂的先进理念和价值追求，给我们很多耐人寻味的启迪和感想。我应邀很多次担任各级评优课的评委工作，指导过不少青年教师参加赛课活动，平时也经常到学校听“家常课”，一个个鲜活的课例中无不折射着生长课堂的生长路径。

一、生长的课堂，需要具备哪些基本的元素？

用生长来定义教育，观照课堂教学，是一种教育观的改变，即教育从“教师中心”转到了“儿童立场”。本章所择取的15个课例，连同执教教师一起，从不同角度阐释了他们的教学观、学生观的改变，以及对自身素质的重新考量。综合这些认识，我认为生长的课堂应具备以下元素：

（一）教师的专业素养

教师要有坚定的儿童观，要有扎扎实实的基本功，要有对学科教学的特有感悟；课堂上，或端庄雅致，或神采飞扬，或大刀阔斧，或涓涓细流，或以语言见长，或以设计见匠心。

（二）执教者的创生力

校本教研的蓬勃开展，使得每一位教师都有了合作团队，每一节课，也往往凝聚了很多人的智慧。但要上好一节课，不是在于执教者如何忠实地执行“预设”，而在于他们创生课堂的能力。课堂不仅需要“形似”，更要追求“神似”，这无疑都离不开执教者的课堂创生。

（三）各种课程资源的合理配置与科学重组

进入新课程，教师们都有了很强的课程资源开发意识，课堂因而变得更有色彩。但不可否认的是，由于“多多益善”等心理，课堂有时也就不够简洁，效益不高。比如，多媒体资源的整合运用、恰当运用，往往能起到画龙点睛、推波助澜的作用；运用不合理，则容易造成形象的空泛和思维的定势。

（四）重建课堂审美

课堂之美，固然有多种要素，但需把握基本的要义：正确理解课程标准，心中有“准绳”；体现学科特质，工具性与人文性完美相融；追求三维价值取向的有机达成，学生的基本知识技能与情感态度在学习过程与方法的取向上真实呈现。课堂中“该浓则浓，该淡则淡，能简不繁，当艳不让”，一切取乎于自然。

（五）让课堂产生学生的思想

评价一节好课，可以有很多角度。但最根本的判定标准，必须从学生学的过程与结果上来定。“教会”“学会”固然是一堂课的基本价值判断，但每一个学生都乐于进入到“学习场”中，“会学”才是好课的真正标识。课堂要为学生创造无垠的“思维跑马场”，让学生境由心生，展现课堂中的所思、所得，产生属于他们的理解、感悟与体会。

二、生长的课堂，需要处理好哪些基本关系？

杜威说：如果只是放任儿童的兴趣，让他无休止地继续下去，那就没有“生长”，而“生长”并不是消极结果。综观这些优秀课例，我们不难发现，在生长的课堂中，有几种关系需要合理把握，恰当调和，妥帖转化。

（一）课堂与学堂

教育的根本目的是育人，对象是学生。因此，要以学生为本，一切为了学生，为了学生的一切，创造适合学生的教育，而不是选拔适合教育的学生。教学过程是师生交往、共同发展的互动过程。确立和落实学生为主体的地位，就是要使学生成为学习活动的主人，使学生的学习成为在教师指导下的主动的、富于个性的发展过程。教师应尊重学生的人格，关注个体差异，满足不同需要，创设能引导学生主动参与的教育环境，激发学生的学习积极性，培养学生掌握和运用知识的态度和能力，促进学生思维和智力的开发，使每个学生都得到充分的发展，把课堂还给学生。

课堂成为学堂，要求我们的教学过程自始至终要以学生为主体，要留给学生充分思考的余地，要给足学生活动的机会，让他们动脑、动手、动口。在“动”的过程中，学生的认知水平、辨析能力、知识素养才能得到全面提高。在明确教学目标的前提下，尽量精讲，多给学生自主学习的时间，鼓励他们说，引导他们探究，课堂上便会多一些自学能力强、思维创新、谈吐不凡的学生。这样，我们的教学才会因此迈上新的台阶。

（二）提问与对话

提问是一种经常使用的教学手段和形式，一堂课中一个巧妙的提问，常常能收到“点击关键，一问传神”的效果。但要达到这样的效果，就要改变传统教学中“我问你答”“我发你收”的单向传递，就要求教师平等地对待和理解学生，就需要教师科学地营造“对话场”。这样的课堂提问，从本质上来说也就演绎成了双向的，甚至多向的对话了。对话是优秀教学的本质性标识，它体现了关注每一位学生发展的新课程核心理念。任何知识和能力，情感、态度和价值观，必须在一定的交往情境中、在真实的体验中孕育、生成、发展，这是他人无法包办代替的。“对话”创设了生动、真切的交往情境，构建了具体、真实的体验平台。“一个人有了浓厚的对话兴趣，有了众多的对话关系，有了广阔的对话领域，有了高雅的对话主题，那么在长期的对话场景中，会变得乐观、合群、机智、深沉、成熟……”可以说，没有对话，也就没有人的发展。

在对话教学理念下，教学过程在本质上已经发生了重大变化，它追求的是一种沟通、理解和创新，体现的是对话主体间视界的融合、精神的相遇、理性的碰撞和情感的交流，是对话主体各自向对方的“精神敞开”和“彼此接纳”。课堂教学的目的不仅限于知识的获得，更在于了解和掌握知识获得的过程，形成与他人合作的意识，最终实现“学会学习”“学会生存”“学会认知”“学会做人”。在这个过程中，教师不再满足于把知识装进学习者的头脑中，更重要的是让学习者学会学习，学会思考，学会研究，学会创造。

（三）预设与生成

预设是教学的内在要求，生成是教学的必然结果。没有预设，课堂教学就是杂乱无章的盲动；没有生成，课堂教学就是封闭、僵死的操练。预设应以生成为目标追求，应为生成留下广阔的空间。生成应该是有机的，但不是随意的；生成应该是开放的，但不是放任的；生成应该是对教学的超越，但不是丢弃教学目标去任意拓展。预设与生成和谐统一，预设与生成同构共融，我们的课堂教学才是高效的，我们的课堂才是有血有肉的，才是丰满鲜活的，才具有生命活力。

实现课堂教学的精彩生成，需要富有教育智慧的教师。教师既是学生学习的支持者、合作者，还是学生学习活动的指导者、促进者，教师的教学智慧是预设与生成有效性的根本保证。让我们静下心来，好好反思一下我们的课堂：是否以生成为价值追求，是否实现了教与学的有机统一？我们的教学预设，只有与课堂生成有机整合，才能真正促进学生的发展。

三、生长的课堂，需要再做些什么？

本章所选课例中生长性问题的设计、体验性言语活动的推进、思辨愤悱之处的智慧点化等，都着力于追求一种符合规律的生长，使教师的“教”变得更有价值，学生的“学”变得更有意义。在这一系列的教学行为背后，藏着对生长课堂的理性化的行动考证。

（一）关照文本

文本是教学的凭借，关注文本，就是在把握教材编写的意图、准确解读文本的基础上，合理确立一节课的教学目标，并通过教学设计和课堂教学体现出来。关注文本，就要把握学科的性质，就需要把文本置于单元、学段甚至整个学科中来观照、考察，从而确定一篇课文学生所必须学到的“知识与能力”，并采用合理的方法，达成学习过程的最优化，使教学目标增值。这其实是在正确定位课堂教学，也唯有此，教学才会扎实，结构才会精炼，学生学得也就踏实。

（二）关爱生本

爱是师生沟通的基础，是师生理解的纽带。关爱生本，其核心就是理解学生、尊重学生，赞赏学生的每一点进步。课堂中，教师发自内心的爱是一双有力的大手，可以托起学生的自信，发掘学生的潜能，帮助学生自主建构。也只有学生意识到自己的被尊重、被爱护时，才能心悦诚服地接受教育，个性才能健康发展。关爱生本，意味着课堂中学生的主体地位真正确立，学生的思绪可以自由驰骋，学生的体验可以真情挥洒。关爱生本，解放学生，体现了教学的真实与真情。

（三）关乎情景

根据学生的身心特点、认知规律，帮助他们建立一个利于学习的心理环境和认知环境，使他们在良好的情境中产生对学习的需要，激发起学习探究的热情，调动起参与学习的兴趣。课堂中的学习情境就像一个“磁场”，吸引着学生进入一个个充满问题、充满思考和研究的世界。创设学习情境，从教学的细微处更有效地引导学生学习、探究。“情景为学生而创，为学习而设”，彰显了教学的精细与精致，生成了教学的美感。

（四）关切思维

思维是智力的核心，也是非智力因素发展的基础。在教学中，关切思维是素质教育的本质要求，也是课堂教学的价值所在。教师深入挖掘教材中的潜在价值，突破教学中的重点难点，鼓励学生不断尝试，从而开启学生思维的闸门，培养学生科学思维的习惯，提高思维的能动性、独创性。这些远比仅仅掌握学科知识本身更重要、更有意义。语言和思维是不可分割的，课堂上重视发展学生的思维，把发展学生的语言和思维统一起来，这样才能生成精彩，学生才会倍感精神。

（五）关注发展

教学的目的是帮助每一个学生进行有效的学习，使每一个学生得到充分的发展。怎样的教育才是成功的教育？那种只关注几个“尖子生”的所谓“精品式教育”已越来越被大家所唾弃，越来越多的教育界有识之士正在呼唤并实践着“让每一个学生都获得发展”。在课堂上，为每一位学生提供发展的平台，让学生在学习实践中积累经验、打开思路、获得收益，为今后的成长和幸福的人生奠基、服务。

“要像上公开课一般准备常态课，要如上常态课一样呈现公开课。”如此这般，我们的课堂教学、研讨才更会呈现最本原的面貌，彰显最本真的意义。

1 讲故事的魅力

——点评倪凯颜执教的《嫦娥奔月》

一、执教者的教学设计

（一）设计理念

通俗来看，故事是人类对自身历史的一种记忆行为，记忆和传播着一定社会的文化传统和价值观念，引导着社会性格的形成。而作为教材选编的故事，一般指年代久远的历史事件或流传很久的传说，是封存着民族密码的集体记忆。《嫦娥奔月》就是这样一则神话故事。

1. 故事之于学生是什么？

无论是从工具性还是人文性的角度，故事之于学生都生发着特别的教育价值。

（1）文化的传承。故事基于集体创作而口耳相传，是绽放在唇齿之间的文化奇葩，烙印着千百年来民族的气质、精神与智慧。学习这样的故事，有利于学生了解民族的过去，传承民族的文化，进而能有担当地展望民族的未来。

（2）学习的载体。选编为教材的故事针对学生学习心理特点，情节跌宕起伏，语言生动鲜活，蕴藏着谐音、韵语、对仗、夸张等丰富的语言形式，堪称民族语言的天然博物馆，非常适合让学生听、读、讲。又因其高度的幻想性，能有效提升思维能力和想象能力，促进学生的思维更加细微准确，想象更加斑斓、开阔。

（3）精神的滋养。故事总是以叙述的方式讲述"不为人知的秘密"，并阐发某种道理或传递动人的情感，传扬着民族精神所弘扬的主流价值，为学生心理健康成长提供重要滋养。而且，因其有着故事的外壳，其中所蕴含的"道"更加容易与学生的已有经验碰撞，或同化，或顺应，或启迪，或纠偏，成为学生一生的精神底子。

2. 该怎样教这个故事？

（1）基于学习原点。薛法根老师曾讲过："语文课要做语文的事，小学老师要做小学老师的事，这节课要做这节课的事。"我想，教学此文也是如此。我们的课堂教学不能在零起点开始预设，而是基于学生的学习原点，让“我教课文”向“学生学语文”美丽转身——让学生自主学习课文，学完后获得的不仅是“嫦娥心地善良、舍己为民的精神”，更经历了语言实践，习得了语言，悟得了言语表达的形式，获得了语文的方法，让这一课的语文教学价值得以完整体现。

(2) 立足语言实践。在揣摩品读中我发现，教材选编的这个故事内容丰富、语言简洁。显然，经典语言的学习不是这篇课文的长处，没必要把过多的精力放在体会、咀嚼、品味语言上。想到我们的孩子，听故事的时间和讲故事的能力都在不断萎缩，何不把这口耳相传的口头文学，说来听听，听后说说呢？于是，我确定了这样的教学思路：既然这是个故事，那就讲讲吧——以“讲故事”为目标，又以“讲故事”为策略。

本设计是第二课时，教学主线就以讲故事贯穿始终，引导学生在学习并运用概述、讲述、代述的过程中，阅读理解课文，展开言语实践，感受故事主旨，受到精神濡染。

(二) 教学目标

1. 正确、流利、有感情地朗读课文，理解“周旋”“接济”等词在文中的意思，体会词语的感情色彩。

2. 通过概述、讲述、代述等方法学习创造性地复述课文，同时丰厚对文本的理解。

3. 感受嫦娥心地善良、舍己为民的高尚品质，受到心灵的濡染。

(三) 教学过程

1. 复习导入，概述故事。

回顾故事中的三个主要人物——后羿、逢蒙、嫦娥，围绕他们，用几句话来讲讲这个故事。

2. 重点品读、讲述细节。

(1) 仅仅几句话，我们就讲清了这个故事，这叫概述。但如果总是这样讲，神话故事就失去了魅力，久而久之，就会失传。因而，我们还要能讲述，把故事讲精彩。

(2) 怎样把一个故事讲得精彩呢？我有个法宝，想不想试试？故事挺长，我们先选一个片段。迅速浏览课文，你觉得哪个场景最吸引你？

(3) 交流，引导学生聚焦第五自然段。

①读流利是能讲的前提，齐读。

②想象，用准确的语言具体生动讲述逄蒙"闯进"时的动作，"威逼"时的动作、语言等。

③把故事讲精彩的法宝就是抓住文中的关键词，展开想象，把人物的"所做""所说"讲具体，这就精彩了。板书：抓词、想象；做、说。

[**评析**：先让讲述成为学生的需要，然后用"法宝"勾起学生学习的欲望，接着从"我要是听故事的人"的角度激发学生想象，尝试讲述，最后在学生精彩讲述后及时小结，揭示"法宝"的秘密，体现了基于学生、依赖学生、发展学生的生本理念。]

(4) 面对这突然发生的一幕，嫦娥心里想："让这样的人吃了长生不老药，不是要害更多的人吗？"

①理解"这样的人"。板书：奸诈贪婪，关注"贪婪"的写法。

②逄蒙奸诈贪婪，我们一读故事就知道了，但嫦娥之前知道吗？是呀，直到逄蒙用剑指着她时，才恍然大悟。短短一瞬间，嫦娥的内心肯定是翻江倒海，她会怎么想？

③瞧，把故事讲精彩，我们还要展开想象，把人物的所想讲具体。板书：想。

(5) 有了这样的想法——(出示："于是，她便机智地与逄蒙周旋。")

①紧扣关键词"机智""周旋"，想象嫦娥会怎样机智地与逄蒙周旋呢？分组表演、评价。板书：机智勇敢。

②比较对嫦娥和逄蒙不同的评价，引导学生发现：虽然行为相同，但目的不同，我们的用词也就不同了——词语是有感情色彩的。

③神话故事就是这样，爱憎分明。讲述时用好这种带有感情色彩的词，就能鲜明地表达自己的情感。

[**评析**：这里，讲述从说走向了演，从个体表述走向了互助合作。在对学生表演的评价互动中，学生正确理解"机智地周旋"的意思，将故事中这一抽象的词化为具体生动的情节，把故事讲精彩，同时加深对嫦娥"机智勇敢"这一性格特征的品悟，相机渗透了词语的感情色彩这一知识点的学习。]

(6) 逄蒙见嫦娥不肯交出仙药，就——(引读)这后面的事发生在瞬间，我们讲述也要直截了当，不能拖泥带水。

(7) 连起来将这一段故事讲精彩。自练，指名讲。

(8) 刚才，我们抓住关键词，展开想象，把人物的所做、所说、所想讲具体，就精彩了。课后，选择其他语段，也这样精彩地讲述。

3. 拓展想象，代述心声。

(1) 嫦娥吃了仙药，飘飘悠悠地飞到月亮上去了。从此，乡亲们——(出示末自然段，配乐齐读)

(2) 月到中秋分外明，乡亲们遥望月宫中的嫦娥，思绪万千；后羿呢，有千言万语要对妻子倾诉；而嫦娥，一定也有心里话儿要诉说。此刻，就让我们来做代言人，替他们传递心声吧。(板书：代述)选择一个人物，读一读文中有关他(她)的语句，先想一想他(她)会说什么，再写一写。

(3) 出示句式，班内交流，体会嫦娥的无私大爱。

“乡亲们：嫦娥啊，______________。”

“后羿：______________________。”

“嫦娥：______________________。”

[**评析**：代述心声，让故事更丰满，也将散落在故事中前后联系的句子连缀起来，架设了学生、教师、故事与人物之间多元对话的平台，让学生进一步走进人物的内心，将彼此的心贴得更紧。]

4. 回读升华，总结全文。

(1) 故事讲到这儿，我的脑海中又出现了这幅唯美的嫦娥奔月图(体会语言美、意境美、姿态美)。此刻再听老师读读，你的心里又会有怎样的感受呢？

①交流。(难过、留恋、凄凉、孤独……)

②短短三句话，有一个字却反复出现了多次。哪个？“飞”，我们一起来读读。五个“飞”，虽然画面很美，却因为有着亲人间的生离死别，多了一分悲伤与凄凉，这样的美，是“凄美”。指名配乐读。

③虽然明知从此将独守寒宫，但嫦娥——(引读“一直朝着月亮飞去”)；虽然有对丈夫的千般依恋，但嫦娥——(引读“一直朝着月亮飞去”)；虽然有对乡亲们的万般不舍，但嫦娥——(引读“一直朝着月亮飞去”)。舍己为民、义无反顾，这样的美，怎能不是壮美啊！

(2) 难怪英国神话学教授朱尔斯说：嫦娥是各国月神中最美丽的。让我们再读这至纯至美的奔月图，让这最美的女神永驻我们心里。配乐有感情地朗读。

(3) 在祖国久远丰厚的传统文化中，神话故事是最能让人感动、给人力量的一种。我相信，此刻，《嫦娥奔月》这个古老的神话故事，已成为了一颗种子，在你心中美丽地生长。

5. 布置作业，拓展延伸。

(1) 最后，我们来读李商隐的这句诗："嫦娥应悔偷灵药，碧海青天夜夜心。"此刻，你有什么疑问吗？这是怎么回事呢？(扣住"偷"字质疑探究)

(2) 神话是口耳相传的，在流传过程中自然会产生变异。课后，就请你搜集、阅读其他版本，或是和课文匹配的古文版本，和大家分享阅读。

[**评析**：语文学习的外延就是生活。作为口耳相传的经典故事，《嫦娥奔月》有着多种版本。引入李商隐的诗句，一个"偷"字激起了学生深深的疑问，但也残忍地将学生心中嫦娥的美好形象破坏了。是引入还是放弃？最终还是选择引入，因为觉得此举将学生置于复杂的现实之中，也将学生的学习引向学科和生活的深处，引导学生去积极地自主思辨，即使残酷了些，也值。]

二、教学总评

2012 年"杏坛杯"苏派青年教师课堂教学展评活动常州赛点，我听到了这节风格独特的语文课，感觉耳目一新。尤其是对于如何教学神话故事这类文本，给大家提供了一个值得探究与思考的案例，富于启迪。执教者所预设的"以'讲故事'为目标，又以'讲故事'为策略"的教学思路，在教学中演绎出了富于魅力的课堂生成。如讲述"嫦娥护药"的教学片段：

(出示："于是，她便机智地与逢蒙周旋。"学生齐读。)

师：这回，请你来抓关键词，你抓哪个？

生：机智、周旋。

师："周旋"是什么意思？

生：与敌人较量，相机进退。

师：这是词典上的解释。那么，嫦娥会怎样机智地与逢蒙周旋呢？想象一下，和周围的伙伴讲一讲，也可以走下来找个同伴演一演。

(学生找同伴交流想象，合作表演。)

师：哪一对同伴先来表演？

生 1：(伸出左手放在同伴肩上，凶狠地)嫦娥，快把仙药交出来，不然我就杀了你！

生 2：什么仙药啊？我根本就没有。

生1:就是上次后羿交给你的可以长生不老的仙药,快交出来!

生2:我真的没有啊。

生1:快点,别装蒜,我知道你藏起来了。

生2:(想了想)哦,那药被后羿带出去了,不在我这儿。

(生1眨着眼不吱声了。)

师:看来,嫦娥是不会把药交给你了。

生1:不跟你烦了,还是我自己来找吧!

(说完转身假装搜寻。)

师:这位嫦娥先是一口否认,后来看看不行,就推脱不在自己身边,这样的周旋机智吗?

生:机智!

师:面对凶狠的逄蒙,嫦娥镇定自若,机智周旋,还很——

生:勇敢!

(教师让一学生板书"机智勇敢",再请两对学生表演。)

师:(边讲边用红笔在黑板上画出两个词:机智、奸诈)我们来看,嫦娥说的是实话吗?

生:不是。

师:我们夸她是——

生:机智。

师:逄蒙假装生病,说实话了吗?我们说他是——

生:奸诈。

师:你有什么发现?

生:我发现它们是一对反义词。

师:你感觉到了两个词在某些方面是相反的,不错。

生:他们都没有说实话,但嫦娥是为了老百姓不受害而说谎,是善意的谎言;而逄蒙是为了自己得到仙药成仙,然后去害更多的人。

师:把掌声送给他!(掌声)你具有一双慧眼,看到了他们本质的区别。是呀,虽然行为相同,但用意不同,我们的用词也就不同了!这里藏着祖国语言文字的奥妙,那就是词语是有感情色彩的。用"机智",是表达我们对嫦娥的——

生:敬佩、佩服、赞美、夸奖。

师：用“奸诈”，就表达了我们对逢蒙的——

生：厌恶、看不起、鄙视。

师：神话故事就是这样的，爱憎分明。我们讲故事的时候，也要用好这样的词，鲜明地表达我们的情感。

从整体上看，这节课的教学设计，呈现如下亮点：

（一）巧构平台，故事更具张力

品读感悟是最常见也是最有效的语文教学手段之一。无论课后要求是“朗读课文”还是“复述课文”，教师往往采用这样的方式来组织教学，屡试不爽。这节课，教师大胆取舍，没有采用传统的品读方式，而是通过“概述—讲述—代述”的方式，为学生的语文学习架构起了一个新型平台，也让“复述课文”这一被教师们视为可有可无的要求，在课堂教学中得到扎实灵动的落实，并使这个故事更具张力。

第一环节“概述”相对比较简单，教师在学生概括故事主要内容的基础上，强调了“围绕三个主要人物用几句话来讲”这一要求，学生基于上节课的学习，很快自主达成了“概述”。

第二环节“讲述”是教学重点，教师站在儿童立场阅读文本，选取了学生共同聚焦的第五自然段作为讲述的例子，充分展开教学，巧妙地引导学生一步步掌握精彩讲述的“法宝”。同时，学生在教师的点拨引领下，把这一片段演绎成了一个个扣人心弦的场景，使故事更具体、更生动了。

第三环节“代述”设计十分巧妙，表面上是让学生替故事中的人物传递心声，进行言语表达训练，实际上更是对课文其他节段的阅读理解与交流，将散落在故事中前后有联系的语句贯通起来，丰富故事的内容，丰盈故事的内涵，更丰厚了学生的情感体验。

这三种“述”，被教师巧妙地组合在一起，由面到点、由段到篇，构成了本课教学的主体框架，实现了“讲故事”这一目标的达成，也凸显了“讲故事”这一教学方式之于学生语文学习的价值。可以说，这堂课用讲故事来教语文，给了语文教学一条新的活路；而这样的语文课堂，也给了故事新的生路。

（二）以生为本，课堂充满活力

与实验稿相比，2011 版语文课程标准的“课程基本理念”标题表述没变，但细读文本，还是有不少改动的。如第三条“积极倡导自主、合作、探究的学习方式”，就增加了这样的表述：“鼓励自主阅读、自由表达，充分激发他们的问题意识”。这堂课上，我们就看到了教师这样的思想：放手让学生去自主阅读、自由表达，教师只在关键处点拨引领。

在讲述“逢蒙抢药”中，“怎样闯进”“怎样威逼”的想象与表达，都是学生基于阅读的创造，教师没有用范例来预先“扶一把”，而是直接要求“谁来讲讲”，让学生张开了思维的羽翼自由翱翔。而讲述“嫦娥护药”中，学生合作表演“如何机智周旋”的场景，更是学生原生态的语言实践与创造，教师只在学生语塞时点评了一下而已。再看对“机智”“奸诈”两个词感情色彩的感悟，教师也用一句“你有什么发现”引导学生去比较、去发现，直到他们能自主感知两个词的异同。

综观全课，我们能鲜明地感受到教师以生为本的思想，教学预设基于学生真实生活的学习原点，教学生成又以开放、富有探索性的问题为生长支点，给了学生广阔的学习舞台，使课堂充满了活力。

（三）基于倾听，教师富于魅力

佐藤学教授说过：“教师往往想让学生多多发言，但实际上，仔细地倾听每个学生的发言，在此基础上开展指导，远远比前者更重要。”这一点，执教者显然了然于胸，很多精彩生成就是基于其真诚理解的倾听。

比如讲述“逢蒙抢药”中，当学生说“用出全身的力气把门推开”时，专注的倾听让她随即追问：“推门都用出全身的力气了，可以换个什么词？”唤起了学生的已有经验——“撞”应运而生了，于是也催生了“踹”“冲”“用剑劈”这样多元的“闯”。“把剑放在肩上”换成“把剑架在脖子上”亦是如此。

又如讲述“嫦娥护药”中，针对“机智”和“奸诈”，教师问“你有什么发现”，第一个学生说“它们是一对反义词”，这说法显然不够准确，但教师理解性的倾听使她敏锐地做出反应：“你感觉到了两个词在某些方面是相反的，不错。”既肯定了学生思想中合理的部分，又巧妙地保护了学生的自尊心。当另外一个学生发现“他们都没有说实话，但嫦娥是为了老百姓不受害而说谎，是善意的谎言；而逢蒙是为了自己得到仙药成仙，然后去害更多的人”，凝神倾听又让教师做出了真诚鼓励的举动，带头鼓掌，然后帮助学生提炼本质，领会词语感情色彩的意蕴，体悟神话故事爱憎分明的语言特点。

由此，我们能看到，基于真诚理解的倾听，让教师做出敏锐反应，彰显了其教学智慧。

2 用文学鉴赏的方式读神话

——点评俞霞执教的《嫦娥奔月》

一、执教者的教学设计

（一）设计理念

神话故事是一个民族文化渊远流淌而成的自然溪流，荡漾着整个民族的道德传统、伦理取向、文化认同、精神气质，作品本身存在人物个性特征鲜明、语言通俗、想象丰富等特点。作为语文课程文本，神话故事更具有丰赡的意义，《嫦娥奔月》就是这样一个具有代表性的富于课程价值的文本。

首先，这个故事充满神奇，激起学生的阅读兴趣。天上居然有过十个太阳，力大无比的后羿能用箭射下九个来，神勇至极；一个药丸不但能使人长生不老，还能使人升天成仙，神奇至极；吃了仙药的嫦娥能飞上月亮，而神勇的后羿向前追三步，月亮就向后退三步，神秘至极。这些神奇的人、神奇的物、神奇的力、神奇的现象足以吊起学生的胃口，因为他们最擅长以梦想的方式创造这样的神奇，而这一故事中的神奇就能带着他们进入自由驰骋的想象王国。

其次，这个故事洋溢壮美，符合学生的审美情趣。后羿用非凡神力拯救百姓，迸发出压倒一切邪恶的力量和气势，在学生心中成了顶天立地的英雄；即使是柔弱女子的嫦娥，也在危急关头挺身而出，舍己为民，成为圣洁道德和勇敢正义的化身，给学生一种邪不压正的安全感，符合学生的审美情趣。

再次，这个故事语言简练，适宜学生的想象意趣。对于五年级学生来说，这个故事篇幅并不长，语言简练，但内容很丰富，很多语句都是浓缩的情节。那么，教学时就可以抓住那些语句引发想象、拓展丰盈，使学生在链接原有认知的基础上，既得到语言文字的训练，又感悟到神话故事追求真善美的永恒主题，获得审美体验，促进生命成长。

于是，我这样设计教学流程：首先，基于神话特点，了解故事内容；然后，感知人物形象，体味故事情感；最后，探求故事版本，明确神话寄寓。在这符合文学鉴赏基本规律的教学过程中，引导学生层层深入，感性与理性一齐参与，情智与想象共同奔涌，既获得对奔月故事的审美享受，又实现对神话创造的理解与思考，达到言语和精神的同构共生。

（二）教学目标

1. 正确、流利、有感情地朗读课文、复述课文。

2. 了解叠词的特点，积累词语。

3. 借助对具体语言材料的理解，体味故事情感，感受神话故事的特点。

4. 学习嫦娥心地善良、为民造福的品质。

（三）教学过程

1. 基于神话特点，了解故事内容。

（1）同学们，你们喜欢神话故事吗，都读过哪些？（盘古开天、女娲造人、精卫填海、女娲补天、后羿射日……）

（2）神话一般都是关于神仙或神化了的英雄的故事，情节生动，想象奇特，很吸引人。这节课，我们学习一个和月亮有关的神话故事——《嫦娥奔月》。

（3）读题、解题：

①“奔”是个多音字。字典上的读音和含义是这样的：

bēn 1. 奔走；急跑。2. 紧赶；赶忙或者赶急事。3. 逃跑。

bèn 1. 直向目的地走去。2. 介词，朝；向。3. 年纪接近。4. 为某事奔走。

根据预习时对故事的了解，你觉得在这儿该读哪个音？（bēn 1. 奔走；急跑。）

②齐读课题。

（4）通过预习，你知道故事主要写了哪些人物？（后羿、逢蒙、嫦娥。）

在读写“逢蒙”这个人名时，你觉得有什么要提醒大家的？（关注“逢”的读音 páng，记住“蒙”字秃宝盖下的一短横。）

（5）打开课本，浏览全文，看看写了这三个人物的什么事？试着用简洁的语言概括。

[**评析**：不同体裁的文学作品，其结构、语言、表现手法等都有各自的特点。这一片段的教学，旨在通过“聊”唤起学生的已有认知，初步感知神话作品的基本特点，然后充分发挥学生主体作用，定字音，记字形，明字义，概括故事主要内容。在整体把握课文内容的同时，有效促进学生对本课难点字词的音、形、义等基本知识的掌握，夯实基础。]

2. 感知人物形象，体味故事情感。

(1) 导读。

故事中有一个关键物品——仙药,此乃西王母所赐,不但能让人长生不老,还可以让人升天成仙。文中后羿、逢蒙、嫦娥分别是怎么对待这丸仙药的,你又读到了他们怎样的内心?品读第3—7自然段,动笔写写批注。

(2) 交流人物"后羿"。

预设一:后羿藏药——深爱妻子。

出示句子:"后羿不愿意离开嫦娥,就让她将仙药藏在百宝匣里。"

①"后羿不愿意离开嫦娥",为什么?

联系前文,想象:嫦娥会怎样接济乡亲?

如此美丽善良的妻子,后羿又怎么舍得离开呢?指读,齐读。

②小结:正如唐代诗人卢照龄所说:"只羡鸳鸯不羡仙",一个"藏"字让我们读到了一个情深义重的后羿。板书:藏。

预设二:后羿藏药——为民造福。

①后羿藏药只为了妻子?想一想王母为什么赐他仙药,你还能发现其他原因吗?联系前文,品读"后羿射日"这一故事。

②练读,关注动作和语言描写,使英雄的形象高大起来。

③"我"也要"为民造福"!这也是后羿藏药的原因。

(3) 交流人物"逢蒙"。

预设:逢蒙弄药——奸诈贪婪。

出示句子:"这件事不知怎么被逢蒙知道了,他一心想把后羿的仙药弄到手。"

①他怎么个"一心想"?

假装(蓄谋已久,机会终于来了)、闯(一分钟都等不及)、威逼(凶相毕露)、抢(丑态百出),练读。

②玩味"弄"字的精妙——为满足一己私欲而不择手段、丑态百出。

③一个"弄"字,就写出了逢蒙的奸诈贪婪。板书:弄。

(4) 交流人物"嫦娥"。

预设:嫦娥吞药——舍己为民。

出示句子:"于是,她便机智地和逢蒙周旋。"

①想象表演:嫦娥会怎样和逢蒙周旋?理解"周旋":与敌人较量,相机进

退，以战胜敌人。

揣着明白装糊涂：没听说，不知道；后羿没告诉我啊……

拖延时间等待时机：忘了藏哪儿，东寻西找……

②引读："逢蒙见嫦娥不肯交出仙药……一口吞了下去。"

嫦娥知道吞药的后果吗？为什么还这么做？体会反问句的表达效果。板书：吞。

③同学们，读着这三段文字，你读到了一个怎样的嫦娥？（美丽善良、一心为乡亲着想、自我牺牲……）

[**评析**："儿童文学就是故事文学。"以三个人物入手，围绕"一丸仙药"，紧扣关键词"藏""弄""吞"，激发想象，贯通前后，层层推进，引领学生向文本深处漫溯，人物形象逐步凸显，学生对真善美也有了初步体悟。]

（5）品赏"奔月"。

出示："嫦娥吃了仙药，突然飘飘悠悠地飞了起来。她飞出了窗子，飞过了洒满银辉的郊野，越飞越高。碧蓝碧蓝的夜空挂着一轮明月，嫦娥一直朝着月亮飞去。"

①品析体会文字表达。

指名读，这样的画面美吗？从哪儿读出来？

"一轮明月""洒满银辉"——月如玉盘，月光皎洁，清亮如水，轻盈如纱。

"飘飘悠悠"—— 比"飘悠"更轻更柔、有一种轻盈飘逸的美感，形象地写出了嫦娥升天时的姿态，使人联想到飞天仙女。

"碧蓝碧蓝"——比"碧蓝"更蓝更美，强调了夜空的神秘色彩，衬托了嫦娥美丽的心灵，蕴含作者喜爱的情感。

运用重叠词可以加强语气，更好地表情达意。谁能再说上几个？

②想象体悟人物内心。

嫦娥飘飘悠悠，飞出了自己温馨的家，飞离了自己曾经与乡亲生活过的村庄，越飞越高。孤独的漫漫长路上，她会想些什么呢？动笔写一写，交流。

欣慰——我没有让逢蒙这样的小人得逞，不然他会去害更多的人！

遗憾——乡亲们，我不能再为你们排忧解难了，要照顾好自己啊。

不舍—— 一个人在天上的孤独清冷，怎及两个人在人间的相濡以沫！

……

③朗读体验优美意境。

是啊，嫦娥吞下仙药，意味着她美满的家庭被生生拆散，意味着她从此与丈夫天各一方，意味乡亲们再不能得到她的接济照顾……此刻，嫦娥真是百感交集，千种滋味涌上心头，画面上也许看不到，但我们的心已经体会到。读大家一起读(配乐)!

[**评析**:"嫦娥奔月"一景纯净明澈，意向丰富优美，画面充满遐想，是对学生进行语感培养、审美教育的绝佳题材。上述教学过程，教师引导学生欣赏姿态的美，体会文字的美，想象意境的美，品赏情感的美，由图及文，让画面的美在字里行间潺潺流淌;"孤独的漫漫长路上，嫦娥会想些什么呢?"此问是思维火炬的闪耀，是情感旋律的高昂，学生在疏可走马的想象空间里，丰富内心的视像，获得情感的陶冶和心灵的荡涤，进一步体味到神话故事的魅力和神韵，也培养了观察、表达、想象、鉴赏等多种能力。]

(6) 学习结局。

①这一丸仙药，就像一块试金石，试出了人性的真善美，也试出了假丑恶。结果呢? 齐读第8自然段。

②乡亲们会怎样遥遥地祝福?

③是啊，弘扬真善美、唾弃假恶丑，这是中国神话永恒的主题。

3. 探求故事版本，明确神话寄寓。

(1) 神话故事是口耳相传的，故事的产生具有一定的随意性，故事的流传又具有较大的重塑性。《嫦娥奔月》也有不同的版本。自由读，你又读到了怎样的嫦娥?

出示:根据《淮南子》记载，后羿到西王母那里求来了长生不死药，好让他们夫妻二人在世间永远幸福地生活下去。嫦娥却过不惯清苦的生活，乘后羿不在家，偷吃了全部的长生不死药，奔逃到了月亮里。

(2) 这是记载最早的版本，唐代李商隐的名作《嫦娥》也间接验证了这个版本的原始存在。视频、录音诵读。

嫦　娥

李商隐(唐)

云母屏风烛影深，

长河渐落晓星沉。

嫦娥应悔偷灵药，

碧海青天夜夜心。

（3）你喜欢哪个版本的嫦娥，为什么？

人们不断地对故事加工、修饰、美化，把嫦娥塑造成一个光彩靓丽、至美至善的天仙，体现了人们对美的向往和追求。

（4）千百年来，奔月的故事家喻户晓，人们以各种方式颂扬她：有影视戏剧作品、剪纸、雕刻、砚台、邮票钱币，还有我国的探月卫星……甚至连英国的神话学教授朱尔斯也说："嫦娥的形象是各国月神中最美的。"出示画面、文字。

（5）让我们再读《嫦娥奔月》的动人文字，把这美好的形象永远定格在心里！

［**评析**：于漪老师曾说："对学生语言能力的全面培养，并不局限在第一课堂，第二渠道有更广阔的天地……"因此，以课内带课外，以一篇带多篇，以精读带博读，无疑是提高学生语文素养的一条重要的途径。同时，其他版本的比照阅读，激起学生思辨，让其内心经受矛盾冲突的撞击，从而领悟神话故事在不断的传承中带来的温暖、感动和力量，学会符合审美的取向，其立意就更为深远了。］

4. 布置作业、拓展延伸。

（1）复述《嫦娥奔月》的故事。

（2）赏读、摘抄关于月亮的诗词，如李商隐的《霜月》、晏殊的《中秋月》、苏轼的《水调歌头》等。

（3）（选做）课外阅读《嫦娥奔月》其他版本的故事。

二、教学总评

《嫦娥奔月》是一个动人的神话传说。美丽善良的嫦娥为了使老百姓免于受害，自己吃了长生不老药，最终奔月成仙。课文情节曲折，意境优美，人物特点鲜明，洋溢着对真善美的追求，是进行文学鉴赏的绝佳文本。教者扣住文学鉴赏的基本要素，抓住极具内涵的语言点，引领学生在感受赏读、咀嚼玩味中获得审美体验，促进生命成长。

（一）感受形象

《嫦娥奔月》的故事从远古一路走来，尽管一走就是数千年，可人们还是由衷地喜欢，一辈辈地传诵，就因为故事中蕴藏着动人的美！教学伊始，首先探讨

“写了什么故事”，这相当于文学鉴赏的起始阶段——感受形象阶段，学生对后羿的情深义重、嫦娥的美丽善良、逄蒙的奸诈贪婪有了初步的感知。毋庸置疑，故事最美的人物是嫦娥，最美的形象是嫦娥奔月，教师由图及文，引导学生欣赏姿态的美，体会文字的美，想象意境的美，品赏情感的美，在潺潺流淌的字里行间、疏可走马的想象空间里，充分体味神话人物的魅力和神韵。

（二）体味玩赏

从语言的了解而感知形象是进入鉴赏的第一步，真正对作品的鉴赏还有待于在这个基础上进一步深化。细读文本、体味情感，将自己感受到的形象继续深化，这相当于文学鉴赏中的体味玩赏阶段。文中的“一丸仙药”是故事发展的一条线索，“后羿、逄蒙、嫦娥分别是怎么对待这丸仙药的，你又读到了他们怎样的内心？”抽丝剥茧中，蕴藏于文本的三个关键词“藏”“弄”“吞”逐步浮出水面。紧扣这三个关键词激发想象，贯通前后，层层推进，引领学生向文本深处漫溯，人物形象逐步凸显，学生对真善美也有了初步体悟。

（三）审美判断

文学鉴赏不是单纯的感性直觉，而是感性、知性、理性的反复推移深化。在拓展阅读淮南子版的《嫦娥奔月》后，教师趁机抛出问题：“你喜欢哪个版本的嫦娥，为什么？”引导学生比较两个不同版本故事内涵的差异。在此过程中，一颗善的种子伴着情感雨露自然根植于学生的心里。最后，师生的情感产生了共鸣：美好的月亮，美好的嫦娥，美好的故事，这是人们内心对美的向往和追求，所以“嫦娥奔月”在作者眼里成了美的永恒。入乎其中，出乎其外，学生就是在这入入出出的反复过程中对形象的真实性、思想性、艺术性做出一定的审美判断，从而获得更丰富的艺术感受。

3 用语文的智慧，帮助儿童走向生命的远方

——点评施萍一执教的《揠苗助长》

一、执教者的教学设计

（一）设计理念

有个有趣的比喻，鸡蛋从外部打破，充其量只能成为人们口中的美食，而从内部打破，大家都知道，那就会成为新的生命。

始终认为，语文教师、语文课就要用语文本质的力量为学生生命的每一次新的进步和发展助力。始终认为，语文的核心价值之于儿童的言语生长就如同一层厚厚的"植被"。于是这堂课，从这一则寓言开始，从学生已有的经验出发，展开愉悦的实践活动，去培植读更多则寓言的兴趣和素养，去积累更为丰富、饱满的言语智慧。

首先，从一则寓言，走进一片语言丛林。

乍一看，这则寓言的语言、故事情节都很简单，然而课程的对象，是一群三年级的儿童！在教学中，我就要义不容辞地以一名成熟的阅读者身份，带领他们走进这片风景优美的语言丛林，去体味故事里"巴望""焦急""筋疲力尽"……这些词语里藏着的丰富表情、生动行为、有趣情感。

其次，由一则寓言，追寻一段生长历程。

课堂里的所有，都应该而且必然是从儿童那里来，都应该而且必然要帮助儿童超越他自己，都应该而且必然要指向儿童生命的远方。我在思考：三年级的学生读这则寓言时，他们在哪里？他在哪里？我在思考：什么时候学生需要我的在场？我在思考：用怎样的方式给他们以指引？领悟寓意对三年级的学生来说，有一定的挑战，怎么办？两个清浅的问题"你想对农夫说什么？""你想讲给谁听？"犹如投向湖心的石子，定会在学生心田漾起一圈圈思维的涟漪，于对话间，于会心一笑间，倾听那言语和思维拔节的声音。

最后，用一则寓言，留下一个语文印记。

故事要讲。讲，就是在学习，就是在理解，就是在运用；讲，才能促进能力的形成。寓言故事更要讲，古人的智慧就是借助讲故事给人以启迪与思考，一则

寓言故事，在群雄争霸的春秋战国时代，有的竟能抵“百万雄师”！

这个难忘的语文印记：从讲清楚故事的起因、经过、结果，到讲好故事，表达出故事语言的情意，到进行有感情地讲述，在关键处逗留，用自己的语言、想象、体态、表情、动作去丰富故事，让每个学生都能一步一步走、一步一步登高；让语文能力较优的学生，能有“登高处”，甚至是“登高峰”的体验。相信这个印记会牢牢地长在学生的心田，给予他们去课外读一串故事、讲一串故事的语文力量。

读寓言，长智慧，长的不仅是语文知识，还是能力，更是新的生命。

（二）教学目标

1. 学习“寓”“焦”等生字，注意字的关键笔画，能正确、规范书写。

2. 读懂故事梗概；学会抓住故事的起因、经过、结果把故事讲清楚，并尝试在关键入逗留，丰富故事。

3. 在讲故事的学习情境中，理解“巴望”“焦急”“筋疲力尽”“纳闷”等词，并体味在故事里的表情、行为和情感。

（三）教学过程

1. 课前活动。

（1）老师带来了几幅好玩的画，想看吗？

（2）学生根据图画猜寓言故事。

[**评析**：“猜寓言故事”，一是循着儿童原有的阅读经历，用“寓言故事”将学生引向中国古代寓言故事之林。二是唤起儿童对古代寓言故事的经验。课开始之前，形象化的方式，贴近儿童经验的起点，为课堂的整体立意悄然做好铺设。]

2. 揭题导入。

（1）这节课，我们要来学习第 24 课《寓言两则》，“寓”是个生字，最关键的是笔画是竖（红笔描），要一直写到底。伸出手指写一写。

（2）一起来学习第一则。指名读题，正音“yà”，理解“揠苗助长”。

（3）“揠”指的就是——（拔），所以故事也叫“拔苗助长”。

（4）指读题目。

[**评析**：课的导入要“轻”，意味着要简明而不繁琐，抓住一字的“一笔”“一音”，扣住一字一词之义，简洁明快；课的起步要“浅”，意味着要简单而不繁难，无非是写写、读读、说说。然而，“轻”和“浅”，却蕴含着“准”和“要”。课题揪住

“揠”字读音和含义，其字含义则来自学生对“揠苗助长”故事含义的前经验。]

3. 读懂梗概。

(1) 请同学们打开语文书，放声读这个故事，把故事读正确、读流利。

(2) 课文都能读准了吗？好，请四个同学来读一读，读的过程中交流每一自然段讲了什么？板书：巴望、拔苗、枯死。

(3) 用上“巴望、拔苗、枯死”，简单地说一说故事主要讲了什么。

[**评析**：阅读寓言故事第一步为“读懂”。“读懂”有两个要素，一为内容：故事大意，在于找到线索，线索就是故事的起因，经过，结果；二为方法：根据线索简单说说大意，这是语文方法或能力。本课授予学生的是“关键词”串联法。以此来串联概述，读懂故事，读薄故事。]

4. 讲述故事。

故事不仅要会读，还要会讲，讲故事可是大有学问的，怎样才能讲好呢？一讲清楚，二讲生动，才能吸引人，我们一起来看看故事中的农夫是怎么想的？怎么做的？怎么说的？

(1) 读讲“起因”。

①先看故事的起因，出示第一自然段。

A. 理解“巴望”。

B. 从哪里可以看出他是在“巴望”自己的禾苗长得快些呢？

②师生对话交流。

引导抓住“天天”体味：

A. 天天去看，你仿佛看到农夫什么样子？

B. 读好这句话。

引导抓住“焦急”体味：

A. “十分焦急”，他会怎么想？

B. 你就是农夫，注意下语气，再来说一说。

C. 出示图片：“焦”字下面的四点像什么？

小结：哦，汉字带给你们这么丰富的联想！古时候它是这么写的，下面的四点其实就是有一团火在烧，农夫的心里也像是有团火在烧，可真够急的呀！谁来读读这句话？

③讲讲故事的起因。关注三个坡度，引导学生在自己的“发展区”更进

一步：

A. 短短几分钟，就把起因讲出来。

B. 能注意讲的语气，有讲的味道。

C. 能把"十分焦急"会怎么想也讲出来。

[**评析**：讲故事的起因，在每个学生的"最近发展区"，可以大体表现为三种坡度：照文背；照文讲；讲丰富。这三个坡度层层递进、螺旋上升。让三年级学生能有"往高处"走、"登高处"的体验，依旧离不开词。从"巴望"到"天天看"，再到"十分焦急"，一方面是让学生在具体的故事情境中，加深对词语在特定语境中的情感等的体会，另一方面也在为学生能把故事的起因讲好作铺垫。而当学生无法领会这种铺垫时，还须通过评价"有点小遗憾，要是能把农夫十分焦急时会怎么想也讲出来，我们就更爱听了"等让学生顿悟，促进其从讲故事的第一坡度，登上第二、第三坡度。]

(2) 读讲"经过"。

①讲好故事的经过是关键。请自读第二自然段，想想这个农夫是怎么拔的？

②学生体验活动，引导理解、体会"一棵一棵地往上拔"。

③引导理解、体会"筋疲力尽"：

A. "筋疲力尽"，累成什么样了？引导学生做一做农夫"筋疲力尽"的样子。

B. 读好词语，并读好句子。

④谁来讲讲第二自然段农夫"拔禾苗"？关注三个坡度：

A. 能完整地讲下来。

B. 讲故事味道较浓。

C. 能用动作为讲加分，让我们看到筋疲力尽的样子。

⑤经过还有一段，老师不教、不讲，你们能讲好吗？

A. 指名讲。你们觉得他讲得好不好？

B. 怎么才能讲出"兴致勃勃"的味道呢？

演示"勃"字，右边是个力，农夫的话就要讲得响亮、有力，浑身都是劲。

C. 哪个"小农夫"，再来"兴致勃勃"地说一说？

[**评析**：在故事情境中，"拔禾苗"是农夫的"显性动作"，反映出的是"隐性心理"：有良好的出发点，自以为很有方法，有勤劳的付出，然而其结果却是"好心

办坏事”。因而,“拔禾苗”这一体验活动是为学生领会与表达寓意进行铺设。]

(3) 读讲“结果”。

故事的结果很简单,我们一起来讲一讲:他的儿子很纳闷,第二天跑到田里一看,所有的禾苗都枯死了。

①引导讲好“很纳闷”:做纳闷的表情,提问:他在想些什么呢?

②第二天跑到田里一看,“都枯死”了:看到这个情景,儿子会怎么样?引导学生想象儿子的动作、表情。

③再一起讲讲故事的结果。

(4) 完整讲述。

①根据故事画的连环画,配音完整讲故事。

②指名学生上台讲,关注学生能达到最佳的表现:

A. 评价和自我评价。

B. 推动和自我提高。

[**评析**:完整讲述故事,不是某个语言表达优秀的学生的“表演”,是对每个学生讲故事能力的一个综合促成环节,重点在于对讲故事学生的“评”和“推”。学生讲完,让其自我评价,但这不够。教师要给力,引导其发现“优”与“缺”;教师要助力,帮助其补“缺”和提“优”。这样,指导和评价的是一个学生,然而面向和指向的却是全体学生。]

5. 揭示寓意。

(1) 你们觉得故事里的这个农夫怎么样?

(2) 你想对他说什么?

①引导学生从农夫的“急”、禾苗的生长规律、农夫的愿望和结果等方面展开自由表达。板书:急于求成、违背规律、适得其反。

②引导生本对话:

农夫啊,农夫,你以为禾苗一点儿都没有长,其实——

农夫啊,农夫,你以为想出的是一个好办法,其实——

农夫啊,农夫,你以为力气没有白费,其实——

农夫啊,农夫,你以为是在拔苗助长,其实是在拔苗助——死啊!

③笑声中,我想你们都明白了,(指板书)赶紧把三个词记在题目右边。

④明白了故事里的道理,你想把它讲给谁听?为什么?

(3) 简短的故事,深刻的道理,这就是寓言故事的魅力。请拿出课桌里的故事纸,轻声自由读读,再去感受一下。

①学生自由阅读寓言《此地无银三百两》《掩耳盗铃》《郑人买履》《刻舟求剑》《买椟还珠》。

②阅读分享:告诉大家,你读了什么故事?简单说说你的感受。

③读了听了这类古代寓言,你有什么发现吗?

(4) 小结:对,故事里都有个"蠢人",做的都是"蠢事",这类中国古代寓言,用"蠢人蠢事",给我们启发,真是耐人寻味。《寓言两则》中的另一则故事《鹬蚌相争》,就又是一种味道了,下节课,也这么去读读、讲讲。

[**评析**:从一堂课的结构来说,这是重要的第二版块,就是对寓意的领悟,此环节以清浅的问题来打开学生的思维空间,三个问题,形成学生思维的三个坡度。其一,对故事中农夫形象的思辨,在师生对话中初步建议对寓意的理解;其二,由故事中农夫,到现实生活中农夫这一类人,运用寓意进行理解与表达;其三,由一则故事,一个蠢人,到多则故事,多个蠢人,发现一类中国古代寓言故事以"蠢人蠢事"进行讽刺启迪的特点。]

6. 布置作业。

语文实践活动:

(1) 必选:将这个故事讲给其他人听一听。

(2) 挑战:阅读《此地无银三百两》《掩耳盗铃》《郑人买履》《刻舟求剑》《买椟还珠》,试着讲一讲。

二、教学总评

当一个犹太人的孩子问母亲:"如果家中着了大火,我该抢救什么呢?"母亲笑着回答:"最重要的是你要能把自己的智慧抢救出来,其他的一切都是不重要的。"幽默但又耐人寻味:智慧乃是最重要的。

在我看来,语文的智慧,一在于语文的学科价值,二在于儿童教育的情感。《揠苗助长》这节课中,执教者正是深入了语文学科的本质,去挖掘文本语言以及思想的核心价值;正是深入了儿童语文学习的现场,去帮助、扶持、吸引他们走向生命的远方。

(一) 智慧首先在于发现

《揠苗助长》是一则耳熟能详的寓言故事,如果说一则故事是"树木",教师就要善于找到这棵“树”所属的那片“林”。施老师正是帮助学生向林子深处寻找，找到那片中国古代寓言故事的林子。

用一片“树林”的底气，去读一棵“树”，于是，她带领学生将“一则故事”读了个透。用“关键词”串联法，读懂寓言故事简短的结构；用“讲故事”的方法，读懂鲜明的形象，感受夸张与想象的艺术手法；用拓展阅读的方式，读懂寓言将深刻的道理寄寓在简短的故事中那独有的特点。课堂没有离开字词，没有脱离语言，没有阻隔学生的现实生活世界，有的是语文智慧的发现、豁然开朗的欣喜。譬如，教学第一段时，很多教师会抓住文中的“焦急”展开，而施老师则从“巴望”入手，我以为这一“发现”是极其精准的。“焦急”是农夫客观的心理，从“焦急”出发的农夫的所作所为都是合乎常理的，因此，只有从“巴望”处点化，才能深刻揭示农夫“揠苗助长”的主观动机，既符合寓言的夸张写法，又契合寓言的内在隐喻。

（二）智慧是一种挑战

本堂课，执教者将“讲故事”作为语文能力训练的核心要素，这种能力训练如何达成？一堂课结束，目标是否达成，这是课堂评价的最重要的准绳。

课中，执教者致力于将“空间”“内因”“外力”进行改造，融合进教学活动中。目标设置多个坡度（开放的空间），比如每一部分练讲故事，可以“把故事讲出来”，也可以更进一步（有讲的味道），还可以再更进一步（讲出心理活动，讲出表情和动作）；可以朝向自己希望的方向（内在动力），到达自己认为可以到达的坡度；但教师还要适时、适度、适切地给他一股助推的力（外在助力），有时只需一个评价，如“有点小遗憾，要是能把农夫焦急时会怎么想也讲出来，我们就更爱听了”这个评价就是一股正面积极暗示的力量，推着学生往前走。

这样的语文教学是一种智慧挑战，引导着学生从自己的“最近发展区”出发，登上“不同的高度”，更帮助与支持儿童登上“他的高峰”，以获得有紧张感、生成感的语文学习高峰体验。

（三）智慧没有技巧，只有情感

著名演员陈冲在获得奥斯卡奖时发表感言：“我没有任何技巧，只有情感。”是否可以这样理解，在语文教学中，智慧也没有任何技巧可言，只有情感。所不同的，这是儿童教育的情感。

儿童教育的所有情感，一个“顺”字为紧要。“驼非能使木寿且孳也，能顺木之天，以致其性焉尔。”（唐代柳宗元《种树郭橐驼传》）这一节课，执教者以“顺其天性”“扬其个性”“启其智性”为核心教学理念，顺从着、顺应着儿童，倾听着、点化着儿童。请看如下两个片段：

【片段1】

师：谁来讲讲故事经过的第二部分？

（学生讲。）

师：你觉得她讲得怎么样？

生：讲的声音太轻了。

师：为什么要大声讲呢？

生：因为农夫是“兴致勃勃”地说的，他很高兴。

师：总而言之，你认为要讲出“兴致勃勃”的味道，怎样能讲得更好呢？

（文字演示：看，“勃”右边是个“力”。）

生：要讲得响亮有力。

生：脸上的表情要非常高兴，因为禾苗都长了一大截呢！

【片段2】

师：你想对农夫说什么？

生：他太急了，禾苗其实是在长的，只不过长得比较慢而已。

师：送他一个词。

生：急于求成。

师：能送他一句俗语吗？

生：欲速则不达。

师：再送一句。

生：心急吃不了热豆腐。

“顺”，意味着课堂里的所有，都应该而且必然是从儿童那里来——然而，仅仅从儿童那里来，是远远不够的，在儿童的经验上，在儿童自身的高度上，我们还要带他们去超越自己，获得新的进步，获得新生命的成长；还要带他们去生命的远方，从语文中获得能力的提升，获得智慧的生长，从“少”走向“多”，从“低”走向“高”，从“懵懂”走向“明亮”，从“困惑”走向“顿悟”，从“轻慢”走向“有力”，从“近处”走向“远方”。

4 唤醒"语境""语感""语用"

——点评沈秀慧执教的《真想变成大大的荷叶》

一、执教者的教学设计

（一）设计理念

特级教师王崧舟曾说过，儿童是诗，诗是儿童。因此，儿童诗的教学要从儿童的视角出发，把儿童诗还给儿童。《真想变成大大的荷叶》是一首快乐的小诗，教学时应引导学生站在"诗人是我"的角度，和文本展开对话，以期与诗人产生共鸣，并激发"我是诗人"的创作灵感。

首先，创氛围，激想象，品诗歌意境。教师创设"夏"的情境，启发学生倾诉对"夏"的喜爱之情。学生发自心底的表达充满诗情，他们带着"我是诗人"的想法走进课堂。教学中，教师应努力营造诗意的氛围，凭借语言描述、多媒体播放，通过移情体验、角色互换等手段，引领学生走进诗里，感觉"诗人就是我"。

"没有想象，就没有儿童诗。"教师引导学生透过文字展开想象的翅膀，让诗中的意象变得鲜活起来。学生在想象的世界里用心灵与儿童诗对话。他们变成雨滴"睡"，变成蝴蝶"飞"，变成小鱼"游"……课堂便益发灵动起来，而学生在觉得有趣的同时不知不觉地沉浸于诗的意境中。

其次，析诗句，仿写诗，育诗人情怀。诗中，叠词的使用带来了画面的美感，动词的背后隐藏着快乐和自由，整齐的句式充满诗的韵味。让学生一遍遍地读、一遍遍地品，于是，学生读着读着就会心一笑，读着读着就与诗中的童趣产生共鸣，读着读着诗中的意象就变成了自己。

课堂上，除了要让学生通过诵读活动展现自己对诗歌个性化的理解、体验和感悟外，还要引领学生用诗歌的语言和形式来表达自己的情感和体验。而仿说和创编，使学生的"异想天开"成为可能，这时候"我就是诗人"。

在小学语文教学中，诗歌教学承载着陶冶学生情操、开发思维、发展语言的重任。课堂上，力求通过想象、体验、诵读、仿说，再现诗歌情境，带领学生走进诗意课堂，让课堂"有效""有趣""有用"。

(二) 教学目标

1. 能正确、流利、有感情地朗读课文,练习背诵课文;通过朗读感悟,展开想象,感受语言的优美。

2. 学会本课的"伞""柄"两个生字;抓住空白处,模仿诗歌的形式进行说话练习。

3. 激发对美好大自然的亲近与喜爱之情,体会亲近自然的愉快。

(三) 教学过程

1. 课前活动:由图创诗。

播放和夏天有关的一组图片,引导学生想象说话,并根据学生发言整理成一首小诗,以"孩子是天生的诗人"这一话题导入新课。

2. 揭示课题,指导朗读。

(1) 有一位诗人,把我们的想法也写成了一首小诗,(出示课题)谁来读题?

(2) 指名朗读课题,相机评价。

3. 初读诗文,整体把握。

(1) 自由朗读课文。

(2) 指名分段落朗读课文,教师相机正音。

①读好"穿梭""在花丛中穿梭",尤其关注平翘舌音。

②出示第四自然段中的词组:眨眼的星星、弯弯的新月、小小的荷塘、大大的荷叶,通过评价指导学生读出词组的节奏,读出事物的特点。

(3) 我想变点儿什么呢? 再读概括。

(4) 当堂交流:

①根据发言板贴词卡:雨滴、小鱼、蝴蝶、蝈蝈、星星、新月、荷叶。

②你能只用一个"我想变",看着板书连起来说一说吗?

③句式出示,齐说:我想变雨滴、小鱼、蝴蝶、蝈蝈、星星、新月和荷叶。

[**评析**:学生通过自由朗读,对诗歌有了一个初步印象。在读准字音的基础上,让学生再读课文,整体把握课文内容,并练习用一个"我想变"概括。将一首诗读成一句话,符合学生阅读的基本特点,也有助于学生学习用规范的语言来概括文章大意。]

4. 品读语言,披文入情。

(1) 诗人的想法也是我们小朋友的想法,这其中你最想变成什么呢? 再读课文第二至四自然段，读完后找到自己喜欢的那句，读给同桌的小朋友听一听。

（2）你想变成什么？学生随机交流。

（3）教师相机点拨，引导学生入情入境，想象朗读，体味语言文字之美。

①“我想变雨滴”。

A. 看图想象，读好词组“透明的雨滴”，体验睡在绿叶上的快乐。

B. 情境创设：小朋友，闭上眼睛，让我们也来做小雨滴睡在绿叶上。风儿吹起来了，绿叶儿随着风摇啊摇，摇啊摇，小雨滴们，我们躺在上面，有什么感觉？

C. 指导带着感受朗读。

［**评析**：教学时，引导学生换位体验，想象自己就是美丽的小雨滴。这时，学生或趴，或侧，或仰，深深地沉浸在老师创设的情境中，他们用自己的心灵来感受乐，用自己的语言来表现乐，用自己的朗读来抒发乐，真正体现了阅读的个性化。］

②“我想变小鱼”。

A. 指名想变小鱼的学生朗读。

B. 相机采访：这条小鱼，你在水里看到了什么呀？

C. 点评，帮助学生理解“清凌凌”，读好词语。

D. 指导朗读句子。

③“我想变蝴蝶”。

A. 指导学生表演，理解“穿梭”，并相机采访，带着体验读好句子。

B. 指导朗读句子。

④“我想变蝈蝈”。

A. 学生交流：你知道蝈蝈是怎么唱歌的？

B. 指导朗读句子。

⑤“我想变星星、新月”。

A. 不知不觉，夜幕降临了。在晴朗的夏夜，你想变点儿什么？

B. 出示画面描述：晴朗的夏夜，弯弯的月亮高高地挂在天空，星星眨着眼睛，一闪一闪的，在做些什么？

C. 指导学生模仿练说：我想变眨眼的星星，在天空中玩耍。

D. 星星们在天上多快乐呀，还唱着歌呢！播放《闪烁的小星》，教师带着学生一起唱歌律动。

[**评析**:学习语言的最终目的是积累语言、运用语言,发展学生的语感。在想象体验中,指导学生迁移运用,既巩固了本课学习的句式,又训练了学生的语言表达。而师生一起律动,让学生仿佛觉得自己都变成了一颗颗眨眼的星星,既符合学生的认知特点,又让课堂韵味无穷。]

(4) 利用板书,引导背诵。

(5) 出示句子,引读:“最后,我看见小小的荷塘,真想变成大大的荷叶。”

①字形结合,欣赏荷叶外形之美:小朋友,这是怎样的荷叶?

②出示“伞”字和“伞”的图片:小朋友,看看“伞”字,再看看图,你准备怎么记住它?

③师生共同把“伞”字写进田字格:伞面撇捺舒展开,伞柄横平竖又直。

④指导朗读。

⑤读说结合,体悟荷叶内心的快乐。

(6) 出示句子:“小鱼来了,在荷叶下嬉戏。雨点来了,在荷叶上唱歌……”

①想象:小鱼会在荷叶下玩些什么呢?联系《江南》,理解嬉戏。

②听,小雨点在荷叶上唱歌呢!下小雨啦,沙沙沙,沙沙沙;雨点变大啦……读出雨点和小鱼的快乐。

③结合省略号,进行句式练习:“________来了,在荷叶________。”感受荷叶的快乐。板贴:青蛙、蜻蜓、蝴蝶。

(7) 小朋友,把我们说的连起来就成了一首诗歌了,我们真是一个个快乐的小诗人。

[**评析**:课文第五自然段含蓄地写出了“真想变成大大的荷叶”的原因,其中大荷叶“快乐别人又快乐自己”的精神风貌蕴含其中。为了深入浅出地展开教学,教师创设情境,并结合省略号,要求学生运用诗中的句式想象练说,随后站在雨滴、小鱼的角度感谢大荷叶,进而感受荷叶的外表美和心灵美。]

(8) 想象说话:他们会对大荷叶说些什么?

(9) 是呀,大荷叶不仅自己美丽可爱,还给伙伴们带来了快乐。它快乐着别人也快乐着自己,所以我——真想变成大大的荷叶。出示课题“真想”变红,指名学生读题。

5. 学习生字，指导书写。

(1)“伞”字描红。

(2) 教学生字“柄”，结合组词，领会“柄”字的意思。

6. 拓展延伸，想象练写。

小朋友，今天我们一起学习了小诗《真想变成大大的荷叶》，老师发现很多小朋友都是小诗人，赶紧拿起笔，把自己奇妙的想法也来写成一首小诗吧。

我想变________，____________。

我想变________，____________。

[**评析**：得法于课堂，延伸于课外，提高语文实践能力，这是语文教学的目的。拓展环节，再次让学生张开想象的翅膀。鼓励学生仿照课文表达，用诗的语言说出心中的想法，让每个学生都成为诗人。]

二、教学总评

要说语文教学的关键词，一言以蔽之，即语境、语感和语用。这一堂《真想变成大大的荷叶》，基于儿童诗教学的特点，还原真实的言语环境，引领学生走进诗歌的世界，品味语言文字，让学生的语感得以生长。执教者在师生的平等对话中，训练学生的听、说、读、写，提高了学生的语用能力。

(一) 语言描述，感悟语境

“作者胸有境，入境始于亲”。任何一种语言的表达都不能脱离语境而独立存在，小学生的语文学习更加离不开生动的语境。创设合理的语言环境，有利于提高学生对语言的感知能力，也能更好地引导学生去理解和感悟诗句。

在学习“我想变透明的雨滴，睡在一片绿叶上”时，教师抓住“睡”这个词，通过语言的描述，帮助学生还原语境，闭眼想象，体会自己就是小雨滴睡在绿叶上的感受：

师：闭上眼睛，让我们也来做小雨滴睡在绿叶上。风儿吹起来了，绿叶儿随着风摇啊摇、摇啊摇，小雨滴们，我们躺在上面，有什么感觉？

生：我躺在上面，觉得很舒服。

师：读出你舒服的感觉来。

生：我在绿叶上滚过来，滚过去，感觉像在滑滑梯。

师：呀，这颗小雨滴真快乐。请你读。

生：风吹过来，我躺在上面觉得特别凉爽。

师：请你也把这种感觉读出来。

（学生沉浸其中，并通过语言表达自己的感觉，用朗读抒发自己的心情。）

这里，教师通过现场捕捉、经验激活、生活引入、语境模拟等多种手法，促使学生快速地融入其中。在和老师、文本的对话中，学生拓宽了想象的空间，进一步感受到了文本语言的魅力，加深了对文本的理解。

（二）以读为本，培养语感

语感，就是学习者对语言的感受能力，是一个人语言素质的直接反映。叶圣陶先生曾指出："文字语言的训练，我以为最要紧的是训练语感。"

"诵之不辍，其境愈熟，其味愈长。""以读为本，读中感悟"是培养语感的第一要义。读课题时，教师尊重学生个性化的解读，并通过读，抓住关键词"真想""大大"体会题目的字眼。初读时，教师关注学生对"在花丛中穿梭"这一词组的朗读正音，通过点拨："读的时候可以在'中'后面稍微停顿一下"，"放慢语速读也是一个好的方法"，来指导学生读准平翘舌音多的词组；教师关注诗歌中"的"字短语的朗读，通过对学生朗读的点评，指导学生将词组读正确，并读出"小小的荷塘""大大的荷叶"等事物的特点。精读课文时，教师引导学生找到想变的事物，抓住关键词语移情体悟、换位体验、深度体会，进行自由读、指名读、男女生合作读、表演读、配乐读……各种形式的朗读，让学生多次面对面地与语言接触，从而领悟诗句中蕴含的情感。在反复朗读、感悟的基础上，引导学生把自己的体验、感受通过朗读尽情地表达出来。

（三）仿说创编，发展语用

从本质上看，语文教学不是语形教学，不是语法教学，甚至也不是语义教学，而是语用教学。"以语言带动内容"是"语用型"教学区别于以内容学习为主的教学的显著特点。教师能抓住诗歌中的留白处，指导学生迁移运用，发展了学生的语言运用能力。

比如，在教学第四自然段"我想变眨眼的星星，我想变弯弯的新月"后，教师指导学生口头练说："我想变眨眼的星星，干什么？"有的学生说"我想变眨眼的星星，在天空中玩耍"；有的学生说"我想变眨眼的星星，对着小朋友微微笑"。如此，既丰富了文本的内容，又训练了学生的语言。又如，教学第五自然段时，教师抓住文中的省略号，让学生模仿句式"________来了，在荷叶__________"进行说话练习。在教师的引导下，学生尽情想象，同时也丰富了自己的语言积累。再如，课的结尾处，教师布置作业，拓展延伸，让学生用文中的句式“我想变________，____________”自创小诗，既让学生对语言有所“发现”，又让学生“亲历”和“历练”，说写并重、言意兼得，进一步促进了语言的内化和外显，强化了应用语言的训练，提高了学生初步的书面语言表达能力。

值得一提的是，执教者自身有着敏锐的语感，对语言文字和语文现象有着较强的领悟能力，通过引领学生语言感知、语言体悟、语言应用，随着课堂交际活动的变化，伴生了学生的语言生长。

5 自然中探本源，质朴中见真义

——点评李淑英执教的《我和祖父的园子》

一、执教者的教学设计

（一）设计理念

《我和祖父的园子》节选自萧红的长篇小说《呼兰河传》。课文描写了“我”童年时代跟随祖父在园子里劳动的情景，表明了祖父的园子是“我”童年快乐、自由的家园，表达了对童年生活的眷恋和对亲人的回忆。孩子气十足的腔调，春天泥土般新鲜的语言，诗意浪漫的景物描述，是本文表达方式上的突出特点。

学生通过自主阅读，可以感受到“我”童年生活的有趣、快乐。但文章字里行间祖父的爱，景物描写清新隽永的意境，作者对自由生活的向往，欢乐的文字背后淡淡的哀愁，是学生较难理解与感悟的。因此，教学中要引导学生反复朗读，细细品味，想象体验，平等对话，从而触摸文字的温度，体会文字的意蕴，感悟文字的新鲜、自然之美。

1. 抓住文眼，形散神聚。

教学要立足文本的特点，要遵循学生的阅读规律，从学生阅读的前理解出发，寻找“牵一发而动全身”的线索，以此来推进教学流程。文中“一切都活了，要做什么，就做什么，要怎么样，就怎么样，都是自由的”可谓文眼，扣住此句，引领学生走进文本、研读文本，体会园中景物的自由，“我”的自由，以及心中有自由，看什么都是自由的。如此，由浅入深，使学生对“自由”的理解逐步深刻与丰满，使教学如同一篇散文，形散神聚。

2. 联系原著，丰富文本。

节选自小说的课文，联系原著，可以增加文本的厚度，可以更准确地把握文本的旨意，可以提升学生的感悟水平，可以使学生对文本的解读更加深入。将课文置于《呼兰河传》的背景中，了解萧红的人生经历和内心向往，便可以体会欢乐背后淡淡的哀愁，更好地奠定教学的基调。同时，以扼要的语言引入小说中的另外一些趣事，以小说中一些经典的语言过渡、拓展，既与文本的理解相得益彰，又可引发学生阅读原著的欲望。

3. 孕育情境，对话交流。

学生、教师、文本之间的理解离不开语言表达，语文教学应该在师生平等对话的过程中进行。因此，教师要善于站在儿童的角度，以儿童的视野阅读课文，汲取学生切身的生活体验，设计言说的主题，选择言说的方式，营造富于童趣的对话情境。本课教学始终以“在我和祖父的园子里漫步”的情境贯穿，试图改变师生“冷静的阅读者”的身份，使师生都融入文本，产生言说的激情，彼此交流分享。

4. 展开想象，言意合一。

语文学科的本质特点是工具性与人文性的统一。抓住文本中既能拨动学生情感心弦，又能引发言语表达的生长点，让文本“立”起来，让学生设身处地地想象、言说，走向言语与精神的共同成长。文中祖父的“笑”等细节颇耐人寻味，引导学生想象人物真实的心境，推敲、琢磨，紧紧围绕文本形成理解的波澜。情动而辞发，在语言练习中，走进人物的内心。

（二）教学目标

1. 理解课文内容，感受“我”在园子里充满乐趣、自由自在的生活，体会祖父的爱，初步感悟园子的精神意义。

2. 正确、流利、有感情地朗读课文。

3. 学会7个生字，理解由生字组成的词语。

4. 感受萧红语言新鲜自然、率真稚拙之美，产生阅读其他作品的愿望。

（三）教学过程

1. 导入，走近萧红。

（1）20世纪30年代，鲁迅先生称一位女作家是“当今中国最有前途的女作家”，这位女作家就是萧红。

（2）联系课后作家卡片，介绍萧红以及《呼兰河传》。

（3）《呼兰河传》中萧红用许多文字写了自己的童年，尤其着重写家里的园子。她为什么会对园子如此念念不忘呢？让我们一起走进她一生魂牵梦萦的园子。

［**评析**：鲁迅先生的话可以引发学生对作者的关注，而一位作家为何一生对一个普通的园子念念不忘，可以激起学生的阅读期待。］

2. 自读，走进园子。

(1) 学生自由读课文，读通课文，同时思考：课文主要写了什么？

(2) 检查自读。

①读一读“蜂子”“倭瓜”“谎花”“铲地”，联系课文或经验理解。

②读一读，注意加点的读音。

“当祖父下种，种小白菜的时候……用脚一个个地溜平。哪里会溜得准，东一脚西一脚地瞎闹。”

“因为我太小，拿不动那锄头杆……让我单拿着那个锄头的‘头’来铲。”

③说一说课文主要讲了什么？

浏览课文，分别找出相关段落，分别是第2、13自然段和第3～12自然段。

[**评析**：通过初读，对文章内容建立“框架结构”的认识，对园子形成初步的整体印象。一些方言土语，进行适当的讲解与点拨非常必要。]

3. 赏读，看景物之自由。

(1) 读着萧红清新自然的文字，我们仿佛一起走进了园子。轻轻地读第2、13自然段，在我和祖父的园子里漫步，你看到什么？感受到什么？

(2) 引导学生抓住重点词句，想象画面，体会园中昆虫、蔬菜、花草的生气勃勃、自由自在，并相机有感情地朗读有关句子。

(3) 引读：蜜蜂、蝴蝶、蜻蜓、蚂蚱，在自由地飞，倭瓜、黄瓜、玉米在自由地长，园子里生机盎然，可以说——“一切都活了，要做什么，就做什么，要怎么样，就怎么样，都是自由的。”

[**评析**：创设漫步园中的情境，抓住重点词句，说说自己看到的画面，旨在引导学生抛开冷静的局外人的身份，入境生情，体会园中景物的生机勃勃、自由自在。]

4. 品读，解“我”之自由。

(1) 自由读读课文第3～12自然段，看看“我”在园子里做了些什么事？你觉得哪件事最有趣呢？划出有关词句，用心读一读，和同桌说说自己的感受。

(2) 交流讨论。

老师发现，好多同学读着读着，脸上就笑微微的了。你看到“我”在园子里做了哪些事？

(3) 那么，你觉得哪件事最有趣，使你看着看着就想笑了？交流时说、议、读相结合。

①“祖父戴一顶大草帽……我就拔草。”——“我”好像是祖父的“影子”“小尾巴”，一老一少，一顶大草帽、一顶小草帽相映成趣。

②种小白菜时瞎闹、踢飞菜种。——哪里是在种小白菜，“我”就是在瞎闹。

③铲地时，爬在地上，用锄头的“头”乱勾一阵，把韭菜当作野草割掉，把狗尾草当谷穗留着。——“我”是怎样铲地的呢？引导学生抓住“爬在地上”“乱勾一阵”看似平淡的两个词，用心读一读、想一想，理解“我”铲地有趣的样子，一边往前“爬”一边“乱勾”。

[**评析**：学生阅读的兴奋点在“把狗尾草当谷穗留着”。“爬在地上”“乱勾一阵”看似平淡，细细琢磨，却活化了人物形象。阅读教学应该培养学生敏锐的语感。]

④抢水瓢浇菜。——你有过类似的经历吗？读书联想起了自己的经历，读书读出了自己。

⑤第 11 自然段。——我们一起来看看这段文字。数一数，这段话中有几个“又”字，再轻轻地读一读，你体会到了什么？

(4) 我们可以发现，(引说)我跟着祖父种小白菜、铲地、浇菜时，和做这些事儿一样，也是自由的。种小白菜，我是在瞎闹，铲地，我是在乱勾，浇菜，我是在乱闹。我要做什么，就做什么，想怎么做，就怎么做。(板书：自由)

5. 想象，悟祖父之爱。

(1) 其实，“我”在园子里做过的事儿还有很多很多！曾经“我”追根究底地问祖父园子里的樱桃树为什么不开花、不结果。曾经有一次祖父拔草时，“我”偷偷地在他的草帽上插了一圈玫瑰花，红通通的二三十朵，祖父完全不知道，还以为是因为春天雨水大，园子里的玫瑰花开得香呢……

(2) 在园子里漫步，你们看到了吗？当“我”做这些事的时候，祖父是怎样的态度呢？请同学们再默读第 3～12 自然段，划出有关的句子，可以在旁边简单地写一写。

(3) 紧扣祖父的“笑”，展开想象。

祖父大笑起来，笑得够了，还在笑，笑声中，他仿佛在说什么呢？(呈现课文插图)“他仿佛在说：____________________。”请联系自己的生活体验，说一说。

(4) 你们理解了祖父的笑，祖父的笑是疼爱，是呵护，是宽容，(板书：爱)当“我”把狗尾草当谷穗留着时，祖父是慈爱的笑；当“我”把水扬向天空，祖父还是那样慈爱的笑。祖父的笑永远留在我的心底。许多年以后，萧红这样深情地回忆："祖父的眼睛笑盈盈的，祖父的笑，常常笑得跟孩子似的。"

正因为有祖父的疼爱和呵护，"我"才能在园子里自由自在，要做什么，就做什么，要怎么样，就怎么样。学生齐读。

[**评析**：祖父的"笑"是耐人寻味的，祖父"笑"的含义在文中是一处空白，引导学生想象，唤起学生的生活体验，使祖父的爱鲜活、具体起来，使学生真正体会到"因为有祖父的爱，才有我的自由"。由景物的自由到"我"的自由，此处的读意义更进一层。]

6. 引读，深化"心"之自由。

(1) 心中有自由快乐，看什么都是自由快乐的，让我们再来看看园子的景象吧！(引读)十个"就"字，朴素的文字，普通的景物，处处传达着我的自由与快乐。一切景语皆情语啊！带着这样的感受齐读第 13 自然段。

(2) (齐读)园子里，鸟儿蝴蝶、花草蔬菜瓜果，我，一切都活了……都是自由的。

(3) 引读第 14 自然段。

[**评析**：这是对园中景物的一次回望。有了对文中趣事的理解，学生再读第 13 自然段时，就能更好地领悟作者写作的巧妙，体会到作者在借景抒情，体会到作者"心"的自由。此处的读是一次情感的升华。]

7. 延伸，渗透园子的精神意义。

(1) 你们说，在"我"童年的记忆中，"我"和祖父的园子是个怎样的园子？

(2) 有自由的园子真好，有爱的园子真好。就这样一天一天的，祖父、后园、"我"三样是一样也不可缺少的了。在三十一年短暂而坎坷的人生旅途中，对于人间的"温暖与爱"怀着"永久的憧憬与追求"的萧红常常会忆起呼兰河城，因为呼兰河这小城里住着她的祖父，有她和祖父的园子。

《呼兰河传》这本书的尾声部分这样写道(配《思乡曲》的音乐)：

呼兰河这小城里边，

以前住着我的祖父，

现在埋着我的祖父。

那园里的蝴蝶、蚂蚱、蜻蜓，

也许还是年年仍旧，

也许现在已完全荒凉了。

小黄瓜、大倭瓜，也许还是年年地种着，

也许现在根本没有了……

这一切是萧红忘却不了，难以忘却的，随着你们年龄的增加，相信你们会体会得更深。不管怎样，请记得，无论是文字还是情感，《呼兰河传》都是一本值得一读的书。

[**评析**：以《呼兰河传》尾声部分的内容改编成的一首小诗作为教学的结尾与延展，有些哀愁，有些苍凉，却符合原著的情感基调，也渗透了园子的精神意义，那是萧红“温暖与爱”的故乡。当然，这只需要学生模糊地理解。]

二、教学总评

近几年，我听过李老师的很多次课。每次听课，都清晰地感受到她的课平实而清新、自然而质朴，仿佛田野里带着露珠儿的小草。但她的课又不平淡，体现了语文教学的本真、要义；她的课自然不雕琢，在质朴中追寻着语文教学的本源。

综观李老师的教学状况，我觉得她的语文教学有以下几个明显的特点：

（一）自然而质朴——语文教学的基调

每次听李老师的课都有这样的感受，不管课文是什么类型，叙事的、抒情的、议论的，都离不开一个基调，那就是自然、质朴。她的课堂教学语言虽然有时候舒展轻缓，有时候激越高昂，有时候意味深长，但呈现的始终是一种自然、和谐、朴实的课堂教学形态，没有哗众取宠的表演，更没有矫揉造作的作秀。在李老师的眼里，课堂应是师生走进文本、平等对话、心灵交流的“思维场”。因此，李老师总能沉到教材中，围绕语言文字引领学生潜心会文。通过体验文字的神韵，欣赏语言的韵味，师生共同去感受震撼人心的场面、隽永清新的情愫，从而获得富有灵性的感悟。如李老师为了让学生真正成为“文中的一员”，她找到“有趣自由”这个点，从内容着手，由文字展开，围绕课文朴实的语言文字，引领学生去品读课文第3～12自然段中的有关词句，感受祖父对“我”的爱。她就这样从文本引发思考，紧紧围绕文本形成理解的波澜，从而让文字“站立”起来，让学生走进文本，既接受语言的训练，又得到了精神的陶冶。

（二）简约而舒展——教学流程的特点

不管课文内容、结构多么繁杂，李老师在设计教学流程时，总能抓住文章的核心与精髓，删去细枝繁叶，抽出主干，紧扣文本的重点、难点组织教学，她追求“导”之“精约”，不是处处皆导，意在培养学生的独立性、创造性；她追求“读”之“精要”，意在求得语感之精，下笔有神。李老师上语文课，一般不用现代化媒体来渲染，也不喜欢用华丽辞藻作铺陈。她的教学语言简炼，教学环节简单，但环环相扣。环节之简约清晰，在本课中可见一斑。李老师围绕“园子是怎样的”“我在祖父的园子里是做了哪些有趣的事”这两个环节来展开教学，让学生体会到有趣与自由，以及祖父对我的“爱”。李老师的教学流程设计简约但不简单，她善于在简练而明快的教学流程中，紧紧抓住设问、点拨、追问等细节，留给学生读书、思考和探究的空间，所以，她的课体现了思维的深度和广度，是自由而舒展的。

（三）细腻而智慧——教学方法之特征

在教学中，李老师总是力求站在儿童的角度，汲取儿童的生活体验，精心营造富于童趣的对话情境。她善于设计言说的主题，选择言说的方式，将相互理解的过程与生活情境、游戏情境融为一体，既激发学生的感性活动，又引导学生深刻思维，使师生都融入文本，心灵一起跳动，产生言说的激情，彼此交流探讨、欣赏和评价。她善于抓住课文中的一些容易被人忽视的地方，滋生出有价值的思维点，引导学生用心读出文字背后的意思，用心倾听作者的心灵絮语，用心倾诉读书后埋在心底深处的真情实感，在关键处点拨，在沉闷时点醒，在淤塞处疏通。就是这种对语文教学的特有敏感，形成了她细腻而灵活的教学方法。如“祖父笑了，他仿佛在说些什么”这一问题，既是语言表达的练习，又能引领学生感悟祖父的内心世界。在李老师的语文课堂上，很难发现在段落过渡、环节转承和细节评价等方面刻意雕琢的痕迹，可见，李老师的语文教学已逐步走向成熟与智慧。

（四）平实而丰富——教学理想的追求

“真实是课堂教学的生命，朴实是一个教师的教学之本，扎实是我们进行教学的最终目标”，贾志敏老师的这段话一直是李老师的座右铭。课堂教学的真实、朴实、扎实一直是李老师崇尚的作风，平实不平常，在平实中追求课堂教学的丰富与多彩，让言语和精神一起成长。为追寻这一理想境界，李老师勤于读书，勤于吸收，勤于思考，不断锤炼教学语言，不断积淀厚实的教学底气，力求走出一条凸现自己个性的语文教学之路。

6 课堂在“生长”中圆融

——点评陆佳玲执教的《滴水穿石的启示》

一、执教者的教学设计

（一）设计理念

《滴水穿石的启示》是苏教版小学语文五年级上册第六单元的一篇说理文。文章介绍了安徽广德太极洞内“滴水穿石”的自然奇观，告诉人们：只要目标专一、持之以恒，就一定能实现心中的美好理想。

1. 立足儿童，探究文本价值。

《义务教育语文课程标准（2011 年版）》在第三学段阅读要求中提到：“阅读说明性文章，能抓住要点，了解文章的基本说明方法。”《滴水穿石的启示》脉络清晰，开头用事例引出论点，中间举三个古今中外的名人事例，正面印证论点的正确性。在归纳结论前，又引反面事例，从另一角度论证论点。在教学中，我们不仅要让学生从文本中体会到三个名人“目标专一、持之以恒”的精神，还要从整体把握，学习作者正反论述的方法，指导学生学会概括事例，在对事例的研读中感受说理文的表达特点。同时，通过写读后感的作业将语文学习过程拉长，延伸至课外。

2. 比照阅读，渐至文本深处。

本课立足学生本位，让儿童站在课堂的中央。卢晓中撰写的《比较教育学》指出：“比较法不是比较教育学研究所独有的方法，它是任何一门学科研究都可以运用，实际上也是广泛运用的一种逻辑分析的方法。”叶圣陶先生也将比较作为一种重要的阅读方法，指出：“从内容上讲，要明白作者的意图，追从作者的思路，发掘文章的意蕴，而不仅仅是机械地解释字义，记诵文句，研究文法修辞的法则；从方法上来说，最紧要的还在多比较，多归纳，多揣摩，多体会。”本堂课正试图通过比照阅读，感悟提炼，渐至文本深处。

（二）教学目标

1. 正确认读、书写本课生字新词，通过联系上下文，找近义词、反义词等方法理解词语、积累词语。

2. 体会问号在设问句与反问句中的不同用法，品味说理文中运用典型性的事例、正反论证将自己的观点表达透彻，使论点更具说服力的表达方法。

3. 抓住关键词语感悟“滴水穿石”的启示，学习“滴水穿石”的精神。

（三）教学过程

1. 自然现象，比照阅读。

（1）滴水穿石。

①出示课文第一自然段，指读。这段文字向我们描述了自然界的一种景象，请用一个词概括。板书：滴水穿石。

②课文称之为“奇观”。理解“奇观”。

③屏幕出示：我们一起来看看这被穿透的石块，水滴的力量是微不足道的，为什么它能够穿石？

④学生交流、朗读。引导学生抓住关键词“接连不断”“总是滴在一个地方”“锲而不舍、日雕月琢”与省略号去体会。

⑤之所以会形成这样的奇观，一是因为水滴总是滴在一个地方，二是因为它的锲而不舍。

⑥在描述这一自然现象时作者运用了什么样的句式？

⑦作者先抛出疑问，设悬念，引发我们的思考，而后自己进行了回答。这样的句子我们给它的名字是——设问句。请同学们读读，感受这种句式在表达上的特点。

［**评析**：开门见山，让学生静静地在文字中徜徉，或概括提炼，或理解朗读，或体悟表达，自然清新、节奏明快。］

（2）雨水现象。

①我们知道，雨水是以很快的速度从高空落下来的，它的力量肯定比太极洞里的水滴大得多，但它却不能把石块滴穿。这是什么原因呢？

②学生交流，相机出示：因为它没有专一的目标，也不能持之以恒。

③“没有专一的目标”，这个意思能用一个成语来说吗？不能持之以恒呢？

④这又是一个自问自答的句式。学生自读，体会问号的用法。

［**评析**：探究雨水不能滴穿石块的原因，学以致用，学生不仅在朗读中理解了意思，而且再次感受设问句的表达效果。］

（3）比照提炼。

①这两种自然现象，给予我们什么样的启示呢？相机板书：给予。

②学生交流，教师相机出示作者的观点：

A. 目标专一而不三心二意，持之以恒而不半途而废，就一定能够实现我们美好的理想。

B. 是的，如果我们也能像水滴那样，还有什么事情做不成呢？

③第二句话能换个说法吗，意思不变？这句话中的问号有什么作用？

[**评析**：两种自然现象，形成鲜明对比，利用创设的富有挑战的问题情境激活学生思维，引发学生自主探究的浓厚兴趣，寻找到作者的观点。]

2. 揭示观点，概括事例。

(1) 刚才读的两个片段就出自今天我们要学习的课文。(齐读课题)你们刚才悟出的启示正是本文作者要表达的观点。请默读全文，想想作者是怎样来证明自己的这个观点的？

(2) 学生交流，教师相机板书：举例子。哪几个例子？用一句话来表达。

3. 研读事例，品味表达。

(1) 这三个事例有何异同？学生默读、思考、圈划、批注。

(2) 交流相同点：

①他们都有明确的人生目标，都有锲而不舍的精神。

说说看，他们的目标分别是什么？持之以恒表现在哪里？请举一例说明。

②聚焦李时珍：二十几年不懈努力；李时珍夜宿古寺；补充阅读李时珍尝药草的故事；指导朗读。

③聚焦爱迪生：抓住关键词“迷恋”“毕生”；知道爱迪生怎样发明白炽灯的吗？请同学讲讲这个故事。在这个故事中什么打动了你？指导朗读例子。

④齐白石：抓住关键词“不教一日闲过”“坚持每天作画”。齐白石最擅长于画虾，我们一起来欣赏他的作品。看了作品，谁能说说什么是炉火纯青？自由朗读事例。

(3) 交流不同点：

经历不一样；研究领域不一样；年代，国度不同；遇到的困难不同。

(4) 这样的例子还有吗？课文是怎么告诉我们的？

(5) 为什么就选择了这三个例子呢？同桌讨论。

(6) (多媒体出示)古今中外所有成就事业的人，在前进的道路上，不都是靠着这种“滴水穿石”的精神，才“滴穿”一块块“顽石”，最终取得成功的吗？

①同样的意思，不用反问，怎么说？用反问，强调了什么？

②“滴穿”“顽石”分别指什么？

③指导朗读。

(7) 再读雨水现象。

①其实，文中还举了一个例子，就是我们一开始读的雨水不能滴穿石块。这个例子能不能略去不写呢？为什么？

②小结：上面三个是正面例子，这一个是反面例子，这样一正一反更充分有力地表达了作者的观点。(板书：举例子)

[**评析**：在事例异同的比较中，学生不仅体会到古今中外所有成功者都目标专一、锲而不舍，而且感悟到了这三个事例的典型性。教师不仅关注让学生理解文章的内涵，更重视引导学生领悟文章的写作方法。]

4. 总结提升，布置作业。

(1) 让我们铭记滴水穿石给予我们的启示。(生齐读)

(2) 通过这堂课的学习，你有什么收获？(引导学生从两个方面进行畅谈：一是滴水穿石给予的启示；二是在写作方法上，为了有力地表达自己的观点，可以运用哪些方法？)

(3) 作业：写一篇读后感。

[**评析**：在总结回顾中，学生铭记作者观点，对说理文的表达特点也有了更为深切的认识。写读后感的作业则将语文学习过程拉长，延伸至课外。]

二、教学总评

苏教版小学语文教材选入了部分议论文，它们以通俗的语言阐明了深刻的道理，往往是“文道并进”的。如此文本的教学，教师们往往会走两个“位”：一是把教学重点放在明理、激情、导行上之“错位”；二是过于扩大文体的教学容量之“越位”。

执教者对《滴水穿石的启示》这一文本做出了可贵的尝试，以儿童的学习为中心组织教学，引导学生在自主建构中获得精神成长。

(一) 务本而求实

教师从学生的原点出发，有效预设，凸显文本的价值。目标简明扼要，通过语言文字感悟滴水穿石的精神，初步了解议论文的文体特征。过程简洁明了，从两种自然现象说起，引发学生比较，进而提炼出滴水穿石的精神，并利用三个例子抓住语言文字让学生咀嚼成功者“目标专一”“锲而不舍”的具体表现。教师让学生概括滴水何以穿石、领会设问句和反问句的表达效果、领悟文章的表达方法，务本而扎实。课堂的推进方式顺应学生的变化，教师眼中有学生，在积极的情绪中让学生经历探究、体验、发现等历程，教师与学生共同经历课堂生活，教学目标得到较好落实，学生学得清楚明白。

（二）圆融而自然

课文是一个整体，这个整体是多维的、复合的。课堂教学不要顾此失彼，不要以偏概全，不要用个性取代共性，不要以特色掩盖本色。

这堂课，节奏轻快自然、张弛有度，师生和融共进。由品味“水滴石穿”的奇观到与“雨水现象”的比照，进而揭示作者观点，概括例子，比较异同，自然而不失趣味，教师和学生“一道生活”。教师以组织学生“出乎其外”的言语活动为载体，学生“身临其境”地学习，获得“入乎其内”的体验，激发了学生的学习积极性，实现了有意义学习。

（三）简约而深入

教师对教材的把握、处理大胆而简约，从尊重学生经验与认知发展逻辑出发，设计了水滴与雨水之对比来概括出所要体悟的精神，把三个例子放在一起让学生小组自主学习。枝节少了，课堂的板块就稳定了，师生都知道想干什么了，教学情境也就开放了。

教学过程中，教师还善于抓住即时课感，把握住了一些稍纵即逝的课堂信息进行引导，必要时给予方法的点化，推动他们学习的内部动力，帮助他们“实现意义的获得及自我主体的建构”，使学生自然的学习生活得以延伸：当学生劲头不足时鼓一鼓，当学生目标偏航时拨一拨，当学生理解不深时推一推，当学生并未关注时引一引，当学生经验缺乏时讲一讲……以接近学生的原点带领他们走向离他们尽量远的另一个起点时，语文味就足了！

从这堂课，我们也不妨谈开去：

其一，议论文教学以怎样的“度”为宜？

相信大家也在思考：像《滴水穿石的启示》这样的文本，要不要究其深度和广度？如，关于例子中的人物，需不需要拓展了解？需不需要补充其他的体现“滴水穿石”精神的人与事？我们追求的是“读形式”与“读内容”的统一，在抓住语言文字感悟例子中的人物形象时，读悟结合来显现一种课堂的“度”是必需的，而且应该是着力的。教师在解读文本时，要见“树木”、也要见“森林”，这是教师必需的功力。但，一切以适度为宜，如果学生在学习时自己发挥与想象阐述，这是极好的，但并不是说教师必须去预设与铺陈。在这里，“作者为何要选择这三个例子”这样的提问倒比围绕人物的拓展要重要得多。

其二，我们的课堂应该有怎样的追求？

小学语文阅读课追求什么？就拿这节课来说，首先当是明确说理文的教学要义，“作者思有路，遵路识斯真”，领会作者的真正意图，理清作者的写作思路。所有的环节进程都应贴近文本特点，使教路、学路与之匹配。其次，应基于学生经验，关注学生的学习状态。教师不应该片面追求所谓的有效性，和盘托出，不要急着把一切告诉学生，静静地聆听，你会听到花开的声音。再次，要通过对话生成新的话题，既让学生知其然，也知其所以然，从而发展学生的思维能力。当预设与生成达成了和谐共生，当学生的语言素养得以提升、生活经验得以改造，自然也就积蓄了生长的力量。

7 把握、取舍与重建

——点评王唯娜执教的《月光启蒙》

一、执教者的教学设计

（一）教学目标

1. 通过多种阅读方式，感受歌谣、故事、童谣、谜语的明快、流畅、含蓄、风趣等特点。

2. 感受母亲对作者的启蒙之恩，激发对母爱的共鸣。

（二）教学过程

1. 创设情境，导入课题。

（1）播放背景音乐，齐读课题。

指导“蒙”字的写法，理解启蒙：请学生找找近义词。

［**评析**：识字教学在高年级教学中所占分量逐渐变弱，教师能够结合自己的教学经验，把握学生的情况，巩固并非是生字的“蒙”，这种教学方法在高年级的课堂中很有效。用“找近义词”的方法初步理解“启蒙”，既锻炼了学生运用词语的能力，又帮助学生理解新词，较好地体现了语文的工具性。］

（2）看到“月光”两个字，就让我们想起了那如水的月色，更让作者想起了皎洁、柔和的月光下，在母亲温暖的怀抱里，那美妙的童年夏夜。就让我们一起去感受孙友田的《月光启蒙》。来，再次读一读这个课题，把它读好。

（3）快速默读课文，了解母亲是怎样对“我”进行启蒙的。

（4）母亲是用歌谣，用故事，用童谣，用谜语，教育、影响、启发年幼的“我”。母亲对“我”的教育、影响还有很多很多。

2. 读读唱唱，感知童谣、歌谣的魅力。

（1）感受歌谣魅力，优美、抒情、流畅、含蓄……

①学生说说读了歌谣的感受，讲讲喜欢歌谣的原因。

②结合第一首歌谣，让学生感受到月夜下母亲洗衣服的优美意境，感受母亲的勤劳。

③结合第二首歌谣，让学生感受到人们丰富的想象，初步感受人们美好的

心愿，对生活的热爱和渴望。

(2) 感受童谣魅力：节奏明快、充满想象、富有童趣。

①请学生分别谈谈读了童谣的感受，说说自己喜欢童谣的原因。

②结合三首童谣幽默而又有童趣的特点，指名让学生读自己喜欢的童谣，感受童谣的魅力。

③边打拍子边感情朗读，感受童谣的节奏明快。

(3) 童年的月夜下，在母亲温暖的怀抱里，作者就是听着这样优美流畅、含蓄有趣、富有节奏感的歌谣、童谣慢慢长大。

[**评析**：教师充分结合歌谣、童谣的特点：朗朗上口、节奏感强、内容有趣，通过各种方式的朗读，让学生进行自我感悟，从而用自己的语言表现歌谣、童谣形式上的魅力。此处的情感显得活泼、热烈，非常契合学生心理。而且，在歌谣、童谣形式优美、内容有趣的表面下，教师还暗藏了感悟母亲形象的另一条教学线，这一设计别具匠心。]

(4) 感受歌谣、童谣、谜语、故事的影响力。

刚才我们一遍又一遍地读着这些歌谣、童谣、故事、谜语，它们仅仅是形式优美、内容有趣吗？你还有什么新的感受？

(5) 它们还给了作者许多的教育、影响和启发。

(6) 出示《大山欢笑》，让学生寻找歌谣童谣的影子，感受母亲对作者的启蒙，影响深远。

3. 细细品读，体悟童谣歌谣的内涵。

(1) 播放母亲吟唱歌谣的录影，让学生谈谈听过母亲声音后的感受。

(2) 扣住“甜甜的、轻轻的”，指导学生感悟母亲的声音给我带来的美妙感觉。

(3) 指导感情朗读第 4 自然段。

(4) 这动听、甜美的声音，伴着月光，伴着母爱，把歌谣、童谣、故事、谜语都唱进了我的心田，滋润着我年幼混沌的心灵。

(5) 母亲不识字，她哪儿来这么多的歌谣、童谣唱给我听？

出示：“黄河留给家乡的故道，不长五谷，却长歌谣。”通过两个“长”字以及句意的理解，体会生活在黄河故道的人们物质生活艰苦但精神生活却是丰富的。

［评析：两个“长”字是教学难点，它既涉及歌谣等民间文化的根源问题，又涉及歌谣、童谣等等的精神内涵。学生通过理解“长”的含义——流传，感悟到民间文化的根源是黄河，是黄河哺育的土地。］

（6）这些歌谣、童谣到底流传着什么？唱出了什么？请学生再次轻读，并说说从哪儿感受到，体会其中的精神内涵。

（7）出示：“母亲用歌谣把故乡的爱，伴着月光给了我，让一颗混沌的童心豁然开朗。”理解“故乡的爱”的含义。

（8）感情朗读第 5 自然段。

（9）母亲的启蒙中包含着含义深远、丰富的“故乡之爱”。

（10）作者在母亲的引导下，成了大诗人、大作家，如果没有母亲行吗？

（11）母亲不但给了“我”文学的启蒙，也给了“我”人生的启蒙。

（12）学习第 14 自然段，激发学生对母亲启蒙之恩的感激，再次感情朗读。

［评析：整堂课的最难点就在这里——帮助学生感受“故乡之爱”的内涵，感受启蒙的根源、传承。教师先处理好对两个“长”字的理解，从而让学生感受到黄河故道劳动人民精神的充实丰富。然后巧妙地再次运用了歌谣，让学生再次去读，再次去感受和发现。这样，学生对歌谣、童谣的魅力的理解就更加深刻了。由第 5 自然段转向第 14 自然段的朗读理解，层次分明，学生在教师的引导下逐步感悟到母亲对孩子的启蒙，充分激发了学生爱母亲、感谢母亲的情感。至此，母亲那勤劳、聪颖、乐观、热爱生活的性格，母亲那如月光般柔和的爱，也在学生心中涌起了阵阵潮水。］

4. 总结全文，深化主题。

（1）原文补充，教师配乐朗诵选文。

《月光启蒙》让我们认识了孙友田的母亲，她是那么勤劳、智慧，对生活充满向往和憧憬，但当作者写这篇文章的时候，她却已经老了——（情感铺叙后，补充原文）

（2）学生交流感想，激发他们“赞扬母亲、感谢母亲、回报母恩”的情感。

当作者看着藤椅里的母亲时，想象一下，他心里是何种滋味啊！如果你是作者，此时你想对母亲说什么？

（3）母亲如月，温柔亲切；母亲的启蒙如月光洒向大地，润物无声，潜移默化。没有昔日的母亲，何来今朝的诗人？母亲就是这样为孩子付出了一切，奉献了一身。作者只能将它们全部倾注在这篇《月光启蒙》中。因为在作者的心中永远铭记着“月光般的母亲”。板书《月光母亲》，齐读。

(4) 就让我们伴着如水的月色，伴着母亲的歌谣，结束今天的学习吧！

[**评析**：原文中母亲的年老、痴呆与课文中母亲的天资聪颖、芳香甜美形成了强烈的反差，学生内心受到了强烈的震撼。“此时你最想对母亲说什么？”学生的情感如潮水般迸发出来，母亲无私奉献的伟大形象霎时在学生的心中挺立起来，变成一座玉石雕像。]

5. 布置作业，课外延伸传情。

(1) 请同学们搜集一些你觉得有意思的歌谣、童谣、故事、谜语，可以讲给同学听，和他们一起分享；也可以讲给父母长辈听，和他们一起回忆。

(2) 有兴趣的同学，还可以仿照文中的样子，自己试着编写歌谣、童谣……

二、教学总评

这堂课容量很大，教师大胆地重组了教材，取主舍次，做到突出重点和难点，教学目标明确。

(一) 重组教材，双线交织，循序渐进

随着文本情感的升华，课堂由轻松、快乐变得优美、含蓄，最后变得深邃、凝重。母亲在月光下对作者启蒙的内涵也在这种情感变化中逐渐明朗、深刻、深远；同时，母亲的形象更加鲜明、形象、伟大。整个教学过程既有由浅入深地对“启蒙”含义的逐步理解，也有对母亲形象的分层感悟。虽然有两条教学线，但此设计，“以学定教，顺学而导”，不仅让两条线相融交织、有条有序，而且也把教和学有机地统一起来。教师就像是一个指挥家，指挥着一首乐曲的演奏，时缓时急，时轻柔时凝重。这些都基于教师对文本的充分理解，才能长文短教，并在课堂上长袖善舞、游刃有余。

(二) 合理补充教材，使工具性与人文性有机统一

教师结合自身对教材的理解，通过对教材的重组，以全新的思路，结合多种阅读方式，让学生随着教学环节步步进入主题。例如：补充《大山欢笑》，让学生自己发现诗中歌谣、童谣的影子，感悟母亲对“我”启蒙的影响深远。又如：教学“芳香的音韵”时补充的媒体音乐和结尾处补充原文的《月光母亲》，在情感烘托的同时，请学生表达自己的感受。这样的教学设计，体现了阅读教学“立足工具，弘扬人文”的思想，使工具性和人文性和谐统一。

8 授人以"渔",还原"神"韵

——点评李新杰执教的《开天辟地》

一、执教者的教学设计

(一)教学目标

1. 能正确、流利、有感情地朗读课文。

2. 通过品读关键词句,感悟大神盘古的神力无穷、矢志不移,品析并背诵第7自然段,进一步感受盘古乐观献身的精神。

3. 感受神话丰富的想象,学习对仗的运用。

(二)教学过程

1. 谈话。

同学们,上节课我们学习了一个神话故事《开天辟地》,你还知道哪些关于"天"和"地"的成语呢?

2. 导入。

(1)今天这节课,我们继续学习这个故事。指导读题,读出天地的高远、广阔。

(2)出示词组:很久很久以前、混沌一团、一万八千年、开天辟地、几千万年、化生万物。

①认读词语,发现规律。

②按时间顺序、抓关键词概括课文主要内容。

[**评析**:让学生读好词组、找出特点、串连成句,在学习巩固词语的过程中概括课文内容、习得学习方法,可谓"一举多得",体现了开篇的整体设计。]

(3)找出文中概括故事的一句话,朗读,再次感知故事内容。

3. 新授。

(1)醒来后:开天辟地。

①盘古又是怎样以他的神力开辟天地的呢?聚焦课文第2自然段,画出关键词句,边读边想,用心体会,写写感受。

②交流。

A. “大神见身边有一把板斧……”

紧扣“猛劈猛凿”“左手持凿，右手握斧”，引导学生理解、表演、想象，体悟盘古的力大无穷，并读好句子。

B. “他一使劲翻身坐了起来……”引导学生抓住“一使劲”“‘大鸡蛋’裂开了一条缝”等词句感受盘古身材高大、神力无穷，有感情地朗读句子。

在这伸手不见五指的黑暗之中，一丝微光透了进来，盘古，你最想干什么？体会盘古对光明的渴望，读好句子。

C. 这“猛劈猛凿”、这神力无比，让整个宇宙发生了巨变，只见——“巨石崩裂，‘大鸡蛋’破碎了。轻而清的东西……”

引读，说说从中你发现了什么？

D. 引出对仗写法，并让学生用这种写法将第二自然段改编成一句诗。

出示：

凿开混沌，

带来 ____________，

你的力量神勇无比！

［**评析**：想象是神话的翅膀。让学生在想象中阅读，感悟盘古力量的神奇，尽可能地还原故事的“神”韵，激发学生对于神话这一文体的浓厚兴趣；引导学生发现语言的对仗，并尝试以“文改诗”的形式学以致用。语言训练、语感培养相得益彰，彰显了执教者较强的文本处理能力。］

③天地开辟后，盘古又是怎样做的呢？朗读第 3～5 自然段，用一个词概括内容。

A. 天地开辟，盘古在其中，他头顶天、脚踏地，随着天地的变化而变化。几百年过去了，这个巍峨的巨人——（引读第 5 自然段）

B. 此刻，盘古就在我们眼前，让我们抬起头来仰望，他有多高，看得到吗？看哪，盘古的身体还在长高——（引读，读出神奇）“天每天升高一丈……”

C. 创设情境反复朗读，体会盘古顶天立地的伟大形象。

D. 师生情景对话，感悟盘古的矢志不移。

E. 请学生根据课文内容继续编诗。

出示：

头顶天，

脚________，

你的形象________！

天增高，

______________，

你的信念从未放弃！

[评析：此处设计既与上文教学一脉相承，又通过古语、今文的反复聆听与吟诵，拓展想象空间，升华人物形象。]

（2）临死前：化生万物。

①出示第6自然段，引导学生质疑感受盘古的乐观。

②盘古虽然倒下了，但他舍不得这个世界，临死的时候，他的身躯化成了万物——逐句出示第7自然段，教师相机渲染指导朗读。

③齐读，用一个词概括。

④引导学生发现语段特点——9个"变成了"，身躯与事物相似，合理想象……

⑤盘古的奉献又何止这些呢？（图示）你还能想到更多画面吗？学生模仿课文句式练说。

⑥学生根据课文继续编诗。

出示：

含着微笑倒下，

化为万物而生。

______________！

[评析：朗读是语文教学的第一训练法，读写结合是语文教学的题中之意。通过反复诵读，让学生感受盘古献身的果敢，相机引导学生自主思考、讨论"盘古身躯的哪些部分还可能化生出怎样的什么"，展开读写训练。因为有情绪的铺陈、情境的孕伏、情感的激励，学生的"写"也便水到渠成。]

⑦师生情景对话。小结，进一步体会盘古化生万物的献身精神。

4. 总结。

（1）学生有感情地朗读整首小诗，共同缅怀英雄盘古。

（2）通过这节课的学习，我们将这个神话故事读成了一组画面，读成了一首诗，而盘古开天辟地，更是一首富于想象的赞歌！让我们再一次读一读这个故事的名字，再一次喊一喊这个英雄的名字！

(3) 最后，老师送给同学们一句话——(PPT 出示)鸡蛋，从外面打破是食物，从里面打破就是生命。

[**评析**：通过“倒背如流”“文改诗”的有机统整，升华神话故事的内涵、提炼课文内容的高度，让学生深入感知课文主旋律。总结的是文意，深化的是主旨，整理的是小诗，揭示的是哲理。]

5. 布置作业。

(1) 背诵课文第 6～8 自然段；把《开天辟地》的故事讲给父母听。

(2) 完善“小练笔”——运用对仗的写法把句子写得更整齐、更精彩。

(3) 推荐阅读《中国神话故事》《希腊神话故事》。

二、教学总评

面对所有的课堂，我们都在反复追问这样的问题，即：把学生引向何处？怎么引？引到该去的地方了吗？一堂优质的语文课，应该产生于教学目标的任务驱动，发展于学生在完成学习任务时所产生的疑惑，结束于学生对更高更远的学习目标所产生的欲望。

在“杏坛杯”苏派教学评优课的活动中，我听到了李老师执教的《开天辟地》一课。他较好地把握了阅读教学的四个维度，践行了“以学定教，学教相长”的理念，课上得情趣盎然，张弛有度。

(一) 授人以“渔”：关注儿童角度

《义务教育语文课程标准(2011 年版)》指出，中年级阅读目标是“能初步把握文章的主要内容，能复述叙事性作品的大意。”这个要求对于三年级学生来说有一定难度，如何化难为易？就需要从儿童学习角度出发，或铺陈，或孕伏，或分解，或点化。本课一开始，就以“说说天和地的成语”这样贴近儿童的游戏方式切入。在复习导入部分，又将“这篇课文主要写了什么内容”这样稍显笼统的问题，设计为“按照时间顺序、抓住关键词语”读词组、找特点、串成句，给学生以“拐杖”，让学生在循序渐进中习得方法。这样的设计既体现了“整体性”原则，又契合儿童“由词及句、连句成段”的认知规律。而后，再自然而然地引入到新授环节中。全文教学基调一脉相承、推波助澜，较好地完成了从“教”到“学”的转换。

（二）还原“神”韵：丰盈文本浓度

神话故事向来为儿童所钟爱。《开天辟地》作为一篇神话故事，要求执教者始终秉持文体特点，将神话的“神”韵贯穿教学始终。课例中，教师在教学“开天辟地”部分时，紧扣“动作”，让学生普遍感受到盘古力大无穷。教师适时追问学生：“你有这样的力气吗？”让学生意识到盘古的神力非凡。又如，在反复引读“顶天立地”部分后进行情景对话——“此刻，盘古就在我们眼前，让我们抬起头来仰望，他有多高，看得到吗？”“看哪，盘古的身体还在长高，让我们读出这段话的神奇”……教师紧紧扣住文意，设疑、阐发、顺应、提点，环环紧扣，因势利导，让学生在想象中读悟、在惊奇中涵泳，尽可能地还原故事的“神”韵，既丰盈了文本浓度，更激发了学生对于神话这一文体的浓厚兴趣。

（三）循序渐进：熔铸语用效度

教学的基点在于发展学生的思维，神话故事的教学则应通过想象引领学生语言的生长。在执教“改天换地”部分时，教师在指导学生充分入情入境朗读的基础之上，感受盘古乐观献身的精神，在关注 9 处“变成了”之后，问问学生最欣赏哪些句子，我们会发现不少学生对于“左眼变成了光芒万丈的太阳，右眼变成了皎洁明媚的月亮”等带有修饰性词语的句子格外关注，由此引导学生自主思考、讨论，并针对“盘古的身躯的哪些部分还有可能化生出怎样的什么”设计随堂练笔。这样就从一定程度上激活了学生的思维，丰富了语言的层次。也正基于此，教师在课后作业中对学生提出了进一步的要求——“镶嵌式”练习，运用对仗的写法把排比的句子写得更整齐、更精彩，引导学习目标向更高更远处漫溯。

（四）删繁就简：圆融统整纬度

郑板桥曾提出“删繁就简三秋树，领异标新二月花”的艺术主张。小学语文教师更多时候所做的也正是这种“沙里淘金”的工作。对于本课，教师秉持单元意识，结合本单元《练习 4》中“读读背背”，引导学生进行“（　　）天（　　）地”的课前交流，并相机释义，为学生在课中“将段落读成一个词”做好了铺垫。而“对仗”这种写法，三年级下学期的学生一直都在接触，不论是反复吟诵的古诗，还是课文中的同类句式，抑或是生活中的有意留意，只需稍加点拨便能掌握。教师的“文改诗”尝试是一亮点——这既是对仗写法的学以致用，也是段落大意的另类概括，更是凝练全文的巧妙生成。全篇设计泾渭分明，对文本的地位、性质把握有度，对课堂的理解、拿捏胸有成竹。

当然，教学是遗憾的艺术。如果教师在教学结构上更放松一些，教学空间上再放大一些，教学流程上再放手一些，对学生的回答更放心一些，课堂的“含金量”还会更高。

我想，只有不断追求教学本源，彰显学生本位，凸显课堂本色，不断弱化教师“教”的痕迹，强化学生“学”的地位，才能共赢“适度”的课堂！

9 情趣相谐，读中悟理

——点评张淑芳执教的《窗前的气球》

一、执教者的教学设计

(一) 教学目标

1. 进一步理解"呆呆的""指手画脚""可爱"等字词。

2. 正确、流利、有感情地朗读课文。

3. 打开想象的大门，飞向真情的天空，体会同学之间的真挚友谊。

(二) 教学过程

1. 习旧引新，迁情入境。

(1) 昨天我们一起学习了课文——《窗前的气球》，认识了很多生字宝宝，瞧！它们一个个都躲在气球后面呢！

(2) 你能用上这些生词宝宝说一句或几句话吗？

[**评析**：语文教学要注重夯实学生的语文基础，上课伊始，让学生认读词语，进行说话练习，使学生在体验语文学习成功的同时，为下面的学习做好铺垫。]

(3) 导入新课：今天，让我们再次走进医院，去看一看科利亚吧！

2. 创设情境，境中悟情。

(1) 走进医院，感受科利亚的难受寂寞。

①嘘！静静地，静静地，让我们走进医院，你会看到一个怎样的科利亚呢？自由地读一读课文第1、2自然段。

②读议交流：读着读着，你读到了一个怎样的科利亚？

预设1：

A. 痛苦的科利亚。出示句子："他得的是传染病，医院规定，谁也不准来看他，他也不能到病房外面去。"

B. 科利亚得的可不是一般的病，而是传染病！小朋友们，你们知道什么是传染病吗？学生联系自己的生活实际说一说。

C. 科利亚得的可是严重的传染病，那他就有许多的事情不能做了。出示填空：他不能(　　　　)，不能(　　　　)，只能(　　　　　)。

预设 2：

A. 我读出了寂寞的、孤独的、无奈的……科利亚。

B. 让我们来看看此时的科利亚吧！（课件出示相关材料）你瞧！你看到了什么？随机理解"呆呆的"。

［**评析**：本环节从文本中的词句入手，紧扣文本，引领学生入境生情，集中全部的心智与文本对话，去感受科利亚的无奈。其间，注重关键词句的体会，引导学生掌握初步的阅读方法，学会独立思考。］

③科利亚静静地躺在病床上，呆呆地望着窗外。他在想什么呢？

④是啊，科利亚的日子是多么难熬啊！一分一秒都显得那么漫长。他多想和爸爸妈妈去逛公园，多想和同学们一起游戏，可是他只能……教师加上语气词"哎"配乐朗读课文第 2 自然段。

⑤指名配乐朗读课文。

⑥此时的科利亚是多么难受、孤单、寂寞呀！就在这时，一件有趣的事发生了！快看！

（2）飘飞红气球，探究科利亚的内心。

①（出示动画片）你们瞧！你看到了什么？

②出示句子："突然，一个红气球摇摇摆摆地飘了上来，在科利亚的窗户前停住了。气球停了一会儿，开始一上一下地动起来。"

A. 指导朗读：你也能把这个气球读得这么有趣吗？

B. 评读：真可惜，你的红气球只飘到了二楼；你的红气球，飘起来了越飘越高了；你的红气球动起来了，动起来了。

③教师导读——这是怎么回事呢？教师一边摸头表演一边问：科利亚在想？学生尽情地发挥想象。

［**评析**：学习是从问题开始的，一个个问题就像一个个小勾子，勾住了孩子的好奇心，使学生的学习成了一种自觉自愿的心理渴望。］

（3）变成科利亚，体悟同学之间的纯真友情。

①带着这么多的问题，"科利亚"快去读一读课文第 4、5 两个自然段，你会看到怎样的情景呢？

②读议交流。

预设 1：

科利亚看到画着一张可爱小脸的气球升到了窗前。

A. 出示句子：气球上画着一张可爱的小脸。

B. 小朋友们，你喜欢吗？你觉得这红气球哪儿最可爱呢？

C. 谁来读一读，让我喜欢上你。

预设2：

科利亚仿佛看到米沙和他的同学正在窗外放气球呢！

A. 你看到这情景了吗？（课件出示）谁来给它配上一段音。

B. 请小朋友轻轻地闭上眼睛，听老师配一段。你仿佛听到了什么？学生练说并理解“指手画脚”。

C. 想象说话：是啊！望着这个红气球，同学们有太多太多的话想对科利亚说，科利亚也有很多心里话要对同学们说。他们会说什么呢？

D. 窗前的气球，代表同学们来问候科利亚。窗前飘来的红气球把科利亚和同学们紧紧地联系在了一起。板贴气球。

E. 拓展升华：这难道仅仅是一个红气球吗？它包含着什么？

［**评析**：一句句充满童真的问候语，包含着孩子们浓浓的情谊。让学生成为剧中人，让气球撞击、打开想象的大门，带着自己的情感体验走进课文，走进爱心小世界。这样的教学，让人始终沉浸在一种温馨的氛围中，生发暖意。］

预设3：

科利亚正对着窗外的气球笑呢！（出示图片）

A. 出示句子：“他的心情一下子好了许多。科利亚望着窗外那张逗人的‘小脸’，高兴地笑了。”

B. 指导朗读：此时此刻，你的心情怎样？

C. 导读中个性感悟：听了你的朗读，老师感到科利亚不再孤独了；老师仿佛看见他在笑了，笑得是那么灿烂。把你那灿烂的笑容，也给老师看看；带着这灿烂的笑容我们一起读。

［**评析**：在讨论交际中，开启学生的思维。找准突破口，联系生活实际，在知识点、能力点、育人点方面有的放矢，由虚到实，层层递进。］

3. 深入情境，情中悟理。

(1) 你喜欢这窗前的气球吗？窗前的气球传递着同学之间纯真的友谊和衷心的祝福。板书：友情，爱……

(2) 除了这个红气球,你还有别的方法让生病中的科利亚不再孤独寂寞吗?

(3) 此时此刻,你肯定有许多的祝福想送给科利亚,快拿起你的笔将他们记录在这充满爱的卡上吧!在《爱的奉献》的音乐声中,学生尽情书写。

(4) 交流汇报:让我们把祝福通过红气球送给科利亚吧!音乐声中,学生们将完成的爱心卡边读边贴在"红气球"上。

(5) 让我们一起挥动起爱心卡,对科利亚说:"科利亚,祝你早日康复!"相信有了你们的祝福,科利亚一定会好起来,早日回到同学们身边。

二、教学总评

一个飘在窗前的气球,对得了传染病的科利亚来说,就是一张笑脸,一份惊喜,一声问候,一片真情,使科利亚原本"真没意思"的病床生活,一下子变得生动起来。课文故事情节虽然简单,但孩子之间真挚的友情打动着读者的心。这节课,立足一个"趣"字,倾注一个"情"字,把准一个"创"字,落实一个"读"字,给孩子学语文、用语文提供了一个真正自由、宽松的舞台。

(一) 朗读有层次

朗读不仅是体会课文思想感情的有效方法,也有助于学生情感的调动。因此,在引导学生悟情后,还应重视引导学生有感情地朗读。体会科利亚的孤独难受是本文学习的一个基点,教师首先创设情境:"嘘!静静地,静静地,让我们走进医院,你会看到一个怎样的科利亚?"学生朗读时,教师伺机提问:"当你们生病独自在家时,心情怎样?是啊,科利亚离开爸爸妈妈,离开他的伙伴,这种孤独的、无奈的感觉就会更加深刻。来吧,把你们的感受都读出来!"借助词语"呆呆的",教师进一步引领学生走进科利亚的内心世界,最后加上语气词"哎"配乐朗读,层层深入,学生的理解和体验在动情的朗读中得到升华。

(二) 语言有情趣

"教师的语言如钥匙能打开学生心灵的窗户;如火炬能照亮学生的未来;如种子能深埋在学生的心里。"教师的教学语言亲切、充满童趣。例如,指名学生朗读"高兴地笑了"这一教学内容,教师相机评价:"听了你的朗读,老师感到科利亚不再孤独了。""老师仿佛看到了他灿烂的笑容,真好!" 类似这样的语言贯穿在整堂课中,让整个学习过程积极又充满情趣。

(三) 体验有深度

教师抓住两个表示科利亚心情变化的关键词——"真没意思"和"高兴地笑

了”，引发学生的认知冲突，从而激发学生的求知欲和学习兴趣。教师特别注重创设情境，联系学生生活实际，进行想象说话训练，让学生在课堂上获得深刻的移情体验。“除了这个红气球，你还有别的方法排解科利亚的孤独寂寞?”这样的追问，把课堂引入高潮，学生在课堂上积淀了许久的童真得以释放。他们通过小组合作讨论，把自己想对科利亚说的话以及排解科利亚孤独的方法写在爱心卡上，贴在气球上，以自己独特的方式表达对小伙伴的友谊与关怀。如此，既把学生课堂所获得的情感态度与价值观迁移到实际生活中，引导学生去关注生活，让他们懂得珍惜友谊，同时又培养了学生的创新能力。

一个神奇的气球，一剂治病的良药，一堂温暖的语文课。听完这节课，我想起了这样一段话：语文的美，是认识与发现的快乐，是品味与赏析的愉悦，是表达与交流的酣畅；语文的美，是一次精彩的发言，是一个会心的眼神，是一抹自信的神采；语文的美，更是师生心灵交汇的那一瞬间……

10 慢焙细炒，散发语言的芬芳

——点评沈玉芬执教的《桃花心木》

一、执教者的教学设计

（一）教学目标

1. 理解并熟读课文揭示的育人哲理。

2. 在教师引导下，体会课文"层层设疑，寓理于事"的表达方法。

3. 借鉴课文句式，练习表达阅读感受。

（二）教学过程

1. 听写训练，初步感知。

(1) 今天我们学习台湾作家林清玄的散文。（师生齐读课题）林清玄的文章清而不玄，富有哲理，耐人寻味，深受人们喜爱。听老师念一段话，这段话就是林清玄写在《桃花心木》课文里的，请你用心听，仔细听，这段话共有几句？

(2) 交流。

[**评析**：语文是实践性很强的课程，听一段话，能听出几句，怎么听出来的？这是一个非常简单的教学设计，但却是扎扎实实地对学生进行语感训练的实践活动。通过听，让学生从句子的停顿，从每句话开头的相同，捕捉到这段话的结构，掌握这段话的形式特点，使学生的语感从迟钝到灵敏，从而习得言语、积淀语感。]

(3) 老师告诉你们，这段话不但句式非常特别，而且很富有哲理。富有哲理的话我们应该会写，谁上黑板听写第一句？其他同学拿出笔在自己本子上听写。

(4) 师生评价听得是否准确，写得是否正确。

(5) 这三句话太重要了，含义太深刻了，不但要会默写，更应该铭记在心。请一个同学读读这三句话，看谁能读出自己的理解。

(6) 相信大家都能读到一个词：独立自主。（板书：独立自主）这段话就是告诉我们一个道理：在不确定中，要学会独立自主。

2. 联系全文，深入理解。

(1) 不确定，指的是没有规则，不固定。对于桃花心木的树苗来说，种树人的哪些行为表现是不确定的？是令人感到奇怪的？读读课文，划出相关句子，读出奇怪。

（2）学生交流，教师相机引导：

——你们所找的令人奇怪的表现是看得见的，因为句子里都带有“奇怪”“有时”“偶尔”等词，明确告诉我们他的行为是奇怪的。可是种树人让人感到奇怪的还有许多地方是看不见的，是需要你用心去读的。谁能发现？

——这些需要用心去发现的地方，可能没有直接去写他的表现，而是通过作者的角度去体现的。

［**评析**：在这里，教学立足学生的学习状态而进行。在几乎都能发现种树人浇水的时间、量等不按规律的基础上，教师引导学生关注作者如何表现奇怪，用心捕捉言语背后的东西，即读懂言外之意。］

（3）种树人有那么多令人奇怪的表现，让作者，让我们感到疑惑。怎么会这么奇怪呢？所有的疑问都能在种树人的话语中找到答案，读后你一定会恍然大悟！

①指名读第一段话。其他同学思考：种树人的表现为什么那么奇怪？

②交流并有感情朗读。

③听了种树人的这段话，我们所有的疑问都能明白了，那为什么下面还有一段话呢？而且还要语重心长地说。再请你读读种树人说的第二段话，是不是重复了呢？

④第二段话讲了如果每天给桃花心木浇水，浇一定量的水，那树必然会枯萎，从反面告诉我们他这样做的原因。两段话一正一反解答了我们心中的疑问，让我们印象更加深刻。男、女生朗读这两段话。

［**评析**：种树人有那么多奇怪之处，足可以引起学生阅读的兴趣，此时，教师带领学生去读懂种树人的两段话可谓是水到渠成。如何读懂？第一步，读出种树人所说话的意思。直接提问：种树人的表现为什么那么奇怪？引导学生以简洁的语言来提炼，这是高年级必须具备的概括能力。第二步，以第二段话是否有必要为契点，激发学生阅读第二段的兴趣。为什么能激发学生的兴趣，关键还是能由学生的问题出发。教师能看到学生看不见的，提出学生没发现的且确是有道理的问题，学生自然能主动地去阅读、去发现。］

⑤我们读懂了这两段话，如果每一棵桃花心木的树苗跟人一样有思想，会

开口说话，它们会理解吗？不相信。假如你就是这片桃花心木树苗中的一棵，你会理解吗？现在老师就是这么一大片桃花心木树苗中的一株，而且奄奄一息，等着种树人给我浇水。等了一天，种树人没来；等了三天，种树人还是没来；等了一个星期，他还是没来。我就要枯死了，我心里抱怨，我心里怨恨！而你们就是我的同伴，你们会眼睁睁看着我枯萎吗？愿意劝慰我吗？

师生情景对话，引导学生借用种树人说的话，也可以借用这段富有哲理的话劝慰。

⑥看来桃花心木苗们都能理解种树人的这段话，所以你们都长得这样生机勃勃、优雅自在。作者由树想到了人，得出了这个道理，不只是树，人也一样。齐读这句话。

[**评析**：如果说前面直接阅读种树人说的两段话是从文字中寻找答案，解决心中的疑问，那么这一情境的设置所进行的说话练习，则是抓住学生的情感之线，使学生进行内化的过程。首先内化的是文本的语言，因为要能够劝慰必须学会借用，借用种树人说的话或者全文富含哲理的话，在借用的过程中自然就把文本语言转化为自己的语言。其实，是内化种树之理。只有清晰地懂得其中之理，才能有理有据地进行劝慰。]

3. 回顾全文，领悟写法。

(1) 创设情境，学生谈感受。

(2) 这样重要的道理，这样深刻的人生哲理，如果简单直白地重复无数次，也会变成令人厌烦的唠叨，可是作者林清玄不就是给我们讲了这样一个“独立自主”的道理嘛，你觉得唠叨吗？他是怎么告诉你这个道理？他又是怎么一步步告诉这个道理的？请同学们快速浏览全文，边读边想。

提示：先怎么写？再怎么写？最后才写什么？

(3) 交流归纳。板书：寓理于事、层层设疑。

(4) 作者借一件事情，寓一个理，这件事情在写的时候一个疑问接着一个疑问，层层设疑，引人入胜。全文语言质朴自然，就如品一杯香茗，清新隽永，让人回味，这就是林清玄散文的特点。

[**评析**：“作者斯有路。”高年级学生的阅读不能只停留于感受到一份情，悟到一个理，读到一件事，而更应注重篇章结构。语文课程标准指出：在阅读中揣摩文章的表达顺序，体会作者的思想感情，初步领悟文章基本的表达方法。第

一板块：理是什么；第二板块：读懂道理；第三板块：关注文章如何写出这个理。整个教学就以这样的层次展开。]

4. 迁移写话，深化理解。

(1) 林清玄善于用他锐利的眼睛，透过平常事物的背后发现人生哲理。小故事中蕴涵着大智慧。但是对同样的事物，不同的人，可能会有不同的感受与思考。请同学们课后完成一个作业：面对这一个个不确定，我们会有怎样的思考呢？请你课后也能以"在不确定中，我们……"的句式写上一两句话。

(2) 相信大家在思考，在写的过程中对独立自主有更深刻的体会。虽然我们现在的生活在父母的安排下基本都是确定的、固定的，今后在人生中遇到那些"不确定"的生活境况时，我们的心中，会有一棵桃花心木，有一颗"独立自主"的心。

[**评析**：苏霍姆林斯基说："课堂教学中，直接打动人的心灵，意识和良心是教育艺术的核心。""打动"正是"介入"的结果。课堂教学应该是从学生真实的生活出发的，不能从生活的土壤里连根拔起，为了生动而生动，导致教学环节成为课堂上调节气氛的装饰品。作者从生活中悟出的道理，再由学生回到生活，在生活中思考，打动的是学生的内心，介入的是学生的生命。学生在运用作者语言结构的表达中，习得语言，真正完成生命语言的嫁接，这种习得是深刻的。]

二、教学总评

台湾作家林清玄的智慧渗透进了他的每一篇散文，感染了每一颗灯前捧读的心，《桃花心木》也不例外。这节课，执教者带领学生沉下心来，在对语言文字的赏读、玩味、反刍中，去触摸和感知那一份并非遥不可及的生活智慧。

(一) 以学定教实现成长

教师只有立足儿童，尊重儿童已有经验，遵循儿童认知规律，把握儿童生长原点，才能实现儿童在课堂上真正的成长。本节课，教师以学定教，无论是教材研读还是教学设计，都从儿童的学习状态、学习兴趣、内心需求等出发。文中一段富含育人哲理的话是整篇文章的中心，也是全文中学生理解的难点。学生通过自己熟读，对整段话能够进行初步的感悟，但这种感悟还处于欲求而不得的朦胧状态，此时，教师果断帮助学生提炼核心词"独立自主"，告诉学生道理，真正起到对学生的主导作用。随后循着作者"奇怪—疑问—恍然大悟"这一条心理变化的线索，在具体的语言情境、事情发展过程中，逐渐从朦胧到清晰，由作者的感悟转为学生的体会。而对“奇怪”的体悟，教师更是在立足学生对种树人奇怪表现已有感知的基础上，引导学生关注作者的表现，这无疑为学生打开了一扇窗，激活了学生思维，吸引了学生深度参与。在师生的对话中，学生看到了文本深处更加美丽的风景。

（二）人文与工具相融共生

学生在阅读文本时，一般关注的都是文章的内容。“言如其人”“言之无文，行之不远”，这些至理名言都要求我们关注语言，关注形式，关注语言和内容的联系，培养学生的语文实践能力。本节课情理交融，把人文性巧妙地寓于语言文字的训练之中，学生语言成长的同时，人文素养也同步生长。课始，教师从文本中心切入，让学生听、记、读课文中最富含育人哲理的段落，这并不是简单地游离于外的语文能力训练，而是把文中之道以不同的形式融进学生的头脑，刻入学生的内心。在读懂道理后，教师巧设情境引起学生发现的兴趣，在发现中领会全文的表达方式，领悟作者林清玄的写作特点，体现了阅读就是为了更好地写作这一教学原理。美文、美音再加上美意、美境，把学生和听课教师都打动了。“怎样引领学生走近名家，给学生精神和语言的滋养”，这一课例耐人寻味、值得借鉴。

11 关注学生立场，关怀学生发展

——点评李维生执教的《心字底》

一、执教者的教学设计

（一）教学目标

1. 掌握心字底及带有心字底字的书写要领。

2. 体会书法运笔的妙处，探究书法结字的原理。

3. 感受书法名言的智慧，欣赏书法作品的美妙，培养对书法的喜爱之情。

（二）教学过程

1. 故事导入，提示课题。

（1）同学们喜欢听故事吗？我们一起来欣赏一个古代书法家的故事。播放柳公权借谈论书法向穆宗皇帝进谏的故事录像。

（2）故事结束了，柳公权"心正则笔正"的书法名言却给我们留下了深刻的印象，老师希望大家都能成为"心正则笔正"的人。刚才欣赏书签时，你们还知道了哪些书法名言呢？

（3）揭题：通过交流，我们积累的书法名言越来越多了。天地万物，存乎一心，所以与"心"有关的书法名言就特别多。不仅如此，与"心"有关的汉字也很不少。（出示带有心字底的汉字）心字底只有四个笔画，但写好它并不容易，今天老师将和同学们一起研究心字底的写法。

［**评析**：故事可以激发学生练字的兴趣，故事中书法家高尚的人格也在潜移默化地影响着学生，交流其他带"心"字的书法名言，则进一步丰厚了学生的积累，提升了他们对书法文化的认识。］

2. 观察比较，明确要领。

（1）（出示右图）我们首先来研究一下，"心"字变成心字底，要做出哪些调整呢？——形态宽扁；中点较低；三点基本形成斜线，像一行飞向蓝天的大雁，动感十足。

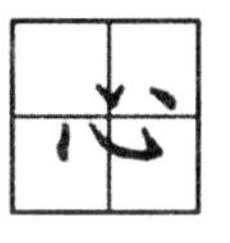
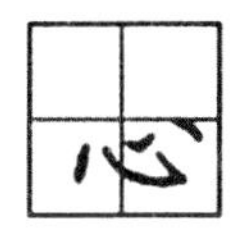

（2）刚才我们主要研究了心字底的结构形态，在笔画书写上，你觉得还要注意些什么呢？课件辅助理解：卧钩形如新月，中点和右点笔断意连。

（3）通过刚才的研究讨论，我们基本掌握了心字底的书写要领，老师把它们编成了几句口诀，我们一起来读一读：卧钩状如新月，三点形成斜线；笔断意要相连，形态宽扁乃安。

［**评析**：好的书法作品往往都是妙合自然的，形象化的语言、直观的画面是对这一命题最好的诠释。学生体悟其间联系的同时，想象画面，吟诵口诀，理解更为深刻，记忆更为牢固，对祖国汉字形象之美的感受也更加深切。］

（4）教师按照书写要领范书，并配图引导学生注意写字姿势——头正、身直、臂开、足安；学生临写范字。

（5）师生按书写要领共同评议一位学生的习作；学生自我评字；配以古典音乐，学生继续临写范字，教师巡视辅导。

（6）根据学生书写情况小结。

3. 游戏铺垫，学写带有心字底的字。

（1）图形游戏，做好铺垫。

①调整上四边形下面一条边的角度，让下四边形向上靠一靠。调整后的两个四边形结合在一起给你带来了什么感觉？——紧凑、和谐。

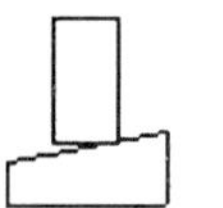 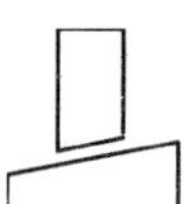

②水平移动下四边形，让它再向上靠一靠。现在两个四边形结合在一起又给你带来了什么感觉？——更加紧凑。

③游戏中的你们都很聪明，其实只要多动脑筋，从游戏中也能悟出写字的道理。

（2）讨论交流，明确要领。

①出示范字“思”和“志”（如右图）。观察一下它们的造型结构，你有什么发现？——两个字都由两个部件组成，这两个部件就像图形游戏中的两个四边形。

②怎样才能写好带有心字底的字呢？

预设 1：

生：心字底上面部件的下边缘线左低右高。

师：这样安排有什么好处呢？

生：紧凑、和谐。

预设2：

生：心字底要稍稍右移。

师：这样安排的好处又是什么呢？

生：更加紧凑。

师：心字底稍右移是写好心字底字的一个要领。许多古代的大书法家也注意到了这一点。（出示古碑帖）这是唐朝代大书法家欧阳询的字，它的字法度森严、刚劲挺拔；这是元代书法家赵孟頫的字，他的字笔法精到、秀润遒媚。

预设3：

师：可是按照常理，心字底右移了，就会有跑到字外的感觉，但我们看上去，上下部件仍然能够融为一体，这是为什么呢？

（教师将字的中心点与卧钩的出锋处变色。）

生：心字底的卧钩的钩尖总是指向字的中心点。

师：为什么卧钩出锋指着字心，它们就能融为一体了呢？

生：心字底和整个字的联系就加强了，所以就能融为一体。

生：心字底就像个小孩子，字心就是他的家。虽然他出去了，但他的心仍然向着家，他就永远都是家里的人。

……

师：在书法上这也是个造险破险的过程。心字底右移造了险，卧钩出锋指向字心又巧妙地破了险，所以字才显得神采飞扬。

[**评析**：将儿童喜闻乐见的游戏引入课堂，在调节气氛的同时，巧妙地将心字底字的结字原理融入其中，为进一步探究心字底字书写要领作了有效的铺垫；学生从图形游戏中悟出写字的道理，也将会明白写字与生活乃至宇宙万象都是息息相通的，只要用心体悟，书艺必能大进。]

（3）读帖指导，学写范字。

①古人说："察之者尚精，拟之者贵似。"意思是说观察范字越精细越好，临写的时候越像越好。请大家仔细观察，要写好这两个字还得注意些什么？

②能用眼睛观察出来了，还要用笔把它美美地表现出来，眼到、手到都很重要，我们试着来写一写这两个字。

[**评析**：心字底字的书写要领虽已了解，但仅此还不够，此时继续引导学生观察范字，既培养了读帖能力，也有利于进一步理解范字的结体和用笔之妙。

这样，学生的临写才能真正做到意在笔前、字居心后，此为“磨刀不误砍柴工”。]

(4) 评讲示范，学生再练。

①我们同桌相互做“小老师”来评一评你们的字，可以说说优点，也可以提些建议。

②现在老师也来写一写这两个字，同学们可以伸出手来和老师一起书写。

③有了同学的帮助，看了老师的书写，大家一定更有信心了！请再把这两个字写一写。播放古典音乐。

(5) 听诵儿歌，总结提升。

①大家写的字都有了很大的进步，老师送给大家一首儿歌，我们一起来欣赏。播放配乐儿歌：

字中有了心字底，稍稍右移莫忘记；

心上部件可微调，下边缘线左宜低；

要得形紧神也聚，卧钩出锋向字心。

②我们一起来读一读。

[**评析**：以儿歌的形式呈现心字底字的书写要领，既帮助学生理清了思路，也对上一教学环节进行了总结。同时，儿歌读来朗朗上口、饶有兴味，既清楚明了，也易于记忆，有利于学生在轻松愉悦的氛围中牢记所学知识。]

4. 练写书签，举一反三。

(1) 记住口诀和儿歌还不够，练字讲究举一反三，你们能用今天所学的知识写好这几个字吗？出示范字：怒、忍、悉、愁。

(2) 请拿出课前发给大家的书签。书签上不但有书法名言和精美的图案，还有几个田字格，如果我们把这几个字美美地写上去，书签一定会更加漂亮，也更有意义。

(3) 书签上有了同学们的字显得更漂亮了，同学们看到这样的书签心里也更美了。接下来，老师还想邀请大家一起走进建湖县第二实验小学的书法展厅，去美美地欣赏那里的书法作品。

5. “走进”展厅，欣赏佳作。

这就是建湖县第二实验小学的书法展厅——心画苑。这里有柔和的灯光，有悠扬的音乐，还有淡淡的墨香。一幅幅书法作品或楷，或行，或篆，或隶；有的端庄，有的飘逸，有的厚重，有的轻灵。真是精彩纷呈，美不胜收。相信只要用心练字，你们也可以写出这么美妙的作品。

[**评析**：此处意在用同龄人的成绩激励学生用心练字；同时优雅和谐的配乐，美轮美奂的展厅呈现，也进一步丰富了学生对书法的审美体验，热爱书法的情感油然而生。]

二、教学总评

写字教学重在写字技能的培养，这理所当然。但如何在培养技能的同时让学生获得过程的体验，尤其是获得情感的满足、文化的熏陶，这是很多同类课所不具备的，当然，这也是本节课所呈现的"质感"和"厚度"。

传统的写字指导，主要重在教师的"传道、授业"，重在教学流程的"预设"。而本课的教学，教师既"居高"更"临下"，既"深入"更"浅出"，始终关注着学生的立场，关怀着学生的发展，从而不断地生成新的教学策略，不仅体现了教师的教学智慧，更体现了教师的教学理念。本课一开始的导入就不落俗套，所示故事"言为心声"，为全课奠定了良好的基调；教学中，处处孕伏、层层递进、举一反三，讲练评一气呵成，"笔断意连"。最后的佳作欣赏，由此及彼，推波助澜，较好地完成了学生情感的升华。

每个汉字的形成都有特定的文化背景，每个汉字的教学也都应有自己的精彩。因"字"施教，学生轻松享受到汉字书写的无限乐趣。特别需要说明的是，写好钢笔字，懂得中国书法，领略民族文化，这本身就是新课程实施的题中之意，但在今天似有弱化之势。在此情形下能听到李老师"心字底"的教学，尤为欣喜和欣慰。

12 识字:儿童的游戏

——点评胡丹执教的《练习 7　学用字词句》

一、课堂实录

(一) 画图导入

师:今天老师给小朋友们带来了一幅很特别的画。(简笔画,配古乐)是不是和我们平时见过的画不一样?

生:有点儿像画又有点儿不像。

生:像我们学过的一些象形字。

师:对,它就是一幅文字画,里面藏着许多字,聪明的你能猜出画里藏着哪些字呢?

(学生观察思考。)

生:我猜出了石、舟、木。

生:我猜出了日、水、鸟。

师:真了不起,一下子猜出了那么多。是不是很有意思?其实,这就是《练习 7》的内容。

(板书:练习 7。)

师:请小朋友快速把书打开,翻到第 122 页,先读读要求,再把相应的字写在田字格里。

[**评析**:寥寥几笔,一幅文字画便跃上黑板,直观形象。这样做,一是为了引发兴趣,二是为了唤起学生对已学象形字的回忆。"让学生随意猜字",形散而神不散,"猜"的过程更激发了学生的好奇心理和求知欲望,吸引学生积极地自主探究,变被动接受知识为主动求索知识。]

(二) 写字练习

(学生自行读要求后,把字写在相应的田字格里;教师巡视指导,注意纠正写字姿势,相机表扬,并在书上打"☆"。)

师:(出示一学生作业于实物投影上)让我们看看这位小朋友的练习,你觉得他写得怎样?

生:字写得很好,注意了在田字格的位置。

师:(指学生填写的字“鸟”,再指图像)这是鸟,但你看图,它最像什么鸟?

(出示“燕子”剪纸相对应。)

生:(恍然大悟)是燕子。

师:对,这里应该填“燕”。

(再出示一位学生练习,其他学生评议。)

[**评析**:“猜—读—写”的教学设计,既加深了学生对象形字的整体识记,又较好地落实了教学任务。“燕”的教学环节,形象有效,独具匠心。课堂上的随机点拨和适时表扬,折射出教师良好的调控能力和可嘉的教育理念。]

(三) 想象绘画

师:我们小朋友都很了不起,居然把这么多字都猜对、写对了。不过,我们的祖先更了不起,因为是他们把自然界中的事物用画图的方法记下来,才慢慢变成了今天的字。

师:(指着黑板)看,这简简单单的几笔,就画出了大自然中的山山水水,如果要你把这幅文字画变成一幅美丽的风景画,你想怎么画呢?

生:我想给树木添上绿色的叶子。

生:我想画又圆又红的太阳。

生:我画的太阳和他不一样,我想画光芒四射的太阳。

生:我还想画清清的河水,河里有鱼在游来游去。

师:就请你快速拿出画笔和纸,把自己想到的画下来,想怎么画就怎么画,比比谁画得最漂亮、最有特色。

(学生绘画,配轻松舒缓的民乐。教师巡视指导,适当鼓励表扬。)

师:你画得真大胆!

师:你的想象力真丰富……

(十分钟后学生基本画完。)

师:这短短的十多分钟,小朋友边想边画,画得那么认真、投入。老师边走边看,真好像去美丽的大自然走了一回,现在就请你带着自己的画去找你的好朋友,把画介绍给好朋友听。

[**评析**:“课堂即生活”,教师让学生在实践中思考、想象、体验、创造,让汉字与具体的形象建立联系,打通具象与抽象之间的关系。学生的画与生活相谐相

融，又充满童真童趣。教师鼓励学生用儿童的生活、儿童的视角去诠释自然，又很好地培养了学生学习的整合能力。]

（四）介绍作品

师：（拿一位学生的画在实物投影上演示）现在，让我们一起来欣赏一下这位小朋友的画。他画得怎么样？

生：真漂亮！

师：就请画的作者来介绍一下自己的画，好吗？

生：我在天上画了一个圆圆的太阳，下面是高高的山，河里有小鱼在游，岸边还有几块大石头。

师：你看，他的方位词用得多准：天上、下面、河里、岸边，让我们更加清楚这些景物所在的位置，真的很不错。

（教师把画贴在黑板上。）

师：谁还愿意把画介绍给小朋友听的？

生：（上台在实物投影仪上展示画）我的画上，太阳从东方升起，小鸟飞，云儿飘，鱼儿游，船儿在水里“扑突扑突”地开。

师：“太阳升、小鸟飞、云儿飘、鱼儿游”，这些词用得多准；而且说“船儿开”时还用了个象声词“扑突扑突”，模仿了声音，真了不起。

（教师把画贴在黑板上，鼓励学生自愿上台介绍；学生争先恐后地上台向大家展示、介绍自己的画。）

生：我画的是一座高山，上面种了很多树，太阳在天空中笑。

师：（奇怪地）太阳的光芒怎么是弯曲的？

生：这个太阳刚从烫发店里回来，所以光芒是卷的。

师：你的想象力真丰富！

生：我画的是早晨，太阳姐姐放出了五彩的光芒。一个小朋友去爬山，爬到山顶，在亭子里休息。山下的小河里有个渔夫在划船。

师：你真有创意，把这幅画编成了一个动听的故事。

[**评析**：“画画”除了其本身的教育功能外，还在于介绍与交流作品，这是语文课的基本特质。课堂上，学生和学生的交流，学生和教师的交流，力求达到心灵的交流、情感的碰撞。更难得的是，教师在倾听的过程中，既注重引导学生准确生动地进行语言表达，又呵护学生可贵的童心。课堂上没有矫揉造作，师生

谐恢相融。]

（五）拓展延伸

师：（指着黑板）你看我们祖先的象形字写出了大自然的美，小朋友的画笔画出了大自然的美，刚才的介绍又说出了大自然的美。其实不仅仅是这些象形字，我们祖国还有好多好多的字都是从大自然中得来的。老师这儿有个小口袋，里面藏着许多象形字卡片。（展示卡片）你们看漂亮吗？今天小朋友表现得都那么出色，老师给每人送一张，回家后和爸爸妈妈一起看看、猜猜是什么字。

二、教学总评

“初步感受汉字的形体美”是《义务教育语文课程标准(2011年版)》中第一学段的目标之一。苏教版小学语文一年级下册《练习7　学用字词句》，是一项认识象形字的综合性练习。这堂课，执教者凭着扎实的教学基本功和较强的教学领悟力，较好地落实了语文课程标准的精神，也较准确地理解和演绎了教材的编写意图。课堂上，既体现了语文、美术、音乐的和谐整合，又体现了教师与学生、学生与学生的和谐合作。难能可贵的是，一种基于儿童立场的游戏精神得以渲染张扬且贯穿始终，它让学生的识字不再是沉重的负担，而转变成甜蜜的味道。

首先是猜：感受汉字之美。

课堂，从猜字开始，以猜字结束。猜一猜的游戏，以一种轻松的姿态出现，让学习变得自由和愉悦。在此过程中充分感受汉字的神奇与意蕴，既唤醒了学生沉睡的知识经验，也让学生进行积极主动的知识建构，实现知识的更新、提升与积累。

其次是画：点亮绚丽想象。

画画，是低年级学生最爱的游戏。课堂上的画画绝非喧宾夺主，而是赋予学习情境亲切感性的方式，架起抽象的文字符号与自然画面间的桥梁。学生结合自身的生活经验，发挥想象和联想去创作，在头脑中形成鲜明丰满的图像，拥有真切的情感体验，获得识字的乐趣与美的熏陶，对中国文字的向往之意、热爱之情透纸欲出。

再次是讲：实现精彩表达。

介绍作品的环节充满了儿童式的想象，学生把新鲜的现实生活、自由奇幻的想象如讲故事般植入到语文学习中来，充满了游戏的意味。这样的表达指向学生真实的言语学习与交际需求，充满情趣。学生俨然都成了故事里的人，被深深卷入，尤其是对太阳卷发的阐释："太阳刚从理发店里烫发回来，所以才会是卷发的啊。"赢得了其他学生的认同。教学，循着儿童的感受有魅力地进行着。

整堂课，采用了"猜一写一画一讲"的教学流程，以游戏式语文学习唤醒儿童潜在的识字愿望，在守护游戏天性的同时更指向语文课姓"语"的基本特质，引领学生走向课堂背后辽远的情境乃至意境，教学目标的达成度高。当然，"教学是遗憾的艺术"，这堂课在感悟文字及扎实练习等方面尚有欠缺，但对于接受新课程才几个月的青年教师来讲，这样的教学已属不易。

13 鲜活情境，让课堂生“辉”

——点评司马黎执教的《台湾的蝴蝶谷》

一、课堂实录

（一）游览蝴蝶谷

师：（手持“台湾蝴蝶谷旅行社”导游旗）亲爱的小朋友，你们好！我是台湾蝴蝶谷旅行社的特约导游。今天，我将带领大家去一个神奇的地方——蝴蝶谷！我们出发吧！

（课件播放画面及课文录音，学生静静观赏。）

师：美丽而奇异的蝴蝶谷，怎能不令人流连忘返？让我们细细朗读课文，要读得正确、流利，能读出自己的感觉更好。

（学生自由读课文。）

[**评析**：“假想旅游”把学生以游客的身份带到了台湾的蝴蝶谷，化虚为实，化静为动，再现情境，增强文本感召力，使学生全身心地投入到这次“旅游”中。通过自主观赏、品味、思考，美丽的蝴蝶谷深深地印入了孩子们的脑海，了解她、探索她的愿望也油然而生。]

师：你最喜欢课文哪一段？

（学生自由表达想法。）

师：你们说的都有道理，就请你把最喜欢的一段用心地朗读给同桌听。同桌要仔细听，不正确的马上纠正哟。

（同桌互相朗读、纠正。）

（二）过三关，招聘小导游

师：告诉大家一个好消息，来蝴蝶谷旅游的中外游客多得数不清，所以蝴蝶谷旅行社急需招一批小导游。只要能通过“三关”，你们也能成为特约导游！

师：现在进入第一关——有问必答。第一题：蝴蝶谷位于什么地方？

生：蝴蝶谷位于祖国的宝岛台湾。

师：你怎么知道的？

生：课题告诉我们了。

生:您的导游旗上写着“台湾蝴蝶谷旅行社”。

生:我是读了第1自然段才知道的。

师:小朋友们真会动脑筋,能从不同的地方找到答案。请你们再读读第1自然段,想一想,你读懂了些什么?

生:因为台湾气候温暖、水源充足、花草茂盛,蝴蝶们喜欢生活在这里,才会形成蝴蝶谷。

生:蝴蝶喜爱温暖的气候、充足的水源、茂盛的花草,离开这些,它们就生活不下去。

师:你们说得很有道理,看“暖”“源”“茂”这三个字,(出示词卡)这些字里有阳光、有水、有植物,看来,台湾确实是蝴蝶生活的好地方!我们一起来写一写这三个字,再来读一读、夸一夸这个好地方吧!

(学生练习书写,再有感情地朗读第一段。)

师:第二题:蝴蝶谷的名字是怎么来的?在课文中找一找。

(一生朗读第2自然段,教师指导把第二句话读流利。)

师:哪些小朋友愿意来演一演第2自然段?

(几个学生戴上蝴蝶头饰演一演,教师扮成游客来采访。)

游客:美丽的小蝴蝶,你们急着去哪里呀?

小蝴蝶:我们要去山谷里聚会呢!

游客:这些山谷叫什么名字呀?

小蝴蝶:叫蝴蝶谷。

游客:咦,为什么要叫这个名字?

小蝴蝶:山谷里有了我们这些可爱的小精灵,就叫蝴蝶谷啦!

游客:那你们什么季节去蝴蝶谷聚会呢?

小蝴蝶:我们总是春天来聚会,所以游览蝴蝶谷最好春天来。

游客:好,我一定春天来,谢谢你们为人们带来迷人的景象。

师:第三题:蝴蝶谷内有哪些迷人景象?请小朋友们听一听、演一演。

(全班学生戴上不同色彩的蝴蝶头饰,伴随着教师的朗诵,分别聚拢到“黄色蝴蝶谷”和“五彩蝴蝶谷”中,在悠扬的音乐声中,翩翩起舞。)

师:可爱的蝴蝶们你们好!能介绍一下自己吗?

(两个蝴蝶谷的代表分别作自我介绍。)

师：我们再来做一次集体介绍吧！

（师生分工朗读第3自然段。）

[**评析**：朗读可以让学生动用各种感官，全方位、多层次地整体触摸课文所展现的言语现象，读出声音，读出形象，读出形态，读出喜怒哀乐的情态，对课文的理解也就更加深入。允许学生用自己喜欢的方式诵读，无疑能为学生提供自由表达的机会，促使学生释放个性体验，展现独特风采。]

师：游人一拨一拨涌到蝴蝶谷，正等着导游领他们游览蝴蝶谷呢！小导游们，该怎样向游客作介绍呢？难度最大的第三关——导游蝴蝶谷正在等着你们呢！

（学生准备导游词，教师巡回指导。）

师：准备好了吗？哪位小导游第一个上场？

（师生互动：学生当小导游，教师扮游客，一同跟随课件画面游览蝴蝶谷。）

师：祝贺大家闯过三关，成为蝴蝶谷旅行社的特约导游！

[**评析**：学生以小导游的身份介绍蝴蝶谷，既内化了课文语言，完成了“背诵课文”的任务；又活化了课文语言，完成了由吸纳到倾吐的过程。而与教师的互动，既使“小导游上岗”这一情境更为生动，又加深了学生对课文的理解。角色的转换，让学生始终兴趣盎然地参加学习的全过程，并闪现出各自的灵性、悟性和智慧。]

（三）出谋划策，宣传蝴蝶谷

师：蝴蝶谷如此美丽，可惜世界上知道的人还不多。怎样才能让蝴蝶谷闻名天下呢？

（学生商量。）

生：我来为蝴蝶谷设计一幅精美的宣传画，贴到世界各地。

生：我觉得可以搞一次广告征集活动，吸引更多的人来关注蝴蝶谷。

（掌声。）

生：我想为蝴蝶谷写一首小诗。

生：我建议蝴蝶谷旅行社建一个网站，把蝴蝶谷推向全世界！

（掌声。）

生：我觉得可以创作一首优美的歌曲，让人们传唱。

师：小朋友们的金点子真不错，课后我们一起来把它们变为现实，让蝴蝶谷天下闻名！

［**评析**：“怎样才能让蝴蝶谷名闻天下呢？”真可谓“一石激起千层浪”。学生提出了为蝴蝶谷设计宣传画、征集广告语、建立网站等方案，把语文学习与艺术、与生活有机整合起来。这些方案的实施，也必将推动学生展开想象的翅膀，去获取丰富的情感体验，达到知识、能力与情感的综合提高。］

（四）争当“小小书法家”

师：我发现小朋友们很会读书、很会动脑筋。接着要请大家认真读、看、想课后的生字，每个字该怎样记住、怎样写好，请小朋友们看在眼里、记在心里。

（学生凝神思考、记忆。）

师：请小组内分工讨论一下怎样记、怎样写这些字，好吗？

（四人一组开展交流。）

师：现在我邀请四个小书法家上来写茂、赶、撤、批这四个字。

（学生上黑板写。）

师：（边评析边示范）“茂”字写得不错，可是斜钩要伸得长长的，才会显得很潇洒。“赶”字的一捺要托住上面的“干”。“撤”和“批”是左中右结构，这两个小朋友写得很紧凑，真有几分小书法家的味道。接下来，各位小书法家就开始动笔练字吧，希望大家能把每个字都写得和蝴蝶一样美。

（学生写字，教师巡回指导。）

二、教学总评

低年级语文教材或者是耳熟能详的故事，或者是浅显易懂的短文、诗歌，学生很容易理解。显然，面对这样的文本，执教者静态的描述对于学生来说缺乏足够的吸引力和召唤力。怎样让静止的文字、熟悉的画面活化为一幅幅立体的流动的画卷？怎样让学生全身心地卷入其中，唤醒文本中沉睡的语言，转化为自己活生生的“积极的语言”？创设鲜活情境，让课堂生“辉”；活化语文教材，让儿童得“益”，这是本堂课的有效尝试。

托尔斯泰说过：“成功的教学所需要的不是强制，而是激发学生的兴趣。”低年级语文课堂就应是情趣和梦幻的栖息地。本课创设了“游览蝴蝶谷—招聘小导游—宣传蝴蝶谷”这一鲜活情境，巧借动听的音乐、生动的画面、积极的思考、多样的体验，使课文中静态的语言文字活动起来，把原本平面呈现的教材立体地、多维地展示在学生面前，使学生精神为之振奋，兴趣随之盎然，极其向往地全身心地、投入学习。

另外，执教者深知，课堂上的一切形式始终要为内容服务，无论创设何种情境，采用何种形式方法，引导学生关注的始终应是阅读的意义层面，引导学生要做的是摆脱情境旁观者的身份，成为其中一个积极的参与者、主动的探索者，步步深入文本、探索文本，逐步达到人文合一的境地。因此，本课教学中，教师并未仅仅停留在创设只是用来欣赏、聆听的单一情境，以视觉效果、音响素材为重点进行兴趣激发，而是以“过三关、成为小导游”“出谋划策，宣传蝴蝶谷”的形式创设了一个巧妙精当的语言实践情境，给予学生广阔的探索空间和充分的探究自由，让他们带着问题和任务去读读、悟悟、品品、聊聊、画画、写写、编编，促使他们在活动中学习，在主动中发展，在探究中创新。于是，在有趣的语言文字的实践中，学生自觉调整自己的认知策略，运用已有的知识经验自行解决问题，求知热情和智慧火花也如泉水般无拘无束地奔涌。

有滋有味、有声有色的鲜活情境，改善了文本进入儿童视野的姿态，构建了师生共同的言语生活、能力生活、交往生活，为儿童撑起了一片语文素养发展的广阔时空。

14 多一番斟酌，多一点体味

——点评张海宏执教的《种一片太阳花》

一、课堂实录

师：今天我们一起来学习一篇新课文。

（齐读课题。）

师：（课件出示太阳花图片）这就是太阳花。作者李天芳为什么要种一片太阳花呢？请大家大声读课文，读准字音，读通句子。

师：（出示生字词）请同学读一读：服侍、秆、锦缎、美人蕉、花蕾、汁液、茂盛、禁不住。

（学生把“禁”读成了四声，教师纠正。）

师：（出示“单调”“焦躁”“渴望”）男生齐读。

师：（出示“破土而出”“艳丽夺目”“缤纷五彩”“经久不衰”）女生齐读。

师：（出示“朝开夕谢”“尽情绽放”“精神充沛”“新陈交替”“兴旺发达”“繁荣昌盛”）全体齐读。

师：第二组词语是写什么的呀？

生：写的是太阳花生长的过程。

师：文章哪几个自然段写了太阳花破土而出到经久不衰的过程？

生：第4～8自然段。

师：我们根据第二组词语，找到了文章的第二部分。这篇文章总共有四个部分，你们能不能根据其他三组词语分出其他三个部分。

（学生在书上做标记，全班交流、评价。）

［**评析**：将词语进行归类，作为理清文章脉络的抓手，巧妙地引导学生采用重点段突破的方法，一下子理清了文章的四个部分。］

师：请同学们快速读一读第一部分，思考：作者为什么要种一片太阳花？

生：这里，映入眼帘的是一片单调的砖瓦色。夏天，烈日当空，砖铺的院地，像火炉那样散发着热，叫人焦躁难忍。

师：作者在这种情境下，太渴望色彩了。还有没有别的原因？

生:使人强烈地生出对色彩的渴望,渴望郁郁葱葱的树,斑斓多姿的花。

师:除了渴望色彩之外,还有没有别的原因?他为什么就选中了太阳花?

生:种什么呢?我和同事们面对一方泥土,七嘴八舌地讨论起来,认定不能太娇,也不能太雅,太娇太雅都不是我们能服侍得了的。最后,都想到了太阳花。

[**评析**:紧扣“为什么要种一片太阳花”展开第一部分的阅读交流,目标集中,过程舒展。然而,前面两位学生读的句子不同,其实说的是一个意思,只是存在因果的联系,如果教师能做出恰当的评价,引导学生基于他人的思考所得进一步阅读,就能更好地体现对话的本质了。]

师:太阳花好服侍,就是因为这样,作者把那银粒儿似的种子撒了下去。可是过了大半个月,丝毫不见动静。就在各种判断莫衷一是的时候,它却——

生:(齐)破土而出了。

师:新长出来的太阳花什么样呢?请大家默读第5~8自然段,画出相关的语句。

生:新出的芽儿,细的像针,红的像血。

师:红的像血(xiě)。这个字在单个用或者口头语的时候,我们读xiě,另外一个音是xuè。再读这句话。

师:还有吗?就在这一段里面。

生:“叶和秆都包含着碧绿的汁液,嫩得人不敢去碰。”我觉得它很娇嫩。

师:你来把这种娇嫩读出来。

(学生读。)

师:就这样,它很快地,叶叶秆秆,密密麻麻连成了一片。闭上眼睛想象一下:它连成一片,像法兰绒一般厚厚地铺了一地。仿佛看到了什么?

生:我仿佛看到了郁郁葱葱、生机勃勃的景象。

师:非常好,自己再读一读这句。

(学生自读。)

师:一天清晨,太阳花开了,你又看到了什么?

生:在一层滚圆的绿叶上面,闪出三朵小花,一朵红,一朵黄,一朵淡紫。

师:这一句话里藏着一个词语,特别妙。谁发现了?

生:滚圆。

[**评析**:“滚圆”显然不是教师预设的答案,但学生觉得它用得妙。“妙”在哪里,可以请学生说一说。教学是师生互动的创生过程,而生长点往往来自学生。因此,教师需要倾听,需要带着欣赏和等待倾听。]

师:“滚圆”写得很好,还有一个比它更妙的。

生:“闪出”。

师:谁能给“闪”换一个字?

生:窜出。

生:亮出。

生:乍出。

师:明明是花儿开了,作者为什么说“闪出”三朵小花?

生:我觉得这样写出了花儿长得快。

生:我体会到,这花不仅长得快,而且长得很漂亮。

生:我觉得花儿非常喜欢阳光,阳光一出来,它也就闪出来了。

师:如果你们就是这其中的一朵小花儿,你闪出来之后,想说点儿什么?

生:我起床了。

生:今天的阳光真好呀。

生:这一觉睡得真舒服。

师:你们都是非常了不起的小诗人。自己读一读这句话。

师:在这一段当中,还有没有别的句子值得我们细细品味一下的?

(出示对比句:“乍开的花儿,那么艳丽,那么夺目,在我们宁静的小院里,激起一阵惊醒,一片赞叹。”)

师:对比着读一读,你有什么不同的感受?

生:第一句用了比喻的手法,把艳丽的花比作彩霞,将夺目的花比作宝石,这样写让我们有了可以参照的真实可感的物体,更具体生动了。

师:说得非常好。就带着你的这种体会来读一读。

师:此时此刻我们仿佛就是小院里的居民,面对这三朵艳丽的小花儿,你会发出怎样的赞叹呢?

生:这些太阳花太美了。

生:多么可爱的太阳花呀!

生:想不到如此平凡的太阳花竟然那么美丽!

师：快把你的惊喜和赞叹跟你的同桌分享一下。

师：我请一个同学配上音乐，再来读一读这句话。

（学生配乐读句。）

［**评析**：教师不仅仅关注言语内容，对于文本中独特的言语形式也让学生细细“咀嚼”。在换词中品味“闪”字表达的精妙，在比较中感受比喻这一修辞在表达上的特点。两次的角色换位更让学生入情入境，用自己的语言来传递文本语言给予的一种感觉与力量，并辅以朗读、配乐，使学生对太阳花的理解与感悟由浅入深。］

师：这三朵花，只是信号，号音一起，跟在后面的便一发不可收拾。

（出示：“大朵、小朵，单瓣、复瓣，红、黄、蓝、白、粉，一齐开放。一块绿色的法兰绒，转眼间，变成缤纷五彩的锦缎。”引读该句，合作朗读。）

师：这种快速的变化，用文章中的一个词就是——不可阻挡。让我们一起再感受一下。

（播放动画。）

师：连那些最不爱花的人，也禁不住美的吸引，一得空暇，就围在花圃前，欣赏起来。作者写人的表现，是为了突出花的什么呀？

生：美丽。

师：这种写法就叫作衬托。

师：从初夏到深秋，花儿们都怎么样？用一个词说是——

生：（齐）经久不衰。

师：一幅锦缎始终保持着鲜艳夺目的色彩，这是因为什么呢？

生：（齐）因为太阳花特别喜爱阳光，特别能够经受住烈日的考验。

师：在夏日酷烈的阳光下，牵牛花——

生：（齐）偃旗息鼓。

师：美人蕉——

生：（齐）慵倦无力。

师：富贵的牡丹——

生：（齐）也早已失去神采。

师：只有太阳花——

生：（齐）阳光越是炽热，它开得越加热情，越加茂盛。

[**评析**：学生在教师的引读中感受太阳花的不可阻挡、经久不衰的品性，还知道了什么是"衬托"，什么是"对比"，言意融会贯通，积累水到渠成。]

师：我们学习了课文的第5～8自然段，这里面有好多优美的句子和词语，再读一读，争取能够背诵一到两句。

（学生试着背诵，教师相机正音。）

师：这节课我们跟随作者感受到了太阳花铺了一地的绿意，感受到了它的艳丽夺目、不可阻挡和经久不衰。其实，这又何尝不是她种一片太阳花的另外一个原因呢？还有什么更深层的原因呢？我们下节课再学习。

[**评析**：种太阳花起初是缘于现实环境与人们心理情绪的冲突，缘于人们对自然美的渴望。太阳花从破土而出到热情艳丽地盛开，使人与环境的冲突得以缓和。但文章的价值不仅于此，教师在此呼应开头，设下悬念，耐人寻味。]

二、教学总评

《种一片太阳花》是一篇文辞优美、意境隽永的文章。张老师执教这一课，把准情感脉搏，词语教得有情有趣，学生学得兴味盎然。

1. 以"词"开篇，匠心独运。词语是语言最基本的要素，没有对词语的准确理解和把握，就不可能正确理解语言的内容。教学伊始，教师进行了四轮词语的朗读检查，看似家常的做法，实则是扫清字词障碍，把脉学生学习课文的认知起点、能力水平、情意倾向。这只是教师匠心独运的第一步。利用第二组词，学生找到了文章的第二部分即重点段。在此基础上，教师引导学生根据另几组词快速理清了文章的四个部分，既整体感知，又梳理了文脉，可谓"一石二鸟"。

2. "斟"词"酌"句，入情入境。叶圣陶先生说："一字未宜忽，语语悟其神。"词语的表现力和生命力是丰富的，进入词语的意境能够使文字多一分灵气和活力。"明明是花儿开了，作者为什么说'闪'出三朵小花？"通过词语置换、想象说话的方式让学生感受太阳花的娇俏灵动，培养学生的语言敏感度。文中比喻句的学习，一方面在比照中揣摩体味修辞在表达上的特点；另一方面，"面对这三朵艳丽的小花儿，你会发出怎样的赞叹呢"，角色的换位使学生入情入境，用自己的语言来传递课文语言给予的一种感觉与力量，可谓"言意兼得"。

语言是有生命力的，如何基于学生阅读的基点，在真正的倾听和对话的基础上，给予点拨启发，引领学生在品读深处拔节，尚值得我们进一步思考。

15 对话文本：指向个性的阅读

——点评钟振裕执教的《修鞋姑娘》

一、课堂实录

师：今天我们学习新课。

（齐读课题。）

师：请大家自由读课文。要求：读准字音，读通课文，并标出自然段，找出写“我”寻找修鞋姑娘的段落。

（学生自由读课文。）

师：刚才有同学问这个字的读音，（板书“绱”）读 shàng。老师还想考考你们，这些词会读吗？

（屏幕出示“拽”“凛冽”“绱鞋”“刺啦”“难堪”“尴尬”“惭愧”“嫣然一笑”，学生练读词语。）

师：谁到黑板上写一写“尴尬”这个词？其他同学在课文上写。

师：写得对吗？

生：“尴尬”的左边不是“九”，而是“尤”去掉一点。

师：你真是火眼金睛，大家再看一下生字表。

师：（板书“尴尬”）竖弯勾写大些，把“监”收进去。

［**评析**：在整个小学阶段的语文教学中，字词教学都是重要的教学内容，也是完成阅读教学必经的路径。本环节中，教师重视学生基础知识的掌握，尤其是对“尴尬”一词的书写指导，体现了教师的独到用心。］

师：课文哪两处写到了“我”寻找修鞋姑娘？

师：（出示相关语句）轻声读一读，你发现课文在结构上有什么特点？

生：首尾呼应。

师：开头和结尾都写“我”寻找修鞋姑娘，这是什么时候的事？

生：今天。

师：修鞋姑娘为“我”修鞋是课文的重要部分，是昨天的事。

师：课文先写今天，再写昨天，写作顺序叫什么？

生：倒叙。

师：（板书：倒叙）课文背后还有一个金钥匙：这篇课文用了倒叙手法，先写“我”寻找修鞋姑娘，再写主要事件。纲举而目章，一读完就知道主要事件是什么？

生：修鞋姑娘为“我”修鞋。

［**评析**：从首尾段落的教学入手，通过让学生找出两处“我寻找修鞋姑娘”的段落，引导学生认识文章在结构上“首尾呼应”的特点及“倒叙”的叙述方法；并通过课后“金钥匙”的点拨，进一步理清了文章脉络，突出了教学重点，也自然引起了学生的阅读期待。］

师：快速默读课文中写姑娘修鞋的部分，思考：姑娘为“我”修了鞋子的几个地方？用笔画出来。

生：修鞋姑娘修了鞋跟，还修了鞋线。

师：绱鞋，就是把鞋面和鞋帮缝在一起。

生：还修了另一只鞋。

师：总共为“我”修了几处地方？

（出示：钉鞋钉—绱左鞋—绱右鞋。）

师：下面让我们走入“一修”，看看从“我”和姑娘的表现中，你读懂了什么？做做批注。

生：修鞋姑娘的经验非常老道，文章中说：“她坦然地接过去，对我说不用绱，钉几个钉子就行了。”因为一般的人会按顾客的要求去做，而她却找了一个最简便的方法。

（教师纠正“钉几个钉子”的多音字读音。）

师：你能把她的自信读出来吗？

师：突出“就”，再练读。

（学生读。）

师：姑娘多么有自信，这种自信来源于什么？

生：技术高超。

师：你能找出一个词语说明她技术高超吗？

生：第 4 自然段的结尾，“说着次拉次拉绱起来”。

师：你阅读到下文，也可以看出她技术娴熟，很好！

师:有一个象声词特别显眼,是什么?

生:吧吧吧。

师:这个象声词怎么读?

生:读得利索。

师:为什么这样读?

生:表现出修鞋姑娘的技术高超,速度快、动作利索连贯,不像别人,要钉半天。

师:请你把整句话连起来读一读。

师:读得多好啊!谁对这三个"吧吧吧"有不同的读法?

生:我和他一样表现出利索,但"吧吧吧"要上扬。

师:多么清脆,像音乐一般,真美!老师还有一种读法,你们看合理吗?

(教师范读。)

生:我认为不可以,老师读得缓慢用力,感觉会把鞋子钉坏。

生:我认为合理,可以体现出修鞋姑娘钉鞋很认真。

师:两位同学谈了自己的看法。当你带着生活经验读课文,会读出不同的感受。下面各自带着自己的感受读课文。

[**评析**:"没有朗读,就没有语文。"朗读是把无声的书面语言转化为声情并茂的有声语言的再创作活动。从"钉几个钉子就行了"到"吧吧吧"的朗读指导,教师充分尊重学生阅读体验,加强语感培养,既帮助学生体会修鞋姑娘技术的高超,又为学生的个性化阅读提供了平台。]

师:读书就要这样读出自己的感受。这"吧吧吧"三下,不仅把鞋跟钉上了,同时也把"我"心头的怀疑赶跑了。"我"之前的怀疑有道理吗?

生:有道理,因为她年轻,看上去没经验。

生:路边的小摊不是正规的店。

生:姑娘的力气比小伙小。

(板书:怀疑、能力。)

师:刚才你们抓住了课文的关键词,走进了文本。我们用这样的方法,继续去读懂人物的表现和内心。请看"二修"部分,从对姑娘和"我"的描写中,你又读懂了什么?做做批注。

生:修鞋姑娘很认真,从"一眨也不眨地盯着手上的活儿"可以看出。

生:“我决计不管她要多少钱,决不还价。”看出作者同情修鞋姑娘。

师:你读出了同情,从哪两个词看出的?

生:决计、决不。

师:作者为什么同情她?

生:我从“风霜艰辛”一词看出她很可怜。

师:不管是刮风还是下雨,不管是烈日炎炎还是寒风凛冽,姑娘都挑着鞋担子东奔西走。不管风再大、雨再狂,姑娘都默默地守着她的修鞋摊子。读到这,你对“风霜艰辛”的理解仅仅是四个字吗?谁为我们读一读。

(学生朗读。)

师:谁来评价一下她的朗读。

生:我听出来了,她在四季一直守着她的鞋摊子,等待客人的到来。

生:我从“冻肿的手背”听出她生活很艰难。

[**评析**:教师善于挖掘和丰富文本语言内涵,引导学生读出理解,读出画面,读出体验,读出情感,实现与文本的有效对话。]

师:她家里的经济不宽裕,作者此处的描写与下文“付钱”有什么联系?姑娘的表现使作者由刚才的怀疑变成了同情,(板书:同情)之后又有什么变化呢?下节课我们继续学习。

二、教学总评

阅读是一种生命活动,是一种自由的、精神的、智慧的生活。本节课,教师立足文本又超越文本,引导学生在阅读中获得了丰富而有个性的感悟与体验,具体表现在两方面:

一是品读语言、丰富感受。阅读需要教会学生循藉文本语言,“感受作品中生动的形象”,进而“感受语言的优美”,在品读中感受,在感受中品读,两者相辅相成。在本课教学中,教师通过抓课文关键词句来引导学生朗读品味,理解修鞋姑娘性情的纯朴和技术的高超,使人物形象透过语言在学生的心中丰富、鲜活起来。但教师又不拘于此,还通过引导想象来拓宽学生思维,再现情景画面,具化人物形象,让学生增强感性认识,并通过学生的即时表达,将感性认识丰富为合理的语言,从而与文本语言融合,进一步感受人物品质,激起情感共鸣。

二是积极对话、尊重体验。教学中,教师以开放性问题“你读懂了什么”为引领。这一问题的答案指向多元,可以是语句内容理解、人物形象探知、情感线索发觉、感受体验表达等。在鼓励学生与文本展开自主对话的过程中，生成感知性语言，或浅或深，让学生在自读自悟及师生、生生的对话交流中形成自己的独特表达。在对话过程中，教师充分尊重学生的个体经验，鼓励基于生活的多元感受和理解，学生表达个性，教师尊重个性，阅读彰显个性，学生的交流对话更具安全感，给了学生个性阅读的精神力量和自主建构的智慧空间。

第五章　孟晓东语文生长课堂工作室成长掠影

成长，是指随着时间的推移向着圆满成熟的生长过程。这是一个彰显着蓬勃生命力的字眼，这是一个包含热切期待的字眼。而关注自我的成长，就是关注自己的内心世界，谋求自我的灵魂充实和精神生长的一种积极的生存状态。

教师的专业成长的发展瓶颈或高原现象，其实是整个成长过程中的一个特殊阶段。发展瓶颈是个社会学概念，高原现象本是生理学概念，后引申为教育心理学中的一个概念，大体指的是在学习或技能的形成过程中，出现的暂时停顿或者下降的现象。发展瓶颈或高原现象的产生，可能是因为学习动力的不足、运用能力的不够、知识结构的局限、自身性格的欠缺等。

教师的专业发展大致会经过"开始阶段—迅速成长阶段—'高原期'阶段—克服'高原期'阶段—更高发展阶段"的过程。因此，就克服高原期现象、突破发展瓶颈的话题，可以提炼出这样几个关键词：阅读学习，实践反思，对话合作。

阅读学习——加快教师专业成长的速度。阅读，能够改变教师的精神、气质和品性。人的精神需要不断处于与书籍、生活的"流注"状态，这样才不易于落入俗套、僵化和各种各样的陷阱，才能始终保持聆听、沉思的状态。

实践反思——决定教师专业成长的深度。实践，是每一位教师正在进行的行为；反思，能够使教师不断增长职业智慧，能使自己的教学实践闪耀着睿智的光彩，充满着创造的快乐。所以，"减速慢行"就是为了加强反思、审视自我、寻求突破。只有强健而自由的思想，才能不止于贫弱、苍白的实践。

对话合作——提升教师专业成长的高度。课程的综合化特征，需要教师与更多的人，在更大的空间，用平等的方式进行更加紧密的合作。教师之间合作的意识，不是行政限制和强迫的产物，而是自发、自主、自愿形成的。对话合作，能进一步拓宽教育视野，丰厚理论素养，提升自我研修的功力。

可见，成长本身就是一种突破，成长的过程意味着攀登和跋涉。于此，我们再来聚焦专业成长的发展瓶颈的突破，不仅要直面在这个阶段要获得持续性发展的艰难性，也要正视在突破的策略上存在的自我归因内容的差异和解决问题方法的差异，同时，更要看到突破瓶颈、走出高原后“无限风光在险峰”的喜悦和成就感。实际上，出现这一现象有外界支持不力的客观因素，但更重要的是自身准备不足造成的不确定感。

而从主体出发，突破发展瓶颈或高原现象，更需要什么样的准备？我想简单谈三点：

一是坚定与坚持。

我们很多教师并不缺乏职业向往，缺乏的是一种实践中的坚定与坚持。坚定不坚定、坚持不坚持，这往往可以归纳为自信与否的一种外在表现。倘若没有了自主发展意识，失去了专业理想和追求，再好的教育培训，再高明的专家引领，也可能是被动的，是低效甚至是无效的。也只有当专业发展成为教师内在自觉的意义追求时，他们的专业生活态度、专业生活方式才会发生根本性的转变，成长才能真正成为教师人生的幸福。

二是积累与积淀。

“不积跬步，无以至千里；不积小流，无以成江海”，说的就是积累。教师需要什么样的积累，怎样积累，与原有的储备与当前的需求有关。而积淀更为内隐，它不是知识经验或素材的聚集，而是积累的东西转化为素养和底蕴。只有两者到达一定程度的时候，才具有对关键教育事件进行研究的力量。而这一关键教育事件恰恰也是束缚自我的瓶颈。因此，始终保持开放和接纳的态度，不断充实自我，才能为可持续发展注入活力与后劲。

三是自助与互助。

建构基于教师专业成长的“名师工作室”，建立发展共同体，实现自助与互助，产生“1＋1＞2”的团队协同效应。这样的团队不限于所在的学校，也不在于人数多少，而是有着共同的愿景。其中的个体，既要有团队的认同感，做到充分沟通与包容，营造良好的团队文化，关键还要有自主意识。这看起来与认同感相互矛盾，事实上前者应该是后者的前提。自主意识意味着研究者主体性的“在场”，是研究者有所收获的前提，也就是要有真正来自自己的声音。这种基于思考的对问题的解释与判断也许会引起争执，但也正是在争执甚至偏执中显现了思想的意义，主体的价值、个体的发展就体现了出来。

的确，教师的专业发展道路的选择始终是一个个性化的问题，具有很强的主体色彩。但不管是谁，要取得突破不仅是外在的行动，更必须拥有一颗安静的内心，要摒弃浮躁功利。这样，才能听见自我的声音，“过去，我积累了哪些经验？”“现在，我是个怎样的教师？”“未来，我还可以干什么？”面对挫折，“是没有付出足够的努力？是缺乏敬业的精神？是知识结构不合理？还是疏漏了对实践的反思？”……

以建设性的态度对待自己，凭着“咬定青山不放松”的坚定，“逢山开路、遇水搭桥”的智慧一路走下去，那么经历“高原现象”之后，我们必将向着专业更深处漫溯，发现更美的风景，静听花开的声音。

1 在春天里拔节

一如小树的生长，二十多年来，我把爱倾洒在教育这片热土，扎下根基；用阅读与实践反思锤炼风格，无畏立干；以“属于自己的句子”，阐述教学主张，舒枝展叶。生命的春天里，小树静静拔节，努力生长。

曾经有一段时间，我以为自己已经达到了好教师的最高境界，长成一株理想中最高的树了。于是，带着浅浅的满足，慵懒地享受阳光雨露，一过居然就是十年。直到2004年春天，抱着试试看的心态，我参加区学科带头人评选获得成功，才又重新充满了生长的力量：原来小树还有生长的后劲！我要让这株小树长得更高、更大。

一旦自我生长的内驱力被发掘，拔节就有了根基与力量源泉。于是，我感觉自己仿佛经历了凤凰涅槃，人生又掀开了新的篇章。我读书，丰厚自己的学识素养；我实践，锤炼自己的教学风格；我思考，积极撰写各类文章。2007年春天，我被评为“无锡市学科带头人”。也是在那个春天，因积极投身课改，成绩显著，又被评为“江苏省苏教版教材实验先进个人”。

2009年春天，我参加了无锡市锡山区首届“品牌教师研修班”，有幸成了江苏省著名语文特级教师孟晓东先生的徒弟。从那时起，我的生长有了新的拔节方向与力量。

永远难忘导师第一次来听我上课的情景。那时，我们研修班成员除了集中听讲座外，还有跟导师的对话交流。每一次对话，都是一次拔节的过程。导师对我们非常严格，每学期都要我们认真上研究课。那一阶段，我正在学习并实践生本教育，于是尝试用生本理念上了《特殊的葬礼》这一课。自己感觉课上得太粗线条了，没想到，导师完全不在意课堂上的很多缺憾，而是给予了我极大的肯定。尤其是对我只用两个主问题组织课堂教学的策略大加赞赏，鼓励我继续探究下去，并指引我要不断凝练自己的教学主张。

在这之前，我从未有意识地审视自己的教学特质，也从未梳理过自己的教学主张。导师倡导的语文生长课堂，与生本教育有着异曲同工之妙，他鼓励我“只要心中装着儿童”，就是教学的方向。我不断咀嚼生长课堂的理念，逐渐行走在理性自觉的“回家”之路上。导师又为我提供了很多磨砺锤炼的教学研讨机会，每次和我一起磨课，悉心指点，鼓励我大胆践行自己的思考。一次，我在区语文中心组活动中上《在大海中永生》一课，因为过度放手让学生自主交流，成了一个失败的探究案例。导师一方面肯定我体现的生长课堂理念——让学生成为生长中的主体，另一方面又启迪我要恰当把握教师在场的度——作为平等中的“首席”，要“共同生长”、谋求共赢，应该站在儿童的立场，发挥教师的应有作用，在思维的引领、情感的带动和语言的表率等方面，促进学生的生长。

2011年，孟晓东语文生长课堂工作室成立。作为成员，我又享受着抱团成长的强大力量。工作室组织的一次又一次学习交流、课堂互观、思辨研讨等活动，让置身其中的我怀揣梦想，和大家一起向着明亮那方跋涉前行。

一次工作室活动，我上《天游峰的扫路人》一课。议课时，大家认为我的课堂较好地处理了预设与生成的关系，使学习通过文本这一联系点，在对话与倾听中展开，课堂很有张力，我倍受鼓舞。同时，我也在大家的思辨中知道，在更智慧地促进学生生长方面，还需进一步努力。于是，我的眼光从关注课堂生成转向关注课堂中学生与自我的发展。

在工作室一次又一次的同课异构活动中，我深切感受到语文课堂要尊重儿童的生长规律，遵循儿童的生长方式，教师要和儿童“一道生活”。在流动的教学现场，要细致耐心地倾听学生，开展充满智慧的行动，实施生动的点化，使学生生命的触角不断伸向文本语言的深层，向着人物心灵和情感深处迸发，为学生生长助力，使生长成为现实。

工作室请来一位位名师为我们上课或讲座，给我们呈现的不只是一堂课或一次讲座，而是一次次点燃，激励我们立足儿童、勤耕课堂、亮出主张，建构促进儿童生长的语文课程体系，同时也在“坚定与坚持”中获得自身的专业成长。

渐渐的，我的语文课堂彰显“大气灵动”的风格，基于学生生长的原点，以开放、自由、富有探索性的问题为生长支点，组织起有生长意义和价值的学习。在锡山区“呼唤名师”活动中上《螳螂捕蝉》一课，在江苏省“教海探航”颁奖活动中上《鞋匠的儿子》一课，均得到高度评价。我上《嫦娥奔月》一课时，重新审视故事之于语文学习的价值，之于学生成长的意义，尝试用讲故事的策略来教学神话故事。我引导学生学习并运用概述、讲述、代述的方法，阅读理解课文，展开言语实践，不仅让学生感受到“嫦娥心地善良、舍己为民的精神”，更习得了语言，悟得言语表达形式，实现了“我教课文”向“学生学语文”的美丽转身。这一课，获江苏省“杏坛杯”优质课评比一等奖。

随着实践探究的深入，在导师的指点下，我客观地面对现实，理性地审视课堂，积极地思辨突破，终于发现，“生本教育”其实是针对“师本教育”的一种矫枉过正，真正符合教育教学规律、符合师生发展规律的课堂教学，其本质应该是“人本教育”。于是，“践行精教多学，创生人本课堂”成了我的教学主张。

我深切感受到，正如树的生长决定于基因与自身的努力，但如果环境能提供更充分的营养与动力，小树就能生长得更蓬勃。我的拔节离不开导师的悉心引领与指导，与孟晓东语文生长课堂工作室这一学习型团队的给力支持密切相关。期待我这一株树，在春天里蓬勃向上，拔节有声。

（倪凯颜）

2 那些话语的重量

——导师印象

初为人师，便记住了孟晓东老师。江苏省首届中青年教师语文评优课一等奖的桂冠，《红花草》《白杨》《跳水》《蛇与庄稼》等一系列经典的课例，使他成为小学语文学科的明星教师，成为许多青年教师的偶像与榜样。

2009年我参加锡山区首届"品牌教师研修班"，2011年起又参加区名师工作室的培训学习，极为幸运，两度培训学习的导师就是孟晓东老师。此时的他已是著名的小学语文特级教师，已是区教育局副局长。导师一次次走进我的课堂，我也有了更多的聆听他教学、讲座、指点的机会，因此拥有了一段有趣、有用、值得记忆的学习旅程。

此刻，当我回溯这段经历，回想与导师的交流与交往，蓦然发现，学习已然在我的教育生命里留下印记。在某个时刻与阶段，在某个情境与场合，导师讲过的话语，给予我一种鲜活而生动的文化向往，影响了我对语文教学的理解与实践。随着时间的流逝，没有模糊和遗忘，反而愈加地清晰与明朗了。

"语文，给儿童生长的力量"

长久以来，导师一直精心而又坚定地践行着他的语文生长课堂。他认为"儿童的生长必须通过自我建构完成"，在他的讲演与讲座中，屡次提出和呼吁"语文，要给儿童生长的力量；语文教学要以课程本身的魅力滋养学生，带给学生积极的变化，实现学生生命的成长"。诗意的阐述折射出对儿童生命成长的深切关怀和对语文教学本义的深度洞察，令人沉醉与感佩。他的课堂，正是这种思想的具体呈现。"培育自然的生长环境"，"把握真实的生长原点"，"遵循儿童的生长方式"，使得课堂的深处充盈着蓬蓬勃勃的生命律动，学生的语言、思维、精神在活泼泼地生长。从儿童出发，为儿童生长，守望当下，又指向远方，导师在自己的教学生命里"种下了一棵树"。

"上课，是有教学主张的行动"

我执教公开课《少年王冕》。"注重性情的培养，着重思维的训练，看重语言的生长"，受导师潜移默化的影响，我试图抛弃繁琐的分析与华丽的手段，以"在文字中散步”为路径，引导学生去揣摩话语背后的意思，去发现文字里藏着的故事，去领会风景之中的深意。如此平实地去上一堂语文公开课，心里总有些忐忑。导师听了我的想法和试教，肯定了课的整体构思理念：“上课，是有教学主张的行动。就这么上！”简单的一句话，内心的安定、视界的敞亮翩然而至。带着自己的思想上课，教一课，不能局促于眼前的这一课，而要为学生的言语生长与终身阅读想得更多些。从此，“为提升儿童的阅读力而教”，从不自知的摸索转向有方向的前行，我的语文教学开始有了自己的主见和追求。

“同行，我们会走得更远”

孟晓东语文生长课堂工作室聚集了一批热爱小学语文教学的青年教师。成立之初，导师用一句格言道出了工作室意旨：想要走得快，就一个人走；想要走得远，就一起走。抱团成林，无疑是教师专业发展的智慧选择。“学习型组织”“成长共同体”“语文生长课堂实验室”，这是导师对自己工作室的定位。一起读书，一起磨课，一起思辨写作，引领成员融入团队，又鼓励求同存异，保持个人独立性和特点，成为更优秀的自己。短短几年内，倪凯颜成为省小学语文特级教师，施萍一获省级会课特等奖，朱明海等不断地以自己的教学实践发出语文生长课堂的声音。孟晓东语文生长课堂工作室带给每个成员成长的快乐。

“研究，寻找属于自己的句子”

导师主张教师扎根日常教学实践的行动研究。“十二五”课题规划、选题讨论会上，导师语重心长：“做生动的课题研究，做让老师喜欢的课题研究。”在他的语文生长课堂思想的引领下，我所在的学校开展了“儿童生长课堂的实践建构”研究。参加课题组活动，导师谆谆教诲：“课题研究，要寻找属于自己的句子，建立起校本的话语系统和话语方式。”轻巧地点拨使我们获得了柳暗花明、豁然开朗之感，“话说生长课堂”“积累 100 个典型课例”“铭记自己成功的教学片段”等贴近教师的研究方式逐步生成，“智慧挑战的问题情境，自主建构的体验活动，个性思考的自由表达”等行动策略使研究摒弃了浮躁与功利，更趋于研究的学理和本义，更加安静与踏实。

“课堂的价值是发展学生”，“教导主任既要会‘教’又要会‘导’”，“学校文化建设需要坚定的信念、坚持的品质、坚守的情怀”，“学校发展要走‘规范、示范、模范’之路”……“三品”课堂研讨会、教导主任会议、校长会议，导师总在“有意味地言说”，或旁征博引、挥洒自如，或诙谐幽默、引人深思，他总是以学者型领导特有的教育睿思和教育激情，描绘教育的理想图景，传播教育智慧的种子。他对教育丰富深刻的理解和真诚坦率的表达，吸引了许多教师、校长的认同、融入、实践与创新，这些话语也因此有了沉甸甸的重量，焕发出动人心魄的光彩。

导师的工作是忙碌的，但我总能在课堂现场看到他，总能在教师中间看到他，频频在《江苏教育》等杂志上读到他的文字。导师的身上，存有永远的语文情结，永远的课堂情结，永远的教育情结；导师的心里，装着学生的发展、教师的发展、学校的发展。导师曾经说过，专业威信是“内在养成的”，即通过自己的人格、教学风格树立起来的。我想，导师的话语，正因为这样的专业威信，才产生了思想的力量，引领着我和锡山区的语文教师在教学之路上跟随着导师向前走去。

（李淑英）

3 和课堂一起“生长”

打开电脑上的“工作室”文件夹：“锡山区名师工作室申报表”，“无锡市名师工作室申报表”，“三年发展规划”，2012年、2013年、2014年盘点……一份份表格、通知，记录了工作室学习、活动的轨迹；一篇篇论文、设计，刻下了语文生长课堂的烙印。四年来，在导师孟晓东的引领下，我和工作室伙伴们一起孜孜寻找语文的理想，寻找属于自己的精神坐标，不断走向内生的自我成长。

记得2013年3月，凌红校长找我谈话，鼓励我参加江苏省“杏坛杯”会课，当时我的内心真如“十五个吊桶打水”——七上八下。一方面，自己调入东亭实小才半年多，而东小有着连续四年“杏坛杯”会课一等奖的辉煌业绩；另一方面，这届“杏坛杯”会课首次指定主题、指定课题，首次增设三等奖，对我这个分管教学的副校长可谓是不小的挑战。忐忑犹豫间，想到了工作室，便鼓起勇气向导师汇报。导师热情地鼓励：“把握机会，提升自我！”是啊，教师专业的发展不是“学校要我成长”，而应该是“我要成长”，何况现在我还有工作室的导师和伙伴！打消顾虑，年已不惑的我拿出了年轻人的劲儿积极备战。会课主题是“以学定教，学教相长”，内容是五年级的《埃及的金字塔》，这是一篇鲜有人问津的说明文。“教什么才适合学生的阅读需求？学什么更符合它的文体特点？”我有些犯难了。导师提醒：“拿到教材，首先你是读者，其次你是学生，最后你才是教师。要带着对文体、对教材、对学生的理解去备课。”恰逢到华东师范大学脱产培训，每天夜里10点过后，我作为“读者”，以文学的视角品读；我成了“儿童”，以学生的视角阅读；我回归“教师”，以教学的视角解读……我搜集了小语教材中所有的说明文研读，观看了大量关于金字塔的文字、图片、视频资料，在此基础上初步形成教学设计。第一次试教，导师首先就对导入环节提出质疑：“‘以学定教’，教师要把握学生生长的原点，即学生已有的个人知识、直接经验和生活实践。你出示的图片虽然精美，但远离了学生学习的基点。”确实，我只考虑了教的顺利，却忽视了学的起点。于是，撇开画面和音乐，导入环节从一个简单的问题开始：“关于金字塔，你有哪些了解？”看似普通的问题，实则是在把脉学生的认知原点，金字塔的地理位置、用途、名字等浅近的内容一带而过，而一些关于金字塔的课外知识则激起了学生的阅读期待。就这样，初读、精读、总结……一个环节一个环节地磨，“生长”的理念不知不觉根植、浸润于课堂。课文第三自然段，采用列数字和作比较、举例子等相结合的方法，介绍了金字塔宏伟精巧的特点。由于说明文相对少铺陈渲染，学来总觉得抽象枯燥。该站在怎样的立场、选用怎样的策略去发现说明文的魅力？导师进一步启发：“学生喜欢自己参与的、可亲身体验的学习过程。可以设计一个体验性活动，激活学生先前经验，吸引学生广泛参与，并在言语实践的过程中自悟自得、破解文本‘密码’。”细读第三自然段，13 行文字里包含了 13 个数字，蕴藏了不少金字塔的知识。就是它了——“一站到底”，一个知名度高、影响广泛的综艺节目！“请同学围绕第三自然段设计问题，一会儿请两位同学上台 PK，轮流回答台下同学的提问，答对多者获胜！”会课正好在南京，这个接地气的游戏把课堂推向了高潮。在富有情趣的一问一答中，学生迅速掌握了金字塔的知识，发现了文本最基本的表达特点：列数字，初步感受到金字塔“宏伟”的特点。“一站到底”的游戏活动，让师生看到文本深处更加美丽的“风景”。

会课荣获一等奖，荣誉属于工作室。真诚地感谢导师全程的支持和指导，感谢工作室其他成员的帮助：教研室田长青主任、李淑英校长多次聆听指点；教研员陈春雯，找出了当年自己执教《埃及的金字塔》的设计，并仔细地修改我的教案；倪凯颜、席丽新校长，在华师大培训期间，放弃了休息时间听我聊课、出谋划策……回首工作室四年，我收获了知识、友情，更重要的是，无论是我的教学理想还是教学困惑，不再无处安放，工作室成了我的另一个“家”。在导师的讲座发言中，在伙伴们的研讨互助中，我渐行渐悟：所谓“生长课堂”，它的基点有两个：一是心中有人，一个个鲜活的儿童；二是目中有文，一篇篇独特的文本。只有对学生和文本这两个“学”的基点有了正确的解读，才能让教师的教明明白白、简简单单、实实在在。四年间，我努力践行生长课堂，多次在区内外上公开课，撰写的 20 多篇文章发表在《江苏教育》等省级杂志或在省、市级获奖。本人被评为“无锡市优秀教育工作者”“锡山区优秀校长”。东亭实小作为“孟晓东语文生长课堂工作室”挂牌基地，生长理念也走进并滋养了学校的课堂，学校连续 6 年荣获省“杏坛杯”会课一等奖；多人次荣获江苏省“教海探航”论文一等奖，2 名教师分获“杰出水手”“年度新人”殊荣。

教师的专业成长需要不断地打开新的“窗”。在导师的带领下，我们一路前行，向着明亮的那方！

（俞　霞）

4 生长:向着明亮那方

一、初识——新鲜而美好的教学图景,在心中活泼泼地铺展

已记不清,初识"语文生长课堂",是在何时、何地。许是在某次教学工作会议上,又许是在某次主题教学研讨中。那时,孟晓东语文生长课堂工作室还未成立,但作为学校的中层,也有不少机会近距离聆听既是区教育局行政领导又是省内外有影响力的学术专家孟晓东先生的教诲。初闻"语文生长课堂",感觉新鲜而美好。而真正与"语文生长课堂"结缘,是在2011年,有幸加入锡山区首批名师工作室——孟晓东语文生长课堂工作室,成为这个优秀群体中的一员。第一次工作室活动,师徒签字仪式结束后,导师和大家一起学习工作室三年发展规划,其中,"探索'语文生长课堂'的理论与实践研究"作为工作室主要研究方向与内容之一,在规划中分外醒目。导师就"语文生长课堂"的要义侃侃而谈,一幅全新的课堂教学图景,在工作室成员们心中铺展开来。

二、聚焦——以生长定义课堂,让教学走向敞亮

每一次聚焦课堂的工作室活动,都带给我强烈的思想冲击,工作室伙伴的优秀课堂范例,推动着我一次次审视自我、剖析自我。反观自己的课堂教学,我发现,曾几何时,我已习惯于甚至陶醉于这样的教学:课堂预设按部就班、详尽细密,课堂组织有条不紊、丝丝入扣、滴水不漏。于是,蓦然惊觉:原来,自己精心营设的课堂却如同那坚韧而又残酷的枷锁,禁锢了学生的灵性与悟性;原来,自己一直都在扮演着那高高在上的课堂权威,操纵、驾驭着学生;原来,自己的学生一直是在亦步亦趋地配合着我的牵引,赶往我理想中的目的地……

在一次次工作室教学研讨活动中,对"语文生长课堂"的认识逐渐清晰和饱满。以生长定义课堂,教学活动应摒弃功利,以人为本,变教师主体为学生主体,告别教师的教学强权和话语霸权,在平等、自主的学习活动中顺势而为,水到渠成地实现师生的共同成长;以生长定义课堂,师生在教学活动中获得的,不应只是知识的增长,还应是能力的提升、情感的洗礼、态度的锤炼。

三、践行——追寻心灵的舒展,更指向语言的生长

"语文生长课堂",成了我语文教学的自觉追求,但惯性的力量总是过于强大,

点滴改变都是与旧我的博弈。导师总能在我迷茫时一语中的地指明方向：教师要善于把自己“藏”起来，课堂上需要的不是教师华美的语言，也不是教师精彩的演绎；课按照预设的教案上完了就是“完整”和“完美”吗？课堂的效度，要看学生的发展；要走进学生中间去，想学生所想，听学生所言，教学生所需……

2013年3月，我在工作室研讨活动中执教《我和祖父的园子》一课，走上讲台前，我在心中重温导师的话：“把教案抛掉，在课堂上，你的眼里只应有学生。”课堂上，我以“哪些词句让你感受到了作者在园中的自由”为主问题构建教学，引领着学生和作者一起在园子中率性玩闹，感受园子中无处不在的自由；交流中，我用心聆听每个学生的发言，不时给予灵动的点拨。40分钟的教学，我感受到了从未有过的自如与轻松，我与学生之间没有被动的回应，落套的表达，师生充分享受着心灵的自由，读得用心，想得开阔，说得畅快，议得尽兴，各种观点驰骋交汇，一次又一次撞击出思维的火花。导师在评课中给予我的课堂极高的评价：与学生的互动堪称“完美”；但同时也一针见血地指出：语文教学，不能忽视学生语言能力的生长。

2015年11月，我在无锡市“武凤霞·孟晓东·许敏峰名师工作室教学观摩研讨活动”中执教《黄果树瀑布》一课，面对教材这一既定的文本资源，我该撷取怎样的教学内容，展开怎样的学习活动，给学生怎样的学习收获？我再次重读“语文生长课堂”的要义：让儿童在课堂的中央，让学习在儿童的世界里真实地发生。于是，从“这篇课文”“这一课时”“这一节点”出发，我发现，就本篇课文而言，学生能从作者的语言文字中读到瀑布声响之气势非凡，这是毋庸置疑的，但这只是读懂了文本的字面意思。同是“哗哗”的瀑声，却因赏瀑地点的变化而成了“独一种”，在作者不同的比喻中成了“另一种”，在细腻的描写中有了灵韵和生命，这些文字背后的意蕴，是学生暂时还未读到的。如何教在学生最需要学的地方，让学生以清浅的方式走进文本？“哗哗”这一鲜活的拟声词是一个很好的切入口。所以，教学中，我将“哗哗”一词引入各处描写声音的句子中，使之与学生的理解相融相生。就这样品着、想着、读着，瀑声的丰富多变演绎出来了，作者精巧的构思呈现出来了，文字的滋味和韵致流淌出来了。

感谢与“语文生长课堂”的美好相遇，它将生命的光辉投向我和学生的意义世界，使教学生活充盈幸福的光影和成长的律动。向着明亮那方，我和学生共生长。

（朱丽清）

5 听见，看见，遇见

——我的“语文生长课堂”之见

“用‘生长’来观照课堂，教学应该是教师和学生交互作用而生成的一项具有生命意义的活动。它预示着课堂教学有生命的体验，有生命与生命的交往和互动，有生命的不断完善和超越。”每次参加工作室活动，导师总是这样启发、引导……一次次与学生相见在这样的课堂，去听见、看见、遇见生长的过程。

听见“不同的声音”

教学《三袋麦子》(苏教版小学语文三年级上册)一课时，我提出这样一个问题：“土地爷爷给小猪、小牛和小猴各一袋麦子，他们有不同的处理方法，也有了截然不同的结果，你比较赞成谁的做法？为什么？”这个问题抛下去后，学生纷纷热烈讨论起来，有说赞成小牛的，有说赞成小猴的，可就是没有人赞成小猪。这时我注意到班上有个男生脸涨得通红，既不举手回答，对其他同学的发言也不置可否，我想他应该有“另一种声音”。于是我赶紧请他发表自己的看法，在我一再鼓励下，他慢吞吞地说出自己的答案：“我比较喜欢小猪的做法……”教室里立刻炸开了锅，学生哄堂大笑。我制止了学生，笑眯眯地看着他，并大胆鼓励：“老师相信你有一个不错的理由。”只见他顿了顿，继续说：“小猪多好，把所有的麦子都做成各种美味的食品，他多快乐。一年以后，说不定小猪有了新的做法，不会饿肚子的。”听着这样虽另类但条理清晰的想法，我不由为他喝彩。是啊，为什么教师非得让学生按着自己固有的思维模式走呢？我给了他肯定：“老师觉得你这个答案见解非常独到，我也相信小猪通过其他努力，明年还能吃到更美味的食品。”是的，在生长的课堂上，教师应善于听见“不一样的声音”。这才是真正地尊重学生、关心学生、爱护学生。就像导师说的那样：好的课程在人与知识的每一次“相遇”中创造出更多的“期遇”，其实质是一种“知识环境”。只有这样的知识，才能较好地参与人的精神生活，与人建立起意义关系，使知识增值，让课堂生长。

看见“破土的力量”

导师说：“儿童的生长是自己完成的，成人只是唤醒、扶持、帮助……来促成生长的实现。”是啊，学生好比种子，又或是一株破土而出的小树苗，教师需要为学生提供赖以生存的土壤、水分、肥料、空气和阳光……让学生去探究、去感悟、去习得，从而在自己的生命里长成一棵参天大树。

本着这样的教学思想，在《苹果里的五角星》(苏教版小学语文四年级下册)一课的教学中，我做了大胆的实践：采用朴实而又活泼的教学方式——让学生在课堂上动手切一切苹果，从而激活学生探究的欲望，在学习语文的同时，去发现课文中故事的趣味性，感受创造的魅力。课堂实践表明，让学生横切苹果和竖切苹果进行比较后引导学生讨论：为什么千百年来，人们一直循规蹈矩地切苹果？这样，学生自然而然就体会到了：正是因为传统的切法好拿、好吃、好切、好分，人们才会被老经验束缚，进而也错过了发现创造的机会。由于课堂给学生提供了动手切一切、用眼看一看、动脑想一想的机会，学生在观察和交流中便产生了新的冲动：横切梨子会出现什么图案？生活中换一种思维方式，会有哪些收获？教学即将结束之时，学生的兴奋点已不仅仅停留在苹果里的“五角星”上，他们又有了新的思考、新的发现……这样的课堂，定能看见“小苗破土”的力量。

遇见“教学的意外”

“不生长”的课堂是无效的课堂，“被生长”的课堂是僵化的课堂，“自生长”的课堂是绿色的课堂，“共生长”的课堂才是理想的课堂。导师在《课堂朝着学生生长的方向》一文中提到：“给了学生分数，你还给了他什么？”这是一针见血的提问，也是探索生长课堂的一把钥匙。因此，教师应舍得把课堂还给学生，把时间还给学生，把空间还给学生，把权力还给学生。因为，课堂必须朝着学生生长的方向。

记得在试上《苹果里的五角星》一课时，出现了较为有趣的教学环节：在学生演示切苹果的过程中，还真出现了我预想中的尴尬局面——采用拦腰切苹果的同学，一连切了三个苹果才切到一个清晰的五角星。我记得，当学生拦腰切开第一个苹果时，傻眼了。她的表情告诉我：“呀，怎么没有五角星？”于是，我坦然地说道：“看来，这与苹果的形状有关。”接下来，学生又小心翼翼地拦腰切开了第二个苹果，结果更令她大失所望——她的表情充满了焦虑。这时，我适时解嘲道：“真令人着急，可是谁更着急呀！没关系，咱接着切！”第三次，学生终于拦腰切到了一个五角星，只见她舒心地叹了一口气。这个短暂而又“漫长”的过程，我想，对于师生都是一个考验、一次成长，尤其是对于这个切苹果的学生。在学生成功切开苹果之后，我继续“趁热打铁”，告诉学生：“同学们，看来成功不是这么轻易就可以得来的。”就这样，一场意外风波“化险为夷”了。相信这个意外一定会珍藏在师生的内心深处，回味无穷。因为，课堂总是朝着学生生长的方向，而“遇见”总在细节处！

看一看，感受躬身前行的姿态；听一听，体悟生命拔节的声音。师生在生长的课堂相见相长，我们实践着、收获着……

（陆晓阳）

6 语文教学的生长点：追寻儿童“高质量的思考”

清晰地记得，2013 年 9 月，我被评为无锡市小学语文学科带头人。2013 年 10 月，孟晓东语文生长课堂工作室全体成员来到羊尖实验小学，聆听了我执教的《水》一课，以及八士实验小学年轻而富有才华的朱明海老师执教的《月光启蒙》，东亭实验小学典雅而富有智慧的俞霞副校长执教的《埃及的金字塔》（这一课当时刚刚获得江苏省“杏坛杯”会课一等奖）。当听评课环节结束以后，孟局长当众宣布吸收我为其工作室成员时，我的心情真的可以用无比激动来形容。那份幸运，那份荣耀，那份幸福，在我心底久久徘徊。从此，也化为那一份份语文教学路上的踏实与追寻……

一、语文教学追寻怎样的生长点？

帕思卡说：“人是思想的芦苇。”而思想起源于思考。生长性学习的奥秘，就是高质量的思考；生长性教学的奥秘，就在于如何激励学生越来越多、越来越深、越来越发散的思考。

导师带着我们探究“语文生长课堂”，经常要求我们要构建生动而深刻的语文课堂，引导学生积极参与、主动建构，让学生的语文素养自然无痕地生成。

而语文学习需要大量的言语实践，从而引导学生体验、把握语言运用的规律。学生在边读边思的学习情景中，始终进行思维的操练，追求“高质量的思考”，从而形成自我学习力、思考力，获取属于自己的语文元素，吸收最具文化意蕴的语文精华。

语文教学怎样追寻儿童“高质量的思考”？

跟随导师学习的两年多时间里，我没有停止过对“高质量的思考”之追寻。

（一）原汁原味诵读的语文生活

杨再隋教授认为：“儿童通过诵读，悟出文意，品出文味，感受文韵，体验文情，领略语文之美，享受诵读的快乐。”“这种诵读，不仅能改善学生的学习状态，而且能促成课堂结构和教学方法的转变。”语文教学，读字当头，读使语文丰满而深刻。朗读、默读，是非常重要的教学手段，这些传统的教学方法经过历史的淬炼而沉淀下来，是具有生命力的。我在继承与重构中，过着一种原汁原味诵读的语文生活。一次工作室活动，我执教《水》一课，学习“一勺水洗澡”这个部分，我设计了四个层次的“读”：第一层次，快速浏览课文的第3～6自然段，找出描写感受的句子。第二层次，学生读写感受的句子，引导学生用一个词语说说此时的感觉。第三层次，引导学生品悟语言文字，细细体味作者是怎样写出这种舒服的：课文究竟是怎么来写出这种舒服的呢？静下心来，细细品读这两段文字，哪些地方让你感受到舒服呢？可以圈圈画画，在旁边写写体会。第四层次，引导学生在文字中感受因为缺水才有了如此的快乐：那为什么会有这种特别舒服的感觉呢？请你再次默读课文第3～6自然段，结合文中的语句来说一说。如此，通过传统的读中感悟、读中理解、读中表达的方式，奠定儿童“高质量的思考”之坚实基础。

（二）质疑、反思、不从众的语文生活

语文生长课堂观认为：“语文生长课堂是属于学生的，有空间才有生长的可能。”“学生拥有了属于自己的时空，才能投入地思考，真诚地表达，才能生长出自己的思考。”困惑、怀疑、不确定性，应该成为语文学习的状态。质疑、反思、不从众，应该成为语文学习的灵魂。语文教师要想办法把学生带到高层次的探究性学习中去，从而提升思维训练的效度，此是儿童“高质量的思考”之秘钥。在创设提问的情境时，要在比较分析中提出问题，在认知体验冲突中提出问题。在转换教学的方式时，要生生互动，让问题在学生中流转；课内外整合，让问题引发可持续学习。在改变评价的策略时，要延时评价或多维评价。这几个策略是我在引导学生“学会质疑”时运用的一些草根做法。同时，工作室成员的许多“不从众”的语文课堂给我的启迪可谓大矣：倪凯颜的《金子》一课，紧紧围绕“你觉得课文中哪些词语是‘金子’”这一主问题，循着学生找到的一个个“词语金子”，巧妙地学文；施萍一的《揠苗助长》一课，在读故事、讲故事、演故事的板块式推进中，创生了活泼泼的语言；陆晓阳的《爱之链》第二课时，重点抓住“环境描写”，由文本的环境描写，生发到学生的习作技巧，当堂训练环境描写片段，成了读写结合的有效范例……

（三）言语自由生长的语文生活

潘新和教授说：“语文教学中，唯有以唤醒和激发人的内在生命精神动能为根本，因人制宜，为人的言语行为找到正确的目标和理想，引领学生走上言语人生和诗意人生之路，使人的言语发展成为一种生命自觉，才有真正意义上的人的发展……”这些都在提醒我们，在学习方式的选用上要给儿童自由的心境、自由的学境。一次，导师联合另外两个语文特级教师工作室，三位老师同课异构《黄果树瀑布》。男教师大气扎实，我们工作室朱丽清老师温婉细腻，另一位女老师简洁智慧，还把作者杨国民先生请到了研讨的现场，生生对话、师生对话及与作者的真诚对话中，把我们引向了一片研究的丛林。回到学校，我结合三位老师的长处，在校内也上了这一课。我紧扣“游记”文本的特点，从“瀑布的声音”，到“作者的感悟”，及“写出如此文字的游人”，引导学生体会：如果不是比喻，黄果树瀑布的声音就失去了一半的美；生动的比喻饱含着作者对瀑布的喜爱之情；一定是仔细观察、想象丰富、文学修养高的游人，才能写出这样美妙的比喻。这样，把学生引向了一片思考的丛林。总之，透视文本，追求文意兼得；精当取舍，构建高效课堂；抓住重点，凸显语言运用——此乃儿童“高质量的思考”之远点。

跟随导师一次次听课与研讨，在一课三人上的同课异构中比较与思辨，在观摩导师主持的一次次语文沙龙中品味与反思，在聆听导师关于“读书·育人”的专题讲座中，仰望导师的旁征博引、信手拈来、意蕴深厚，督促自己也不断去涵养与丰富自我。

语文教学的生长点——追寻儿童“高质量的思考”，是导师给我们开辟的一条语文教学研究新路。我们永远在路上……

（席丽新）

7 站成孩子，与学生一同生长

——《鸟语》一课教学碎思

一直以为，采用对话方式教学《鸟语》一课，学生一定会学得很有情趣，很有收获。课前，我带着自己对课文的理解反复地咀嚼文字，精心设计每一个教学环节，试图循着“听鸟语—说鸟语—悟鸟语”的思路带领学生走进鸟的世界。我想象着学生一定会兴趣盎然地与鸟儿对话，一定会兴致勃勃地去探索鸟语所蕴含的意韵。走进课堂的那一刻，我信心十足，期待着与学生展开一场有意义的对话。

因为是借班上课，又考虑到课文重点段落的学习采用的是对话的教学方式，所以在课前谈话时，我设计了“聊天式”的一问一答，旨在让学生在相互认识的过程中顺应我的教学方式，亲近我的课堂，让他们会听、听懂、能说，使接下来的课堂对话能自然、顺畅。课始我率先自我介绍：“我叫姚建华，来自港下。”然后笑着顺势指向一名学生：“你呢？”没想到，一上来就卡壳了。那位学生犹豫着站了起来，不语。于是我再三鼓励，他终于开口了。但反复的鼓劲已失去了预想中师生亲近的效果，学生显得很被动。

由于是第一课时，读通课文是必需的。为了让每个学生都能读通课文，我给予了充分的读书时间，然后指名一个学生当小老师来领读生字新词。在我的预想中，读准读通字词是简单的事，学生应该能读好并很快地完成。然而，现实情况又出乎我的意料，或许是紧张，学生显得很严肃，说话有些结舌，读词时一而再、再而三地出错，我不停地纠错，花了比预想多出一倍的时间。我心中不免焦急起来：这只是第一个教学环节，接下来的教学要来不及了！果然，接下来的教学，学生的表现又大大出乎我的预想。在学习课文重点段落——感受鸟语的有趣和丰富时，我设计了拓展想象的说话训练，引导学生与布谷鸟展开对话：“同学们，布谷鸟‘布谷布谷’地声声叫着，可能会说些什么呢？”谁知，学生竟然望着我，无语。无奈，我又当起了主角，按着自己的预设不断地引导、反复地启发，学生说不上的就由我自己来说，完全失去了预想中“对话”该有的那种情趣。由于多个环节多次“意外”的引导，教学时间越显不足，为了完成预定的教学任务，接下来的教学显得很仓促，教学自然也没有了预期理想的效果。走出课堂的那一刻，失望、难过、沮丧，一股脑儿涌上心头！自任教以来，我上过无数次的公开课，从来没有一次像今天这样挫败过，从来没有一次像今天这样失落过！一时之间，我不知从何说起，从何想起，是我备课时估计不足？还是我设计中预想太高？我和学生之间为何总有一段距离？

自从《鸟语》一课的教学遭遇滑铁卢后，一段时间里我一直都很郁闷：我的课堂教学到底怎么了？教案精心设计，教学得心应手，向来是我备课时追求的目标，可为什么《鸟语》一课会上得如此不达目标？事后有老师安慰我："没关系的，你设计得蛮好的，只是学生跟不上！"设计得很好？设计为了什么？毋庸置疑，为了学生！静下心来思考，在《鸟语》一课的设计中，我考虑学生了吗？学生在我的课堂上积极活跃地思维了吗？我和学生之间展开真诚对话了吗？我给学生自由生长的空间了吗？一连串的问题叩问着我：备课时我真的备学生了吗？原以为，我是充分备了学生，但细细想来，我只是备了学生可能说的答案和表达时的不同理解，对于学生的学习心理、学习基础、学习过程我是忽略的，这样想来，这又怎么能说是备了学生呢？我花很多时间只是思考了教师如何教，却很少去思考学生怎么学……一直以来，我的心中也很清楚，教学活动应该站在儿童的立场展开，要"以学定教""以生为本""以学促教""蹲下身来看孩子"……但在实际教学中，我真的蹲下身来想一想、看一看学生了吗？如果我真的站在学生的角度去想学生的感受，去听学生的声音，那我又为什么只想自己的设计去赶教学时间呢？看来，"儿童立场"在我的课堂里观照得很不够！

常说，课堂是师生共同经历的一段生命历程。我不禁问自己：课堂上的"共同经历"体现在了哪里？为什么课堂上我与学生总是相隔甚远？之后，在参加工作室活动时，导师的话一语中的："教学，要站在儿童的角度思考，要顺应儿童的天性，要顺着儿童的思路向上攀爬，要让儿童有安全感。"我的课堂缺什么？缺的是学生的本位，教师还是站"主位"了，我更多地关注了自己的教，而忽略了学生的学。细细思量，作为教师，我每天都花大量的时间跟学生在一起，向他们传达我的期待，把我想要的东西尽量多地、甚至是毫无保留地给予他们，期待能化入他们的心田，成为他们自己的知识或能力。现在看来，我只是一厢情愿地在输出我自己。也许正是这样，我离学生远了，学生在课堂上也就少了拔节生长的声音，少了自由生长的空间。观照儿童立场，不是让学生亲近我，而应该是我要亲近学生。金波说:“只有走进林中,你才能真正地理解鸟儿的叫声……”换而言之,教师只有走进了学生,才能听到真正的童音。我愿站成孩子,倾听童音,触摸童心,与学生一同生长!

（**姚建华**）

8 在言语活动中汲取生长的力量

课堂是学生生长的场所。学生在课堂中的生长，基于他们已有的经验，但又不能囿于这种原有的经历与体验，仅仅让学生在经验中生长。践行“语文生长课堂”的教学主张，需要我们把握学科特质，以学科特有的力量助推学生生长。具体到课堂学习中，就是以语文的视角引领学生，让他们在言语活动中经历真实的语言学习，发现语文的大世界，促成言语智慧与心灵的拔节生长。

一、品读:探究语言之“情趣”

阅读不仅仅是浅表化地着眼于书面上的文字，而是透过作品的语言，全面把握和审视浮露着的显性意义与直观场景，仔细品味蕴含其中的丰富情感与意趣。因此，在学生抓住了有价值的文本信息后，我们要保证学生有自主读书的时间和机会，让学生潜心会文，探究语言的灵性。在这一过程中，顺应学生天性，想方设法带学生走进课文的情境中，他们便会很自然地亲近语言，领悟到文本的旨趣。

比如教学《诺贝尔》一文时，让学生探究从文中哪些地方可以看出诺贝尔为了科学研究，献出了他的整个生命。这一过程既指向了学生读懂诺贝尔发明炸药的整个过程，又引领学生把中心词“整个生命”越读越深、越读越透。课堂上，学生思绪喷涌，紧扣文本语言，品词析句，高潮迭起。又如教学《水上飞机》一课，小海鸥的心理变化是作者行文的线索，引导学生在品味语言的同时，探究小海鸥的心理为什么会有这样的变化，以此为线，串起了文中众多的文字珠串。

这一言语活动的构建，侧重学生的认知性阅读，因此要善于引导学生聚焦关键语段，通过探究感知语言的情趣。比如《大江保卫战》中“保大堤”的场面，为了更好探究“点”“面”描写的精彩之处，反复围绕“大堤！保住大堤”，让学生品味语言巧妙之处；通过“撕扯”感受战士的英勇无畏，透过“人墙”“伤痕累累”感悟到血肉之躯筑成的人墙在钢筋水泥筑成的堤岸面前是羸弱的，深刻感受到子弟兵钢铁般的意志。这般品读语言，不仅促使学生全面把握文字传递的信息，更重要的是激活了学生的思维，推动学生言语实践能力的提升。

二、体验:触摸语言之“意蕴”

语文课堂中发生的言语活动,是学生高度个性的心智活动,他们借助自身的生活经验和语文积淀唤回直觉经验,重构语言的具体化形态。因此,在课堂中要让学生有相宜的课堂学习的“自由度”,使学生能自由地独立或合作学习,对文本语言“切己体察”,有充分感受体验的时间块、空间块。唯有这样,才能打开语言的“窗户”,学生习得语言的奥妙,感受语言的味道,促动深入内心的体验,阅读真正成为学生的一种“悦读”。

教学《彭德怀和他的大黑骡子》,课末,我设计了这样一个练习:“今夜的草地不同往日。空气里飘着诱人的肉香,宿营地上的篝火在灼灼燃烧。彭德怀默默地坐在篝火旁,呆呆地望着那跳动的火苗。渐渐地,渐渐地,那簇火苗光影里跃出一个熟悉的身影——‘哦,我的大黑骡子!’一时间,彭德怀的胸口涌上千言万语……想一想:彭德怀要对大黑骡子说些什么呢?是愧疚?是思念?是回忆……请联系课文内容,走进人物内心,说一段真情告白。”通过想象,学生进入课文所描述的情境,产生身临其境之感,拉近了学生与文本之间的距离;让学生转换角色,设身处地,与作品的表现对象同喜怒、共哀乐,借助角色效应,体味文中人物的内心世界,增强情感体验和领悟,触摸到了文本语言的意蕴。

想象体验,重点应该关注学生的创造性阅读。既要鼓励学生发表独立的见解,珍惜学生的独特体验,让学生在言语活动实践中逐步学会思考,学会读书,体悟感情,揣摩表达方式,实现从语言文字到思想情感的整体提升;又要依据不同的文本语言,引导学生创造性地展开活动体验。也唯有此,学生的生长才会呈现不一样的精彩。

三、实践:感受语言之“精准”

王崧舟先生曾经说过:“语文的本体是什么?显然不是语言文字所承载的内容,即‘写的什么’。而是用什么样的语言形式来承载这些内容,即‘怎么写的’。语文要学的就是这个。”显然,课堂中的言语实践更多的是让学生感受文本的形式结构、语言表达等方面的精准,学以致用以达到习得语言的目的。

《北大荒的秋天》第 4 自然段主要从大豆、高粱和榛树叶子三方面具体描写了北大荒原野的热闹非凡。总分结构,清晰明了,拟人比喻,生动形象。教学时,在学生初步感知北大荒的原野热闹非凡后,借助一个简单的填空让学生明晰课文是从大豆、高粱、榛树叶子三方面来写原野热闹非凡的,使学生对本段的总分结构有一个初步的了解。紧接着，引领学生从文本的字里行间，抓住“笑”“唱”和“红得像一团团火”，借助形象直观的画面，创设有情有趣的情境，调动学生的丰富体验，充分感受原野的热闹非凡。然后，再通过先齐读、再分组读的分角色朗读，引导学生感受文本的构段方式，感受句子之间的内在联系。随后，让学生围绕“原野热闹非凡”继续来写。有了前面积极的文本语言的理解感悟和到位的文字表达的揣摩，实践表达自然也就精彩了。从学生的交流中，我们看到了学生丰富的想象在飞驰，听到了学生灵动的话语在流淌，语文味尽显其间。

又如，《厄运打不垮的信念》一文写谈迁重编《国榷》的艰辛，用几个简洁词语勾勒出他“寻访考察、终日奔波、奋笔疾书”这三个画面，教学时，可以让学生抓住这几个关键词，想象谈迁不屈不挠的形象，并写下来。再如，《第八次》课末，可以引导学生想象：“假如你就是布鲁斯王子，你会怎样运用蜘蛛结网的故事来动员人民呢？请你当一回王子，写一份简洁有力的动员书。”这样的言语活动，使得语文学习有厚度，有长度，有力度，有热度。

语文课堂中的言语活动，只有体现了语文学习的本质，通过语文的方法实现语言实践与运用的追求，才能如导师所言：在学生的生命里种下语文的因子，真正推动学生的生命成长。

（田长青）

9　学习，因“序”而生

工作室导师孟晓东曾说：语文课堂的真谛就在于让学生在语言的世界里打开一扇窗，获得言语与情感的生长。确实如此，大凡在语文教学中有所追求的教师，都会希望自己的课堂成为学生语言生长的土壤，都渴望感受一种“学习正在发生”的幸福。这也恰恰是生长性语文课堂的表征。那么学习究竟因何而生？其实，如同万物的生长都有其规律一般，语文的学习也需循“序”渐进、顺生而行。

一、回到本源：从语言到语言

语文教学的最终目的是学习语言文字的表达运用。而语言的学习，有其浸染性和实践性的特点。因此，面对学习文本，教师应尽可能带领学生直面语言，在语境中理解揣摩，从而得其言、明其意。若离开了“从语言出发再回到语言”的原则，再精巧的设计和方式，都无法让学生的语言学习落地生根。

在教学苏教版小学语文三年级上册《北大荒的秋天》第4自然段“原野热闹非凡”时，教师让学生通过读文找出描写的景物，然后问学生：“你最喜欢什么？”学生有的说“大豆”，有的说“高粱”，还有的说“榛树叶子”。教师便相机追问：“你现在就是它们，你是怎样给原野带去热闹的？”学生回答：“我是欢笑着，发出‘哗啦啦’的声音，给原野带去热闹的。”“我是乐呵呵地唱着丰收的歌，给原野增添热闹的。”……最后师生一起朗读，感受原野的热闹。

应该说，这一环节的教学是紧紧围绕理解课文内容展开的，角色的转换也显得生动活泼，拉近了学生和文本的距离。但显然，课堂忽视了对文本语言的揣摩研读过程，学生无法感受到由文字的生动性带来的音乐美和画面感，也没有机会体悟语言文字在表情达意上的特点和作用，因此学生的回答尽管有了角色的转化，但只能是课文内容的零星重复，看不到语言的积累和建构。“贴着语言行走”，从感知语言出发，用不同的方式去理解和品味，最后回到语言，去进一步感受作者语言表达上的精妙，为今后的语言运用做好积累，才是语言学习的完整过程。

二、顺应文序：从发生到发展

叶圣陶说："作者思有路，遵路识斯真。"每一篇文本都是作者思路的呈现。教学中，如果能遵循作者的思维脉络，一步一步深入到文本中去，就能更多地感受到作者创作这篇文章的精妙之处，领悟到文章的结构之美、构思之美。但遗憾的是，在教学中，教师往往会人为地打破这样一种顺序，以至于削弱了学生对于文章整体架构的学习和感受。

许多教师在教学苏教版小学语文五年级上册《金蝉脱壳》第 4 自然段"金蝉脱壳"的过程时，直接将"在金蝉脱壳的过程中，你认为哪种情景最奇特动人"这一问题作为引领学生学习的话题，让学生通过自学自由交流。学生根据自己的理解，有的说是"头"，有的说是"尾"……教师顺应着学生的回答将有关内容梳理了一遍。这样教学的结果是学生了解了金蝉脱壳的一个个有趣场面，但却是片段的，也是无序的；也忽视了金蝉脱壳的全过程以及课文的叙述顺序，而这应是高年级阅读教学需要关注的学习目标。若教师能顺应文本的思路，先给学生一个梳理文章写作脉络的过程，在引领学生了解了金蝉脱壳的过程之后，再让学生深入去感受脱壳之趣，那么学生的学习将更有层次性，既得言意，又得方法。

顺应文章的写作思路进行教学，其实是顺势而行，能带领学生从发生到发展，更轻松地走进文本；同时在这样的阅读路径中，学生更能领略文本在表达上的特点，文章的教学价值也得到了进一步的凸显。

三、尊重思维：从表层到深层

学生学习语言的过程即思维的过程。它是一个由浅入深、循序渐进的过程。教学中，教师需尊重学生的思维起点及发展进程，给学生充分的停留和思考的时间，从而充实认知，丰厚智慧，达到水到渠成的习得境界。若学习时机不够成熟就急于求成，势必造成事倍功半的教学结果。

一位教师在教学苏教版小学语文三年级下册《蒲公英》一课时，引导学生理解太阳公公对小蒲公英说的话："孩子们记住，别落在表面上金光闪闪的地方，那是沙漠。也不要被银花朵朵所迷惑，那是湖泊。只有黑黝黝的土地，才是你们生根长叶的地方。"教师设计了填空"太阳公公说：不要________，也不要________，要__________"，帮助学生了解太阳公公所表达的主要意思，接着追问学生太阳公公这样叮嘱的原因。就此时的认知而言，无论是童话故事中的小蒲公英，还是刚接触文本的学生，都还未能完全理解太阳公公为什么要这么说，因而学生的回答只是浅层次的生活经验，没有切实的感受。其实，教师完全可以稍作留白，在读到蒲公英落在不同地方造成不同的结果后，让学生再回过来读太阳公公的话，进一步去理解和印证“做事不可被表面现象所迷惑”的道理，学生就能感同身受、有话可说了。

学生对文本的理解需要一个过程，这样的一种亲历，无法超越也不可取代。只有遵循学生的阅读思维，才能从容地让学生读懂文本，获得自然生长的感悟和能力。

有序的学习，其实是顺应着学生语言学习的规律、文本的逻辑顺序以及学生的思维轨迹行走，这也是语文生长课堂的要义所在。这样的学习，是对学生立场的呵护和理解，也是对于真正的语文学习的回归和坚守。用孟晓东导师的话来说，这样的课堂教学有生命的体验，有生命与生命的交往和互动，有生命的不断完善和超越。

（陈春雯）

10 “阻碍课堂生长的因素”的校本调查和归因分析

江苏省无锡市隆亭实验小学的“儿童生长课堂的实践建构”是由工作室导师孟晓东亲自参与策划和论证，并有工作室成员、学校校长李淑英领衔的一个“十二五”江苏省教育科学规划立项课题。研究到了中期，我们进行了一次“阻碍课堂生长的因素”的校本调查。

一、调查目的

课题研究前期，我们曾在师生中进行“你心目的好课堂”的调查，为课题研究之初从校本的层面确定基本框架、研究内容找到立足点。在课题研究逐步深入的中期阶段，要在课堂这“一寸宽”的领域，追寻“一公里深”的研究成效，需要面向本校全体教师，再次共同理性思考阻碍课堂生长的因素是什么，这样既能使课题研究的具体操作路径更加明晰，又能使课题研究与每位教师产生切己之感，让“课题从实际中来”，使“研究到实践中去”。

二、调查对象

调查对象为全校在编教师共 83 人，其中市级以上骨干教师 4 人、区级骨干教师 10 人、各学科教研组长 23 人、级部主任 6 人。

三、调查方法

本次调查在课题研究中期进行，调查方法为以“我的生长梦”为主题，进行课题回顾与展望：(1)“回眸”：课堂，如何生长儿童的学科素养？谈谈你的想法和做法；(2)“俯首”：课堂，还有什么因素在阻碍着学生的生长？可列举一两个典型现象；(3)“望远”：课堂，需要我们更坚定的行动。谈谈你下阶段的研究设想。

四、调查结果

课题回顾与展望活动结束，课题核心组对活动的第二部分“课堂，还有什么因素在阻碍着学生的生长”的调查情况进行了典型现象分类汇总，结果如图 1、图 2 所示。

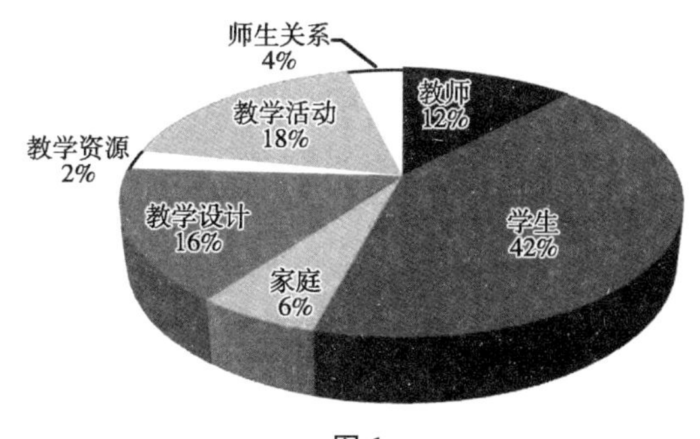

图 1

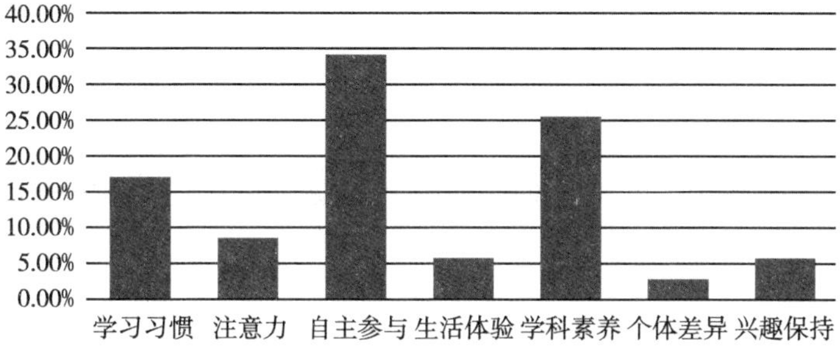

40.00%
35.00%
30.00%
25.00%
20.00%
15.00%
10.00%
5.00%
0.00%
学习习惯 注意力 自主参与 生活体验 学科素养 个体差异 兴趣保持

图 2

五、调查结果分析

此次调查虽没有使用科学的测量工具,但教师基于自身的课堂实际,结合具体的教学案例,体现出教师个人不同的教学理念、素养水准,既突出了校本性,又体现出了一定程度的科学性。

从图 1 可见,对于"阻碍生长的因素",尽管调查没有定向,教师各抒己见,对课堂要素的观测不同,但体现出了一定的趋向性,最终指向了"教师""家庭""学生""教学设计""教学活动""教学资源""师生关系"七个维度。其中,"教师""学生""教学设计""教学活动"四个方面"阻碍课堂生长的因素"成为大家共同关注的焦点,这四个维度,正来自现代课堂研究中"教"与"学"的两个主要体系。

从图 2 可见,在分析"阻碍课堂生长的因素"时,教师能站在儿童的立场上,并体现出了多向性:关注到了"学习习惯养成""学生注意力持久时间""学生学习的自主参与意识与能力""学生真实的生活经验和体验""学生的学科素养""学生个体差异""学生兴趣保持"等。

从教师分析"阻碍因素"时结合的典型现象看,教师从"学生"的角度来进行归因分析,不仅思考学生的"学",还从"学"的角度反思"教",比如有教师写道:

要说课堂还有什么因素在阻碍着学生的生长,根据我一个月上课下来发现，班级很多学生上课容易走神，容易把手放在桌子下玩文具用品。这样上课时效率很低，叫学生起来回答问题总是不会，或说错！我在思考如果将数学题设计成有趣的冲关程序，从“士兵”逐级上升为“将军”的游戏设计模式，会吸引学生的目光。

对于刚进入小学的一年级学生来说，我觉得最迫切需要解决的阻碍生长的原因是：没有养成良好的倾听、思考、完整表达的习惯。这也是我今后在自己的课堂上要关注并督促孩子养成的。

随着孩子年龄的增长，很多学生变得内敛和不愿言辞，常常是启发、鼓励、表扬都到位了，但举手发言的学生还是那么几个，更多的学生处于“听讲”和“沉默”的状态。看来还是要在备课上多下功夫，多备学生，站在他们的角度和立场出发来预设问题，问题情境有层次性，让各个层级的学生在“伸伸手”“跳一跳”的内驱力促动下收获成功的果实。

……

从教师描述的“阻碍课堂生长的因素”的情形中可以发现，“阻碍因素”不是绝对不变的，而是具有相对性，即根据教学对象、教学内容、学习要求等的不同，“因素”的作用会进行正反转化。某一因素对于课堂生长是阻碍还是促进，要看具体的对象。比如有一位教师说话比较幽默，任教的一个班级的学生比较活泼，教师幽默地对待他们的小错误，相比去批评他们效果来得更好；而另一班级则不太适应这种教学方式，一活跃就会开始交头接耳，打乱上课秩序，相比之下，夸奖和小红旗奖励更能让他们投入学习。相类似的，还有的手段在低年段有“促进”生长的作用，在高年段却成为“阻碍”。

在教师分析的各种阻碍因素中，对“非智力因素”有特别的关注。如对于教学活动的氛围，教师认为“开课伊始教师要努力营造一种精神振奋的‘情调’，这种心理气氛能融洽师生交往互动，促使不断生成和发展”。还有，师生的良好情绪、课堂中的情感体验、融洽的师生依属关系、积极向上的班级精神等，在教师眼中成为促进课堂生长的“软实力”。

六、结论与建议

“阻碍课堂生长的因素”总体分七个维度、多个向度，与现代课堂研究的重点基本相契合，比较综合而全面地反映出了“儿童生长课堂”实践建构中需要去改变或解决现实问题，表现出本校教师良好的科研素质。此调查及归因分析对

课题中期以后进一步深入研究提供了有力的借鉴和依据。对于下一阶段的研究,提出如下建议:

(一)以教师培养为源

教师素养高,则研究品质可高;教师视野开阔,则研究视野可开阔;教师动力充足,则课题研究可动力充足。一句话,在课题研究中,教师是最大的"动力源"。"儿童生长课堂的实践建构",要牢牢抓住教师这个"动力源",通过工作机制、激励机制,通过搭建平台、发展规划,通过教师培训、教师阅读等,建立强有力的动力系统,使每位教师都能成为"动车系统"的一节"动力车厢"。

(二)以教学活动为路

教学活动是教学设计的实施,是学生素养的历练途径,课题中后期,要继续沿着"智慧挑战的问题情境""自主建构的体验活动""个性思考的自由表达"的路径,去提炼出儿童生长课堂的教学活动的具体路径和操作策略。

(三)以学生自主参与式学习研究为点

将对儿童学习的研究聚焦在"自主参与式学习"这一重点与要点,在课堂的各个构成要素中,在课堂的整体结构中,研究儿童学科本质生长的路径,研究静态抽象的学习材料的动态呈现和活动建构,使课堂增加儿童性、趣味性、学科味。

(施萍一)

11 课堂生活：从学生的生长原点出发

“为学生的生长而教”，践行导师“语文生长课堂”的核心主张，就必须改进教师“教”的行为。教师不是把教学建立在自己的“视点”之上，而是要研究学生，尊重、顺应学生的内在需要，在课堂教学中找寻“生长原点”，让学生成为积极的学习者，在自悟、自得、自然建构的过程中获得语文学习的新鲜感、舒展感、丰富感和力量感。

生长原点以一种隐喻的手法为我们呈现出美好的教育意象，学生的学习由此有了逻辑起点和价值皈依，衍生出向上生长的枝蔓。课堂生活从生长原点出发，语文学习既呈现“内在的秩序”，又呈现自由、和谐、敞亮的情态，使得当下的“学习原点”与学生发展的“生命远点”遥相呼应。

一、发现学生“兴致点”，顺势推进

生长课堂的行动主体是学生，教师要珍视学生的生活和情感，顺应学生学习的天性和规律，以“学生我”的身份，进入学生角色视野审视文本：文本哪里最吸引学生？是什么吸引了学生呢？这个“兴致点”可以达成学生怎样的语文能力、学科素养？如果能够确定，那么这就应该是学生学习的生长原点。教师顺势推进教学，吸引学生进行感悟、探究，让学生在兴趣盎然、兴致勃勃中实现与文本的深层对话，收获对文本意义的深刻理解，体会表达形式的精妙，悟得表达意蕴的精深，丰厚的母语文化也就自然而然根植于他们的言语生成中。

学生学习的“兴致点”有时与文本内容相关，那人、那事、那景、那物、那理，读着读着会怦然心动，与学生的思想情感产生共振；有时与文体形式有关，语言的独特性、表达的陌生化、意义的空白处……读来觉得新鲜特别。如学习《黄果树瀑布》，江南的孩子鲜见大山大水，在初读课文后纷纷感叹瀑布声响之壮观。教师循着学生这一“兴致点”组织教学：课文中哪些文字让你感受到瀑布声响之壮观？作者又是怎么写的呢？文本语境和学生体验实现激活、打通，直指《黄果树瀑布》的主题。

二、体察学生“困惑时”，聚力突破

多义的文本到处隐藏着理解上的矛盾冲突。课堂教学中，教师可以精心设障制造悬念,“挑拨”学生学习的困惑,同时也要敏锐捕捉学生学习过程中即时生成的动态困惑,由此确定生长原点。教师要在这些地方上下功夫,以有价值的问题点燃学生思维的火种;策划真实生动的探索性活动情境,引领学生与文本再度对话;“激活”“沟通”“链接”,巧妙引发学生的思考,拨动言语表达、深化理解的支点。如此,课堂空间会基于丰富的联想而立体起来。

如学习唐代诗人刘禹锡的《望洞庭》,有学生提出困惑:既然“潭”就是“湖”的意思,可否改“潭面无风镜未磨”为“湖面无风镜未磨”,让人读来更明白?教师抓住这即时生成的动态困惑,让学生就“湖”与“潭”展开思辨。学生观察发现,如果此句也用“湖”,则与第一句“湖光秋月两相和”中的“湖”重复。随后,链接王羲之《兰亭序》“之”字书写的变化之美,让学生悟得古诗文中“避免重复、讲求变化”的艺术。接着,以诗中的比喻句感受“潭”和“湖”用字的差别,理解“潭”应该指风平浪静的水面。最后,补充刘禹锡写这首诗的背景,让学生感受深潭静默之中所透出的自然淡泊、豁达宁静,悟得这是诗人精神的写照。

三、探寻学生“无疑处”,趋向深入

学生阅读文本,会驻足停留,揣摩体味内容新异、语言表达精彩的地方。但如果语言平实、没有疑问,学生则无意逗留,也极易忽略,阅读往往成了表层到表层的滑行。这就需要教师有一双“教学的眼睛”,找到看似平常但关乎文本核心价值的词句,进入文本的“发窍处”,以“连接性询问”打破一望而知的浅层阅读,唤起学生的陌生感和新鲜感,让文本语言微妙而贴切地触动学生、吸引学生,从而,思维不断伸向文本语言的深层,向着人物心灵和情感深处,并引发心灵颤动,让“教学中的交往丰富而深刻地展开”。

以《少年王冕》为例。王冕辍学放牛、学画荷花的经历和孝敬母亲、勤奋好学的品质,学生似乎一读就懂。抓住王冕所言:“娘,我在学堂里也闷得慌,不如帮人家放牛,心里倒快活些。”教师轻巧地询问:“果真如此吗?”引领学生由浮光掠影的感受向前一步,去探寻平淡背后的耐人回味。王冕的话朴素自然,似乎没有任何疑问,但细细读来,“在学堂里闷得慌”和“放牛要带几本书去读”之间存有矛盾。学生前后贯通,反复推敲,探幽析微,悟得文字表面是“闷得慌”,其实背后藏有深层:王冕不是不想在学堂里读书,而是在安慰母亲,为母亲分忧。一句看似平平淡淡的话语,让学生从表面语境进入文本精神的关键之处,设身处地地去体验人物细腻的内心世界,王冕的形象与特质也由此清晰和丰满起来。

正确把握学生学习的生长原点，让课堂生活从生长原点出发，教师在语文课堂中既为冷静的旁观者，又为愉快的分享者，更为积极的助学者，通过精心的预设、耐心的倾听、亲切的询问、富有意味的言说，引领学生从"浅近"走向"深刻"，从"懵懂"走向"明朗"，从"局部"走向"整体"。让课堂舒展开来，敞亮起来，让学生在语文学习中不仅拥有极具私人性的感悟能力，更能走向文本、课堂背后辽远的情境乃至意境，习得深厚的语文素养，获得弥足珍贵的睿智。

（胡　丹）

12 语文生长课堂教学策略例谈

语文生长课堂，是指在语文学习过程中，教师选择合适的教学方法和教学内容，对学生内在天性进行激发，利用适当的点化帮助学生获得突破与提升，从而使学生在学习语文这门课程中形成内在的学习的力量。语文生长课堂是以学生为本位的教学，因此在教学过程中，教师要遵循学生身心发展的规律和学习语文课程的规律，使学生能够充分自由、和谐地生长。

一、儿童为本——语文生长课堂的立足点

以儿童为本的语文课堂是学生情智发展的乐园，也是让学生自然生长的乐园。巴什拉在《梦想的诗学》中这样写道："每种原型都是对世界的一次开启，也是进入世界的一次邀请，我们能够恢复最初的梦想是源于童年的梦想。"它告诉我们，在语文教学中应该珍惜学生在精神方面的需求，尽可能地呵护学生稚嫩的心灵，让学生在语文学习中能够诗化最初的梦想。

如教学《放飞蜻蜓》一课时，引导学生思考："翠贞放飞的仅仅是蜻蜓吗?"学生纷纷作答："翠贞放飞的是消灭害虫的专家。""翠贞放飞的是孩子们对动物的珍爱。""翠贞放飞的是对每一个生命的尊重和关爱。""陶先生给他们讲述了很多关于蜻蜓的知识，所以翠贞放飞的还是收获知识的快乐。"还有一名学生这样答道："翠贞他们不清楚蜻蜓会不会在饿极了的时候吃掉自己的尾巴，而尾巴被吃掉之后还会不会长出来，所以我认为翠贞放飞的还有孩子们对科学知识的好奇……"要使语文教学和谐、高效，在教学过程中，我们就应该站在儿童的世界里，针对学生的观点，正确引导学生去触摸语言，让他们更加贴近语文。上述课例中，引导学生对翠贞放飞蜻蜓作的多种感悟，就成功地构建了具有自由性并且以儿童为本的语文教学过程。

二、兴趣激发——语文生长课堂的切入点

著名教育家巴班斯基认为："一堂课上之所以必须有趣味性，并非为了引起笑声或耗费精力，趣味性应该是课堂上掌握所学材料的认识活动的积极性。"充满情趣的导入，就能有效地激发学生的学习兴趣，调节课堂教学的气氛和节奏。

如教学《番茄太阳》一课时，首先发起疑问："同学们，读了课题后你们想知

道什么?”学生争先恐后地提出自己的问题:“什么是番茄太阳?”“番茄和太阳是什么关系?”这些问题无疑是紧扣文本中心的。“那就让我们到课文中去找答案吧!”正如一石激起千层浪,教师引领着学生很快进入文本。又如教学《宋庆龄故居的樟树》一课,可以这样导入:“同学们,题目中有三个词语,你觉得课文写的是宋庆龄这个人,还是故居这个地方,还是樟树这种树呢?”然后追问:“这是两棵怎样的樟树?”通过这一个问题,引领学生走入文本。这样的教学能激发学生的求知欲,为整堂课的学习打下良好的基础,从而使教学活动显得生动、自然、活泼。

三、开放探索——语文生长课堂的关键点

语文课程标准指出:语文课程是实践性课程,应着重培养学生的语文实践能力,而培养这样的能力的主要途径也应是语文实践……因此,语文生长课堂一定要有开展语文实践活动的意识,使得话题的展开过程成为引领学生在课堂上开展有效的听、说、读、写的语文实践的过程,从而提高学生的语文能力。

如教学《厄运打不垮的信念》一课,可以从审题入手:“谈迁遭受的厄运是什么?”然后构建一个阅读话题——为什么说《国榷》被盗对谈迁来讲就是厄运?再让学生采用小组合作学习的方式,多方面、多角度地思考问题、研究问题。学生在开放的品词析句的语文实践中,走进了谈迁的内心,真正领会了“语言有温度,数字知冷暖”。通过有效的小组学习的方式,让每个层次的学生都有发言的机会。在全班交流时,学生将各自的观点一一呈现,这样的交流方式改变了以往教师牵着学生走的情况,这样的课堂教学能够让学生产生自己的观点。在师生互动、生生互动之中,培养了学生的语感,提高了学生的语文素养。

四、思维冲突——语文生长课堂的突破点

大教育家孔子倡导“不愤不启,不悱不发”,说到底就是在教学中要引发思维的冲突。高明的教育者不会坐等这种状态的到来,而是自己深入文本,去创设这种状态,将学生的思维引向“最近发展区”。如此,学生才会与文本碰撞出耀眼的思维火花,对话也才会因此而精彩纷呈。

如教学《公仪休拒收礼物》一课,可以紧紧围绕公仪休对待鱼的不同态度——喜欢吃鱼却拒收鱼,引领学生探求拒收鱼的原因,感受拒收鱼的智慧。再如《第一次抱母亲》一文中有这么两段话,第一段:“我左手托住母亲的脖子,右手掩住她的腿弯,使劲一抱,没想到母亲轻轻的,我用力过猛,差点仰面摔

倒。”还有一段：“在我的记忆里，母亲总是手里拉着我，背上背着妹妹，肩上再挑100多斤的担子翻山越岭。这样年复一年，直到长大。”通过看似矛盾的语言文字，学生能感受母亲的身轻与肩上的重担所形成的强烈反差，并受到极大的心灵震撼。

综上所述，在语文教学中，我们应该坚持以学生的生长为导向，顺应学生的自然本性和成长的规律。只有从学生的需求出发，结合学生的天性，正确引导学生进行学习，从而让教师的“教”变得更有价值，使学生的“学”变得更有意义，才能使语文课堂成为学生生命成长的摇篮。

（周　震）

13 生长——在最美的“期遇”

——语文生长课堂教学举隅

好的课程在于给人的理解创造尽可能大的空间，好的教学在于给人与知识的“相遇”创造更多的“期遇”，即“对的时候”，在“对的课文”，用“对的方法”，从而使其间“一道生活”的人获得“对的”——最简单而又最真实、丰富的生长。

【课例 1】“如果你是一名随行记者……”

教学《郑和远航》，让学生成为一名“随行记者”一起来见证这一历史时刻，拍摄一组最珍贵的历史照片。

初读后，教师引导——

师：课文第 1—5 自然段具体写了郑和第一次远航。各位记者，你们认为这部分内容可以分几个主题来拍摄呢？

生：（心领神会）三部分，扬帆远航、友好交往、战胜凶险。

分主题拍摄，其实就是引导学生梳理内容，分层训练。接着再读，聚焦“扬帆远航”，捕捉最美的镜头——

师：请同学们细细地读文、想想，小组内商量商量，这一场面中可以撷取哪些珍贵的镜头？

（学生自读，讨论交流。）

生：我拍摄的是刘家河码头上人头攒动的镜头。理由：这特写的密密匝匝的人头都是自发地前来为郑和他们送行的人们，可想而知，当时场面多么盛大。

师：（惊异状）有这么多人吗？从哪里看出来？

（相机要求学生读出相关的句子，读出人多。）

生：我拍摄的是两百多艘船停靠码头准备出发的镜头。同学们，两百多艘船哪，挨挨挤挤的，把码头都停满了。想象一下吧，有多壮观哪！

师、生：（都肯定地）船多足以见证这一伟大的历史时刻。

生：我要补充的是不仅船多，而且船好。我们不妨来看看这一艘宝船吧。（读具体描写船的句子）怎么说这船都是我国古代劳动人民智慧的结晶，也可见当时明朝的强大。所以，我认为这一组镜头里绝不能少了这宝船的特写。

师、生：（认同地）有见地！

生：我拍摄的是郑和双手抱拳，高举令旗，大喊“起船”的瞬间。我想，在场的每一个人都不会忘记这具有历史纪念意义的瞬间，我把它起名为“挥手之间”。让我们记住他——郑和，记住这永久的时刻。

（该生建议朗读这段描写。）

赋予一个角色（随行记者），给学生一个任务（拍摄、捕捉最精彩的照片），他们就能还你一个大大的惊喜（自觉地投入读书，亲密地与文本对话，真诚地表达见解，让人听到生命拔节的声音）！

【课例2】“如果这是一首曲子……”

教学《在大海中永生》，不想按部就班，讲得多，讲得累，学生却听得枯燥无味。于是这样设计——

师：如果这是一首曲子，你能找到这首曲子的基调与旋律吗？用心读读课文。

（学生若有所思，潜心会文。一番自读自悟后，开始交流。）

生：我觉得这篇课文是一首基调有点悲伤的曲子。因为文章表达的是骨灰撒大海，人民对衷心爱戴的邓小平爷爷的深深怀念和悲痛之情。

（学生自然附议赞同。）

师：基调确实如此，那么整个旋律呢，是否随着内容有所变化呢？我们一部分一部分看。读读“飞向大海”这部分，你觉得旋律是怎样的？从哪里看出来？

生：飞向大海时是缓慢的、悲伤的，可以从词语“低低地”“缓缓地”看出来。这是一位以自己的一生带领人民书写中华民族崭新历史的伟人，全党、全军和全国各族人民衷心爱戴的伟人，要把他的骨灰撒向大海，自然是舍不得的，举国悲痛的。

显然，学生对于文章的基调与起初的旋律有着真切的感知与把握，乘机读一读，把感受到的用朗读表现出来，自然水到渠成——

师：那么“撒向大海”这部分呢？

生：也是缓慢、悲痛的，可以从“大海呜咽，寒风卷着浪花，痛悼伟人的离去……”这些拟人表达的词句中充分感受到。

生：是的，第2自然段是这样，但第3自然段旋律在变化，用《二泉映月》中的词语说是“起伏”还有点“激荡”，你看第3自然段用了这么多排比句。

师：（提示）数数看，几个“也许”？读读这几个“也许”，什么感觉？

生：（读一读体会后）真有点起伏、激荡。

教师适当补充相关内容，让学生进一步明白这几个“也许”言说之意——

师：那么，“告别大海”时旋律又发生怎样的变化呢？

生：我觉得是激昂的，尤其是邓爷爷的那句话：“我是中国人民的儿子，我深情地爱着我的祖国和人民。”旋律达到最高潮。

（学生一起激昂地读读。）

生：这点，我们都同意，但是读最后一句时，我觉得旋律又在回归“激荡”了。

变换一种思路（打通学科间的融合），给学生一个支点（一篇好文章就是一首好听的曲子），他们就能“听进去，用出来”（用“音乐欣赏”的方式灵性地感悟，发现破解文字里的秘密，学得更加有情有趣）！

【课例 3】“如果给课文画张结构图……”

教学《莫高窟》，课题已经端端正正写在黑板上了——

师：（提醒）一篇课文就是一棵生长的树，要善于画出它的结构图。用心读读想想，如果给课文画张结构图，这张图上可以有哪些文字？

（学生经过半年的训练，对结构图已是娴熟于心，交流。）

生：西北一颗明珠、彩塑、壁画、藏经洞、艺术宝库。

师：是的，完全抓住了课文内容脉络。谁愿意到黑板上写一下。

（学生上台板书，下面学生观看。课题下第一行偏左写上“西北一颗明珠”，没问题。第二行对齐，写“彩塑”。立刻有学生质疑。）

生：我觉得“彩塑”不应写在“明珠”下面，它们不是并列的，“明珠”是总写，“彩塑”是其中一个方面，所以“明珠”可以移下点，在右边写上三个，彩塑、笔画、藏经洞。

生：是的，文章是“总一分一总”写的。“艺术宝库”和“明珠”并列，中间可以用括号连起来。

师：（颔首）有道理，非常好的建议！别忘了还可以在适当的地方写上三个字，“总—分—总”。

（学生修改优化自己的结构图。而后精读课文时又有学生建议，还可以在结构上进一步丰富，譬如结合文中过渡句，在结构图上添加重要的关联词“不仅……而且……”，“壁画”部分添加“飞天★”，代表重点描写等。）

训练一种方法(一篇课文就是生长的一棵树),给学生一个空间(画张结构图),他们就能慢慢从“这一篇”摸索出规律,有法可参,有章可循(把握文章肌理,渐渐形成文章篇感)!

生长,在最美的“期遇”。课堂上,教师与儿童“一道生活”,有滋有味地阅读、冥思、发现、探索、表达,在感性而真诚的对话交往中一起携手走进文本深处最美丽的风景,这正是语文生长课堂的意义与追寻!

(钱　音)

14 聊读:阅读交往与思维生长

所谓“聊读”,是指教师以儿童伙伴的姿态,循着儿童的理解路径,联系儿童的生活经验,边读边聊,以聊促读;在共同经历文本的阅读交往中,通过对文本内容的直觉与深入,使儿童不由自主地卷入到文本形式、情感、价值等的认知、理解、体悟中,从而在课堂生活中获得语言能力的提升和思维情感的生长。

一、聊读的立场是聊出童真

聊读是在小学语文课堂转型背景下提出的。课堂要转化成学堂,教师当基于如下立场:深入解读文本,浅出呈现教学,善于把有深度、有难度的解读化作简单方式教学;体现教师应有洒脱,放手让儿童体会,聊出其主体地位与童真;打开儿童思维,促成个性阅读,让儿童在阅读过程中产生“属于自己的”感受并愿与人分享,指向价值观、人生观形成。

二、聊读的艺术是聊活思维

聊读的出发点是儿童的阅读初感,是儿童的思维起点。教学要尊重出发点,找准聊点,在阅读交往中产生阅读兴奋点,达成师、生、文本自然交融的和谐状态。

(一)聊读的预设是找寻趣味性聊点

聊点在文本的语用点、语言生长点等教学点中筛选而出,往往以问题形式呈现,有利于推进阅读交往。它具有童趣化、故事性、诱惑性、冲击力等特点,利于聊读推进。

聊点的类型有:

环状聊点。以语用目的为出发点展开环形对话,教师设置“台阶”“陷阱”,引领儿童在曲折封闭的过程中回到原点、得到答案,重在提高思维品质。

发散聊点。以词句表达效果揣摩为远点,进行打开式聊读,不一定得到标准答案,贵在随机谈话中产生多维阅读体验,训练思维表达。

体验聊点。重在触发体验,无须得到即兴答案,只求对词句、篇章、情感的揣摩达成若有所悟、意犹未尽、满腹狐疑的效果。

创新聊点。儿童在安全的对话场中得到思维的肯定,并有所发现、获得价值、发展思维，主动提出见解而生成聊点。

（二）聊读的展开须营建课堂生活场

1. 营造安全对话场。

课堂伊始，教师要通过导入产生强大冲击力，激起儿童强烈阅读欲望。聊读过程中，聊的味道应体现在各个环节，慢慢渗入学生心中。教师或幽默，或诚恳，或有深度地体察儿童思维状况；不是急切地直击目标，而是关注儿童的生成。总之，教师要隐在文本后面，陪伴儿童“闻一路芬芳”，循序走向深入。

2. 建构默会语用场。

聊读是在找准聊点的基础上，不求面面俱到、平面滑动，但要突破代表性聊点。切入宜轻巧，把握住聊的火候，在聊中点燃儿童思维，在聊中达成语用默会。此过程没有刻意言语训练，主张让儿童不由自主卷入语境，达成潜移默化、水到渠成、自然习得的阅读效果。一般步骤如下：

聊入语境。语境是文章中本身具有的境界，教师作为聊读引领者，应该陪伴儿童挖掘，让其与语境不期而遇。

聊品语言。抓住聊点展开聊读，举重若轻地抓儿童最感兴趣、最有陌生感的语言聊，立足一点而生发，叠加体验，递进理解，深刻感受。

聊化语用。聊读强调焦点阅读，主张教得透彻。在特殊教学情境中读透表达，即时迁移，将语用点化入儿童心中。

3. 追求思维发展场。

聊读教学进入白热化状态时，聊点已出，语用已默会，教师要基于预设、利用生成，聊向儿童思维深处，达成思维高效。这是聊读之于常规阅读的独特优势。一般策略有：

体验艺术。当教师的解读高深到位而儿童却游离于外，当文本语境只可意会不可言传，常创设情境把儿童卷入到文本中，设身处地去体验。

推进思维。教师要学会控制与等待，紧抓不放关乎儿童思维发展的节点，既要考虑儿童的阅读出发点而给其凭借，又要考虑教学的远点而适时推进。

点化智慧。聊读达到一定火候，课堂建构安全融洽的学习场域，遭遇文本的特殊表达时，教师应以此为聊点：或言语争锋、畅快表达，或静静体验、思维生长，总之要以智激智、转识成智、传情促智、以文化人。

三、聊读的本质是聊化智慧

聊读的核心指向是打开思维，引导儿童认知万物，从而让儿童表现个性、情趣、爱好，聊出情感，聊出角色，聊出自我。

（一）智慧来源于文本研读

聊读把课文浓缩成几个词、几句话，但给人的感觉却不零散。这就需要教师沉下心解读文本，逐字逐句读懂教材，思考作者为什么要这样用语言，再把解读转化为教学环节。

（二）智慧来源于倾听与对话

儿童发言，教师认真倾听，关注其中的问题，用合适的语言、表情、动作点拨、引领、提升，及时调整教学思路，将儿童的思考引向深入，最终达成师生文本心心相印的境界。

（三）智慧来源于提高思维品质

聊读时“篇的意识”要强，要唤醒儿童的生活经验和阅读体验，要关注儿童对语言的感受和课堂上思维生长的状态，在有所取舍的前提下让儿童学得从容。

（四）智慧来源于“逼迫”式的深读

聊读主要通过聊来卷入，实现语用的默会。它强调生活经验的挖掘，直击语文教学的要害。它“逼迫”师生琢磨文字，强调教师善于“自拔”，帮助儿童有效提升，从而成就语言和精神的超越。

（五）智慧来源于乐教乐学的参与

聊读落脚于聊化智慧，课堂上力求产生智慧、品质、道德，增长语文能力与语文精神。其评判标准是适合儿童、主体建构、经验改造。教师乐教、儿童乐学的课就是好课。

（朱明海）

跋一：生命之树常青

——孟晓东及其语文教育思想解读

叶水涛

二十多年前，听说孟晓东。因为晓东是江苏省师范学校、教师进修学校系统最年轻的语文特级教师。当时我在省小学教师培训中心主持工作。

十多年前，熟悉孟晓东。是由于工作中的联系，他时任锡山教师进修学校校长。但给我印象最深的是他有声有色地策划了几届“太湖之春”小学语文教学论坛，名动一时。

近十年，更为了解孟晓东。是因为时任省教育学会会长周德藩选择锡山作为科学认读的实验区，晓东担任区教育局副局长，彼此接触中加深了对他的了解。显然，他对语文教育有较为成熟而系统的思想理念。

孟晓东以生长来定义自己的语文教学观，以“在学生的生命里种下一棵树”作为自己教育思想的隐喻。我的理解，这似乎并不仅仅是对杜威“教育即生长”思想的阐发，也不仅仅局限于对课堂教学的关注与探索。因为，生命是颇为沉重的话题，生长是一种蓬勃旺盛的境界，生命的成长正是教育最为本质的内涵，而“树”在汉语传统中从来都是一种审美理想的寄托。所以，“语文生长课堂”似乎有更为丰富与深刻的思想内涵，有更为高远开阔的精神境界。循名以责实，知人以论世，解读孟晓东及其语文教育思想，是件非常有意义的事，我们可以看到他在行走中的思考，他人生的追求与生命的感悟。

生长的意蕴：从卢梭到杜威。孟晓东语文教育思想是数十年实践智慧的结晶，也是长期理论思考的升华，具有不可通约的学术个性，与卢梭、杜威、陶行知有继承性的共同的思想谱系，有高度契合的家族相似性。孟晓东在著作中多次引用卢梭的论述，他感慨于卢梭的高瞻远瞩。卢梭在资本主义萌芽阶段，就天才地预见到世界的物化与人文精神的沦丧，痛心疾首于教育的扭曲与儿童心灵的受摧残。他与洛克针锋相对，指出儿童不是一本需要填写知识的书，而是一株有机生长的花朵。他呼吁全社会关心儿童的生命成长，尊重儿童、捍卫童年，顺乎儿童的天性进行教育。如果说卢梭比较多地关注儿童生命的自然属性，那么，杜威则进一步看到儿童生命的社会属性。他认为，个人与社会不可分割，个人首先是社会交往中的个人，它以社会为根本。在杜威看来，教育的问题实质上是如何“使个人特性与社会目的价值协调起来”。他主张沟通教育与生活、儿童与社会。如果说杜威比较多地强调儿童的社会适应与教育服务社会，那么，陶行知则更为关注教育对社会的改造，以及儿童在生活中的创造。从卢梭、杜威到陶行知，“教育即生长”化为孟晓东语文教育思想的学术自觉，由此孟晓东有了非同一般的理论厚重与思想的深邃。生长意味着儿童内在生命的萌动，生长意味着儿童生命个性的舒展，生长是切身体验，生长是理性与情感的融合，生长是符号世界与生活世界的沟通，生长也意味着教学生态的优化。

生命的品格：天赋与勤奋。张爱玲戏言，同学少年出名要早，但出名之早大多系于天赋。史学家章学诚言，“才色本于天而事由于人，本于天者不可勉强，而由人者不可力外。”意即先天禀赋之不同制约人们的学术造诣，无天赋而勤奋难成大器，有天资而懈怠同样难有大的作为。晓东显然是早慧的少年，成名之早绝非浪得虚名，当今社会名曰敬老敬贤，实质按资论辈，少年新进而能脱颖而出实在不是一件容易的事。晓东成名既早，历练也多，由中师生起步，大专本科一路走来，成为今天的教育硕士。学业之勤奋，其间多少辛苦可想而知。由语文教学起步，旁涉教师培训、教育管理、课程理论等，多方探索，潜心研究，奋笔疾书。晓东无其他嗜好，唯一卷在握，青烟袅袅，读书之乐，其乐无穷。由教师而校长，由校长而局长，本色不变是书生。少年既未轻狂，成年也不孤傲。“高明者由大略而切求，沉潜者循度数而徐达”，晓东之学术研究即是见识与学问的殊途同归，道德与文章的相得益彰。观千剑而后识器，多视角审视语文教学，由是另有一番见解与感悟。

生命的尊严：事业与志业。将教书这一职业修炼成一份终身奉献的事业并非容易的事，选择学术研究作为自己的志业，为生命之所系则更难。西方社会学家韦伯认为，在不断官僚化、专业化的当代社会，学者为学术而献身要有良好的心理准备。学术研究之独到之处，在于“只有发自内心对学问的献身，他才会因为献身志业，给人以高贵以尊严的印象”。学术需要坚守，缺少坚忍不拔的毅力，纵有超乎常人的天赋也只是转瞬即逝的流星，难成高挂天幕的明星。这份坚守，绝不是烦躁苦闷中的克制，不是孤灯残影下勤苦的自许，而是一种人格的解放、个性的张扬，读书的品味中有发现的乐趣，探究的神迷中有创造的乐趣，由此构成生命幸福的乐章。天赋闪光，人格升华，见识卓著而成一家之言。由教师而官员，倘汲汲于名利，执着于升迁，便难有今天的孟晓东。晓东难以割舍的还是这份语文之情，是“不思量自难忘”，是“才下眉头又上心头”。校长执教小学语文，局长下水试教小学语文，虽非空前，也非绝后，但毕竟少见。粉丝称其无官员之态，有侠士之风。语文这门古老的学科，也是今天受诟病最多的学科。语文教学如何才能根本改观？晓东提出“语文生长课堂”，呼吁“在学生的生命里种下一棵树”。这是因为他首先在自己的生命里种下了这样一棵树。种子，幼苗，雨露，阳光，春风吹拂，桃李满园。这个世界也因此有了摇曳的小树，有了参天的大树，满目生机。这是民族的未来，是人类绿色的希望。

生命的价值：幸福、正义与崇高。人之区别于动物，是因为动物的生命成长是特定的，而人的生命成长是待定的。蜘蛛生下来就能结网，但它一辈子只能结同样的网；人刚生下来一无所能，但他却有无限的成长可能。教育的使命是帮助其成长，或许正是从这个意义上说，“教育即生长”。晓东对杜威素有研究，他明白无虞地告诉我们，他的教育主张源于杜威思想的启发。以生活诠释教育是杜威一生坚持的理论取向。“努力使自己继续不断地生存，这是生活的本性。”在生活中，人们力图使世界按照自己的目的或需要而改变，同时人的生存属性也在这一过程中得以现实地展开。这种“改变”或“展开”正是借助语言得以彰显生命的张力，“语言是存在的家园”。杜威认为，语言知识具有人的属性，知识的目的不在求真，而在增进人的幸福。知识的创造与确证的过程中，不仅涉及逻辑，也关联形而上的世界观。正唯如此，我们就能进一步理解晓东为什么称语文教学是“在学生的生命里种下一棵树”，而不仅仅是给学生丰富的知识。因为，唯其如此，才能“让他们未来的生命历程踏实而蓬勃，扎根沃土，伸向天穹”。

生命之树意味着什么呢？这棵树既在生命中成长，必带生命之属性。生命有其自然属性，当求其幸福；生命有其社会属性，当求其正义；生命有其精神属性，故求其崇高。教育要让儿童有梦想，在爱知中享受幸福童年。教育之培育德性，关键是培育正直与正义的人格。格瓦拉在进入丛林之前留给孩子的告别信中写道：“你应当永远对于世界上任何地方的任何非正义的事情都能产生最强烈的反感。这是一个革命者最高贵的品质。”追求崇高则是拒绝物质化的平庸，从实然世界走向应然世界的超越，这是整个人类从动物界的提升，也是人的自由和解放，是全面而和谐的发展。晓东的生命之树上挂着免于蒙昧的知性之果、求善的德性之果与求美的智慧之果。当今社会是一个摒弃神性而高度世俗化的社会，终极关怀、永恒理念、最高律令逐渐淡出视野，人们将沉重的肉身完全寄托在世俗的快乐之中，心灵为太多的尘埃所拥塞，精神的翅膀为太多的安逸而软化，人类逐渐失去飞翔的能力而沦落并粗俗化。孟晓东的语文生长课堂，是一种精神生命的拯救。

语文生长课堂首先是语言的教学，又非单纯的语言知识的传授。爱因斯坦说：“要使学生对价值有所理解并产生热烈的感情，他必须获得美和道德之善。”语文教学不仅仅是为了掌握一种工具，而是要寻求生命成长的意义。当然，这种寻求是基于语言的学习，而不是疏离语言的说教。“语言是一条最生动、最丰富和最高尚、最牢固的纽带，它把古往今来世世代代的人民连成一个伟大的活生生的整体”（卡西尔）。试看当前的语文教学，阅读教学沦为庖丁解牛式肢解课文的演示；作文教学流为言不由衷的空话、假话、套话的连缀之辞；语文练习化为与心灵绝缘的一连串知识点，并罗列为千奇百怪的题海训练。这些已成为一种普遍现象，且似有愈演愈烈之势。“语文生长课堂”的提出，无疑具有正本清源的现实针对性。他呼呈“尊重儿童”，“满足生长的需要”，“不停息地实现生命的意义”，并让学生在追问、探索和创造的过程中获得生命的意义。孟晓东语文教育的实践再次告诉我们，语文的人文性与工具性，是一枚硬币的两个面，是辩证的统一，而非对立的双方。语文教学天然有其人文性，它并非表现为以花团锦簇的语言讲冷峻的道理，也不是插科打诨地逗笑与煽情，更不是生硬地抽象出一些“崇高思想”“伟大精神”等等。人文性借助于语言，潜移默化地影响人的心灵，改善人的品性，提高人的审美情趣与精神境界。

生命的播种：母语教学中的文化自觉。晓东认为“语文是一种文化，是和人的生命、心灵、生命密不可分的文化”，他主张：“不仅要着力培养学生语文运用的实用功能，也要着眼于语文课程对于学生思想感情熏陶感染的文化功能，让学生在语言成长的同时，人文素养也同步生长。”他所理解的“生长”，是指学生的自我发展，是学生自我主体的构建，教师的职责在于引领与做出表率。他认为，教育要为学生成长营造适于生长的空间，要给予学生充分自主的时间，教师要多角度审视教学过程，从而更好地理解学生，有效地指导学生的学习。晓东主张语文教学以问题为导向，以语言体验为途径，以转识成智为目标，并从本体论、认识论、价值论的不同角度定位语文生长课堂。他以遵循儿童的生长方式、儿童身心发展的规律和语文学习的规律作为语文生长课堂的理论基石，使语文生长达到逻辑的一致与理论的自洽。

孟晓东的语文教育思想充满着辩证法，既是理性的又是诗意的。语言既是他表情达意的工具，也是他思想的直接显现。语文教学既是他的道路，也是他的家园，甚至是他个人的命运——那挥之不去的情结。不同的语言，不同的语境，塑造不同的个性和不同的命运。英语文化塑造了探险与征服野蛮的鲁滨逊，西班牙文化则创造了心灵天真、情感善良的堂吉诃德。晚年的杨绛自学西班牙语并翻译堂吉诃德，这契合她怎样的心灵呼唤与命运选择？今天，在杨绛先生的家乡，晓东做出了自己的命运选择，他更多地是受民族文化的熏陶。孟子曰："天将降大任于斯人也。"孟晓东的心灵有怎样的感应不得而知，但他对语文教学的期望，是其语文教育思想的直接体现，语文生长课堂是他 30 年求索的结晶。

晓东是有行政权力的学者，但他没有通过权力将自己的观点加之于学校与教师。晓东是自如驾驭课堂的著名特级教师，但他并不忙于表演。他真切地帮助与指导青年教师成长，他脚踏实地地推进教育改革，这种谦逊自律、踏实勤奋正是生命的境界。晓东是有学问的，他的师友袁振国、杨九俊、成尚荣、张华、肖川等都是时代之俊彦，呼朋引类是因为有共同的心声，而一个人的成长速度和所能达到的高度，很大程度上取决于他朋友的品位。这是生命的成色。

教育是薪火相传的事业，十年树木，百年树人，立己而立人，是教育工作者永远的责任。孟晓东语文教育思想不仅于学生，而且昭示年轻教师成长。他的学生、语文特级教师李勤的三句话："完整生命是儿童生长之要义所在"，"自我构建是儿童生长必需的方式"，"教师发展是儿童生长的前提与保障"，条分缕析地概括了孟晓东语文教育思想的精髓。李淑英校长在孟晓东指导下逐步形成"注重性情培养，着重思维训练，着重语言生长"的课堂教学风格。"有匪君子，如切如磋，如琢如磨"，作为知己朋友，特级教师、著名杂文家的赵宪宇主任以"渊博""睿智""卓越"评价孟晓东，显见孟晓东在师友心目中的分量。

解读孟晓东及其语文教育思想，主要不在是否能给予确切的学术地位评价，而在于从他的成长个案中我们能看到什么，从他的语文教育思想中我们能感悟到什么。解读是与他的又一次“相遇”。在语文教学改革的探究中“相融”，是教育工作者共同的命运。向下生根，向上生长，这是树的风采，也是教育研究者共同的选择，共同的宿命。晓东将他数十年的辛勤探索和精心思考，他的汗水和心血浓缩为这部沉甸甸的著作。晓东的这部著作，文采斐然而赏心悦目，鞭辟入里而丝丝入扣，工具性与人文性融会贯通、浑然一体。这部著作是对经典科学极端化思维的超越，即超越简单化与割裂化，闪耀着复杂性系统思维的辩证光芒。

《圣经》开篇讲了个富有哲理的故事：伊甸园有两棵树，一棵是生命之树，一棵是知识之树。夏娃在蛇的诱惑下偷吃了知识之树上的果子，并给丈夫亚当吃。他们二人的眼睛明亮了，摆脱了混沌蒙昧，有了知识。亚当和夏娃吃了知识之树上的果子，在智慧上与神相似了，耶和华绝不让他们再吃生命之树上的果子，他在伊甸园安设四面转动发火的剑，把守住生命之树的道路。耶和华又把亚当和夏娃逐出伊甸园，让他们在获得知识的原罪中受苦受难！神话给我们的启迪是：求知的过程是获得自觉与自由的过程，同时也是失去安逸的过程；知识之光在照亮世界的同时，的确也会给人造成苦难。幸福与烦恼并存，危机与新生同在，科学须和人文融合才能使人类得到拯救。在成长的生命中种下一棵树，是人类的自我求赎，是语文教育的真谛，是人类永恒的追求。

生命之树常青。

（叶水涛，江苏省教育学会副会长，《语文世界·教师之窗》杂志主编。）

跋二：感受孟晓东先生

赵宪宇

读一本书，往往是先知道书名，然后才去阅读。认识孟晓东，就如读一本书，也是先久闻大名、久仰风采，然后才结识了他，以至于后来他成了我的领导，成了我的楷模，也成了我相知的朋友。

与孟晓东先生结识快二十年了，在感受他的渊博与睿智的同时，也常常为他在工作、生活中的四个"相"而感怀。

"相"得益彰

孟晓东先生所在的无锡市锡山区是全国首批国家级新课程改革实验区。课改伊始，如何变行政领导为专业引领，身为教育局副局长的孟晓东和他的团队首创了"局长下水课"。听完他上的《蛇与庄稼》，我连连感叹："孟晓东做局长太屈才了！"引得大家一片狐疑。我接着说："他应该是一位卓越的语文大师啊！"真的，听他的语文课，感觉不到这是一位具有行政领导身份的副局长在上课，而是一位语文大家，在和孩子们一起徜徉语言的世界。及至日常工作中，他更多的是以专业的视野与校长、教师商量工作，局长的身份日渐模糊，语文特级教师的形象却愈加凸显。我常想，孟晓东如果没有繁重的行政事务，他的语文之路或许更加宽广。事实上，我多虑了，他把这两种身份演绎得同样精彩，两重角色在他的事业中相得益彰。

"相"映成辉

课程改革十多年，锡山区构建了新的课程体系，建立了新课程实施与教师专业发展的互动机制，促进了学生的全面发展和教师的专业成长，推动了素质教育的全面实施，在全省乃至全国都产生了积极的影响。作为锡山课改的主要参与者和设计者，孟晓东的思维空间里常常闪烁出令人意想不到的"灵光"，对课程理念的独到见解，对改革推进的独特策略，都使得锡山课改不断地创造着经验、实践着经验。从《走近新课程》到《实践新课程》再到《享受新课程》，锡山课改每一步坚实的脚印里都散发着浓浓的"孟氏"气息。以至于我常常疑惑：不知道是孟晓东的个人魅力提升了锡山课改的水平，还是锡山课改的水平提升了孟晓东的专业素养。其实，锡山课程改革得益于孟晓东的规划与引领；而他本人，也在其间不断丰富着自己的教育理解，丰盈着自己的教育思想。锡山课改这一重大事件与孟晓东这一独特个人，可谓相映生辉。

“相”和琴瑟

说到孟晓东，不能不提起他的夫人、江苏省天一中学的乔青云老师。不是因为乔老师的漂亮贤惠，而是源于乔老师的美丽文字。乔老师的笔下，潺潺流水，品茗说道，生活如此美好，生命弥足珍贵。孟晓东和乔青云，琴瑟相和，读书、写作，是他俩闲暇时间最主要的“家务活”。孟晓东经常和我谈论他的论作，新颖的观点与开阔的视野，总能让我耳目一新。于是常常念叨一句话：“一个人之所以优秀，关键在于他如何安排自己的闲暇时光。”他的智慧，来自他的实践与思考，来自他孜孜以求的学习与耕耘，更来自他们夫妇俩共同的志趣爱好以及由此营造出的充满书卷气息的家庭氛围。他们两人，用共同语言，在各自的领域，不时发出让人叹为观止的跫音。

“相”辅以成

孟晓东喜爱广交朋友，教育界，语文教学领域，他结交了一大批学者、名师。袁振国、杨九俊、成尚荣、肖川、崔允漷、张华……他总能和大师们共同对话，触发灵感。他也悉心扶持周遭的老师，真诚地给予大家更多的关爱与帮助。于是在锡山教育这块热土上，常常会见到业界名流，谈文论道，砥砺切磋。无锡一新加坡校长高层论坛，美国普渡大学 K12 合作项目……孟晓东就像一座连接锡山和世界的桥梁，让学术的天空更加广阔，让思想的领域更加高远。有一年我们一道去山东考察、学习，他硬是改变了行程，专门去邹城拜访孟子故里。他风趣地说：“孟老夫子是我的先祖，过其门不入，他老人家会生气的。”其实，在他内心深处，与先哲为友，近距离聆听先哲的教诲，感悟生活的真谛，是油然而生的情愫。他总是信奉“读万卷书，行万里路，交万名友”，与更多志同道合的朋友，一起相辅以成，坚守并实现教育的理想。

现在，经过多年精心孕育的语文生长课堂扑面而来了。孟晓东先生的语文生长课堂，不追时尚，她扎根沃土、根深叶长；力避同质，她别具一格、盘虬卧龙；绝不空吟，她成果耀目、衔华佩实；即使低调，她却更能声名远播、玉树临风。孟晓东先生自谦的一家之言，在我看来，肯定会是课堂教学中的扛鼎之作。

一个卓越的人，往往会在让我们产生羡慕与崇拜的同时，也会让我们产生巨大的压力和困惑，因为在这样的人面前，我们总会有自愧不如的感觉。孟晓东先生就是这样一位卓越的人。

（赵宪宇，江苏省无锡市教育科学研究院副院长，正高级教师，江苏省语文特级教师。）

后　记

春节前，30年前的学生邀我相聚。其间，学生们回忆起当年我上课的情景，他们对许多往事，甚至一些我都记不得的细节还记忆犹新。我感到十分欣慰。不由想起了爱因斯坦曾说过的话，“所谓教育，就是一个人把在学校所学全部忘光后剩下的东西。”这剩下的东西是什么？我想，大概是学生在生长过程中所形成的稳定的认知结构和个性品质吧。

自1982年洛社师范毕业，18岁的我踏上讲坛，从那刻起，我始终在教育的岗位上，始终对语文教学情有独钟、孜孜以求。这一份情怀，使得我在24岁那年获得江苏省首届语文赛课的一等奖，30岁刚出头就成了江苏省语文特级教师。在我国教育界，一些优秀的青年教师大体都会选拔到学校领导岗位上，我也没有跳出这样的定律。25岁我就担任洛师附小副校长，后又调任无锡县实验小学副校长，34岁担任了锡山市教师进修学校的校长。36岁那年，担任锡山区教育局副局长，成了公务员。彼时，年轻气盛，踌躇满志，整天忙忙碌碌，大会小会应接不暇，时间总感不够用。精力也很分散，一度离语文教学“老本行”渐行渐远了……但终究书生本色不改，短暂的调整后，又迅速回归到了语文教师的角色。因为，语文情结始终是我割舍不断，也是不愿割舍的。只是，语文教师角色和行政角色的叠加，时时考验着我的工作安排和时间分配。于是，听课、研讨成了我基本的工作方式；晚上、假日便是我研究语文最佳的时候了。列夫·托尔斯泰说过，“选择你所喜欢的，爱你所选择的”。我无法选择，所以只有加倍投入。又因为喜欢，于是乐此不疲。

一开始，对语文的理解主要是凭着师范里所学的理论知识、学校里老教师的“传帮带”以及大量的课堂教学实践所悟得，当然还有父母带给我的遗传因子——善良、坚韧和慧根；后来，经过了大学的继续教育，尤其是华东师大、辽宁师大硕士研究生的两度在职学习，使我有了“只顾攀登不看高”的内动力；调入教育局任职的那年，恰逢是新一轮基础教育课程改革启动的一年，锡山区成为了国家首批基础教育课程改革实验区，我便理所当然地成了新课程改革的区域组织者、设计者和实验者。与新课改一路同行，既是见证者又是践行者，既做“教练员”又做“运动员”，听课、评课、上课成了我的“主业”……从那时起，我便认真地审视和思考起“课程、课题、课堂”等基本问题，认真地研究和规划着“课标、课文、课堂”的内容、本质和实施路径。

随着实验的不断深化，学习的不断内化，专家的不断点化，我的视界逐渐开阔了，我的视线不断清晰，也产生了我自己的“视角”——用生长定义教育。用生长定义教育，来自18世纪法国思想家卢梭“教育即生长，生长本身就是目的”的启蒙，来自19世纪美国实用主义教育家杜威“教育即生长，言简意赅地道出了教育的本义”的论断，来自我国“新教育改革运动”的先驱陶行知“教育应当培植生活力，使学生向上长”的“行动”，也来自对于中外教育史演变、争执、博弈、发展过程的自我理解。我以为，中外教育大家所共同揭示的“教育即生长”命题，既承载了他们对于传统教育的深刻反思，也掀开了现代教育的序幕；既开脱了教育长久以来的羁绊，又道明了未来教育的走向。用生长定义教育，不仅从教育学角度定义了教育的本质，探究了教育对生长的影响，而且从人类学角度关注了人生长的意义。于是，我坚定地认为，“人师者”，尤其是语文教师，不仅要教给学生丰富的知识，更要在学生的生命里种下一棵树，让他们未来的生命历程踏踏实实、蓬蓬勃勃，既扎根沃土，又伸向天穹……于是，我在自己的教学生命里也默默地种下了一棵树，精心而又坚决地践行着我的语文生长课堂，期待着我心中的那棵树伴随着学生的生长也慢慢地长大……

此时此刻，《用生长定义教育——孟晓东与语文生长课堂》一书，带着我30多年来的孕育和守望，伴随着10多年新课改催进的脚步，要呱呱坠地了。当一个新的生命来到这个世界上，他首先是一个生命，一个个体的生命，带着自己的灵魂和肉体在觉醒和生长。同时，在他的内心深处，还留着一块空白的土地，渴望着慈祥和细心的人们给他养分，给他浇水、施肥、播种，给他播下热爱生命的种子、善待生活的种子、渴求生长的种子。当这些种子在他的心中扎下根，成为泥土的一部分时，他希望将来是那最灿烂的一朵花，抑或最壮实的一棵树，等待结出希望的果实，迎接绚烂的秋天。

感谢这个时代，给了我们可以思辨和诤谏的环境和氛围；感谢我服务的单位，给了我可以研究和践行的空间与时间；感谢引领、教诲过我的老师，给了我智慧和启化；感谢我的学生们，可以让我永远把你们看作“孩子”；感谢我的工作室团队，给了我无私的帮助和配合；感谢我的家人，对我悉心照顾和支持。

特别要感谢华东师范大学袁振国教授在百忙中给本书拨冗写序；感谢江苏省教育学会副会长叶水涛先生、无锡市教科院副院长赵宪宇先生写跋润色，并给予褒奖和鼓励；感谢江苏凤凰教育出版社《教育研究与评论》主编朱凌燕女士的鼎力相助与辛勤付出……在成书过程中，我还引用和参考了不少专家、学者的研究成果，在此一并表示衷心的感谢！

教育是人类社会的永恒命题，生长是充满活力的动态过程。在本书的未来"生长"中，期待您一如既往地关注、关照和关爱，也盼望您始终如一地指点、指导与指正！

2016 年早春于闲云居